白姗姗　苏静怡　杨东伟　丁锦箫　著

传播的维度：
基于不同视角的延伸

四川大学出版社

项目策划：宋　颖
责任编辑：宋　颖
责任校对：张伊伊
封面设计：墨创文化
责任印制：王　炜

图书在版编目（CIP）数据

传播的维度：基于不同视角的延伸 / 白姗姗等著
. — 成都：四川大学出版社，2021.11
（博士文库）
ISBN 978-7-5690-5221-3

Ⅰ. ①传… Ⅱ. ①白… Ⅲ. ①传播学－研究 Ⅳ.
①G206

中国版本图书馆CIP数据核字（2021）第249141号

书　名	传播的维度：基于不同视角的延伸	
	CHUANBO DE WEIDU: JIYU BUTONG SHIJIAO DE YANSHEN	
著　者	白姗姗　苏静怡　杨东伟　丁锦箫	
出　版	四川大学出版社	
地　址	成都市一环路南一段24号（610065）	
发　行	四川大学出版社	
书　号	ISBN 978-7-5690-5221-3	
印前制作	四川胜翔数码印务设计有限公司	
印　刷	郫县犀浦印刷厂	
成品尺寸	148mm×210mm	
印　张	10	
字　数	268千字	
版　次	2021年12月第1版	
印　次	2021年12月第1次印刷	
定　价	48.00元	

◆版权所有◆侵权必究

◆ 读者邮购本书，请与本社发行科联系。
　电话：(028)85408408/(028)85401670/
　(028)86408023　邮政编码：610065
◆ 本社图书如有印装质量问题，请寄回出版社调换。
◆ 网址：http://press.scu.edu.cn

四川大学出版社
微信公众号

目 录

第一部分 国家发展中的传播维度……………………（1）

第一章 共同体的记忆：媒介逻辑中的国家认同建构
………………………………………………………（3）

　第一节　国家认同建构中传播的力量………………（3）
　第二节　国家记忆塑造中传播的力量………………（13）
　第三节　公共危机应对中传播的力量………………（22）

第二章 传播的发展力：现代化进程中的推手………（31）

　第一节　发展传播学的历史沿革……………………（31）
　第二节　传播媒介与现代化发展……………………（42）
　第三节　媒介与中国的发展现实……………………（49）

第三章 突破媒介帝国：全球传播中的国家形象……（57）

　第一节　全球传播语境下的媒介帝国主义…………（57）
　第二节　东方主义与西方主义………………………（65）
　第三节　国家形象建构：对话中传播的力量………（72）

第二部分 社会发展中的传播维度……………………（81）

第四章 整合与动员：传播的社会功能………………（83）

　第一节　传播与环境认知……………………………（84）
　第二节　传播与社会整合……………………………（93）
　第三节　传播与社会动员……………………………（99）

第五章　连接与参与：社会治理中的媒体力量……………(106)
　第一节　社会治理中的媒体角色……………………………(107)
　第二节　媒体融合：社会治理现代化的助推器……………(113)
　第三节　建设性新闻：媒体参与社会治理的新路径
　　　　　…………………………………………………………(122)

第六章　变革与风险：智能时代的传播两面性……………(129)
　第一节　迈向智能社会………………………………………(129)
　第二节　智能时代的传播变革………………………………(134)
　第三节　智能传播的算法风险………………………………(140)

第三部分　文化演进中的传播维度……………………(151)

第七章　大众文化：大众社会的文化盛宴…………………(153)
　第一节　大众社会：大众文化产生的具体语境……………(153)
　第二节　大众传播与大众文化的互动………………………(158)
　第三节　大众文化在当代中国的发展………………………(163)

第八章　消费文化：消费社会的文化景观…………………(177)
　第一节　消费社会视野中的符号消费………………………(177)
　第二节　消费文化的产生与发展……………………………(188)
　第三节　"消费神话"：广告中的消费文化 …………………(193)

第九章　视觉文化：读图时代的视觉狂欢…………………(200)
　第一节　读图时代的视觉文化转向…………………………(200)
　第二节　网络传播中的视觉文化狂欢………………………(212)
　第三节　表情包：网络表情符号的传播实践………………(222)

第四部分　媒介技术变迁中的传播维度………………(231)

第十章　媒介研究的兴起与发展……………………………(233)
　第一节　媒介技术的本质与演化逻辑………………………(234)
　第二节　媒介环境学派………………………………………(241)

第三节　德布雷：意识形态批判的媒介学……………（255）
　　第四节　基特勒：德国媒介技术学…………………（264）
第十一章　作为媒介的周边产品：物品与文本的双重勾连
　　　　………………………………………………（275）
　　第一节　媒介与周边产品………………………………（277）
　　第二节　作为物品消费的周边产品……………………（280）
　　第三节　作为文本消费的周边产品……………………（285）
第十二章　扫一扫：基于可供性的理解……………（292）
　　第一节　理论框架：可供性……………………………（293）
　　第二节　物质性："扫一扫"的媒介考古 ………………（295）
　　第三节　互动性："扫一扫"的媒介实践 ………………（301）
　　第四节　具身性："扫一扫"的身体姿态考察 …………（305）

参考文献………………………………………………（307）
后　记…………………………………………………（312）

第一部分

国家
发展中的传播维度

第一章
共同体的记忆：媒介逻辑中的国家认同建构

共同体是指由共有纽带相互联结的人类有机统一体。德国社会学家费迪南·滕尼斯认为，共同体是"人的意志的完善的统一体，并把它作为一种原始的或者天然的状态"[①]，它"是建立在有关人员的本能的中意或者习惯制约的适应或者与思想有关的共同的记忆之上的"[②]。国家作为现代社会常见的共同体，其成员的认同感离不开媒介建构的共同体记忆，而共同体内部集体经历的公共危机也通过媒介的放大而成为共同体记忆的一部分，为公民的国家认同提供了新的内在动力。

第一节 国家认同建构中传播的力量

一、国家认同

认同是人在自我与他人或群体之间寻求一致性的心理过程中

---

① 费迪南·滕尼斯：《共同体与社会：纯粹社会学的基本概念》，林荣远译，北京：商务印书馆，1999年，第58页。
② 费迪南·滕尼斯：《共同体与社会：纯粹社会学的基本概念》，林荣远译，北京：商务印书馆，1999年，译者前言第2—3页。

对自我归属的认知。认同决定了一个人如何回答"我是谁"的问题，是一个人在社会中进行身份确认的第一步。在人类社会发展的早期，人的认同更多来自其自然属性，即血缘身份带来的家庭或氏族部落的认同，而随着社会的发展与交往范围的扩大，认同则逐渐呈现出社会属性递增的趋势，例如文化认同、民族认同和国家认同。当认同的族群逐渐扩大时，所认同的群体也就越趋向"想象"。

本尼迪克特·安德森认为，"所有比成员之间有着面对面接触的原始村落更大的一切共同体都是想象的"①。这也就意味着对共同体的认同是可以通过建构成员的想象来实现的。这种认同基于两个方向：一是对同一性的建构，即对"谁是我们"的认识，依靠寻找自身与他人的共同点来对共同体的边界进行限定；二是对差异性的建构，即对"谁是他们"的认识，依靠寻找"我们"与"他们"的区别来对自我身份进行确认。从这个角度来说，国家认同建立的前提不仅仅来自对"本国"的想象，还来自对"他国"的想象。而在跨国交流日渐频繁的当下，国家认同就必然成为一个愈加重要的课题。

那么什么是国家认同呢？这一概念本身内涵丰富，且与民族认同、文化认同等有着千丝万缕的联系，本章无意梳理这些相互纠缠的概念，仅关注国家认同本身。有学者认为，"国家认同是指一个国家的公民对自己祖国的历史文化传统、道德价值观、理想信念、国家主权等的认同，即国民认同"②。郑富兴认为国家认同感是个人承认和接受自己的民族文化与政治身份后产生的归

---

① 本尼迪克特·安德森：《想象的共同体：民族主义的起源与散布》，吴叡人译，上海：上海世纪出版集团，2005年，第6页。
② 贺金瑞，燕继荣：《论从民族认同到国家认同》，《中央民族大学学报（哲学社会科学版）》2008年第3期，第5—12页。

属感。① 吴开松认为，国家认同应当从对内与对外两个方面理解：对外，国家认同就是在有他国存在的环境下，人们构建出归属于某个"国家"的"身份感"；对内，是指个人确认自己属于哪一个国家以及这个国家是一个怎样的国家的心理过程。② 总体来说，国家认同是指一个公民对自己的国家归属的认知，同时包含着公民对国家的情感联系。

国家认同不是国家强权的表现，而是国家与公民之间互动关系的体现。"人是国家的主体，建设国家；国家最大限度地满足人的生存与发展基本需求"③，因此国家认同不是公民单方面的观念或意识，而是可以从外部建构的一种能力。有学者认为："认同有两个向度，一是原生的或内生的认同，即自我因文化等因素造成的认同；二是社会建构的认同，即自我与他者通过互动所造就的认同。"④ 从这个层面来说，国家认同是社会建构的认同，需要通过不同的社会组织相互合作，进而在广泛的公民中建立正向的国家认同。

二、媒介参与建构国家认同

国家认同作为国家与公民互动的产物，其建构"不是单向的行动，而是双向的行动，既有赖于国家对民众的国家认同的建

---

① 郑富兴，高潇怡：《经济全球化与国家认同感的培养》，《教育研究与实验》2005年第3期，第31—36页。
② 解志苹，吴开松：《全球化背景下国家认同的重塑——基于地域认同、民族认同、国家认同的良性互动》，《青海民族研究》2009年第4期，第21—25页。
③ 林尚立：《现代国家认同建构的政治逻辑》，《中国社会科学》2013年第8期，第22—46页。
④ 俞正梁：《国际关系与全球政治：21世纪国际关系学导论》，复旦大学出版社，2007年，第254页。

构,也有赖于个人建构自己的国家认同"[①]。而这两个路径都无法离开媒介的参与。国家需要新闻媒体宣传国家机构组织、国家政策以及国家文化价值观等内容,以此加强公民对国家的认识与认同;而公民也需要利用自己熟悉的媒体渠道了解国家,以此对祖国产生情感联系。因此,媒介在建构国家认同的过程中扮演着重要的角色。

(一)通过议程设置引导民众关心国家大事

议程设置理论解释了媒介在引导舆论中的真正作用,即不在于改变民众的真实观念,而在于将他们的注意力吸引在特定的事件上。虽然互联网媒体兴起之后,媒介议程设置的主体趋于泛化,这使媒介议程设置的效果大打折扣,然而这并不意味着媒介议程设置的能力因此失效。

当国家需要民众将视线聚焦于某一特定事件时,往往采用全覆盖的报道模式。例如每年"两会"期间,各级电视台对会议进行现场直播,"两会"的消息成为新闻节目的主要内容,而"两会"的某些议题也成为网络上备受网民关注的热门话题。传统媒体与新媒体之间形成了对"两会"的全方位报道。从国家层面而言,"两会"作为全国人民政治生活中的重大事件,借助各类媒体报道,有助于宣传国家政治制度与政策,体现国家公开透明的政治形象;对于公民而言,通过了解会议议题与进程,有助于提升对国家政治生活的参与感,建立公民与国家之间相互信任的良性关系。同时,网络媒体提供公共空间,使公民之间可以就国家政治议题进行讨论,从而保证媒体议程对舆论议程的影响力。

[①] 林尚立:《现代国家认同建构的政治逻辑》,《中国社会科学》2013年第8期,第22—46页。

(二) 通过互动传播打造国家认同的建构平台

国家认同的形成一方面"以公民所具有的能动性为基础",另一方面,"社会结构则是公民个体形成其国家认同的条件和环境","尤其体现在通过国家政权所创造出来的环境上,国家政权通常通过教育、宣传等手段有意识地培育公民的国家认同"[①]。要实现国家认同,就必须打通国家与公民之间的传播通道。各类媒介作为社会中的主要信息流通平台,责无旁贷地承担着这项功能。国家通过媒体对外发布政府动态、公开政策制定过程、解释政府决策等,从而塑造出积极行动、公开透明的政府形象;另外,公民利用各类媒介平台对国家政策提出建议,或针对政府行为进行反馈,在日常经验中表露其国家认同的"指数",这有助于国家了解民情和构建和谐的信息传播体系,培养共同体意识。

例如,2011年新浪微博上的"PM2.5大讨论"就是公民与国家之间实现良性互动的表现。2011年10月,北京连日雾霾,以房地产商潘石屹、作家郑渊洁为代表的微博意见领袖,率先在微博上就PM2.5问题进行讨论,他们在微博平台发布自行获取的空气质量指数、拍摄窗外的空气状况,引发了网友对于雾霾问题的重视。11月16日,环保部(现生态环境部,后文不再赘述)有关人士通过媒体就《环境空气质量标准》第二次公开征求意见,其中最大的调整是将PM2.5、臭氧(8小时浓度)纳入常规空气质量评价指标,并收紧了PM10、氮氧化物等标准限值。12月30日,环保部审议并原则通过新修订的《环境空气质量标准》《环境空气质量指数(AQI)技术规定》和"十二五"国家环境空气监测网建设方案等相关法规和文件,PM2.5被正式纳

---

① 郭忠华:《动态匹配·多元认同·双向建构——再论公民身份与国家认同的关系》,《中山大学学报(社会科学版)》2011年第2期,第160-168页。

入我国环境空气质量监测范围。2012年，北京市环保局正式启动PM2.5监测，完善了空气质量信息发布制度。可见，通过媒介这一传播平台，公民和政府之间的信息渠道被打通，民意被政府所采纳，公民对政府的期待得以落实，同时政府的决策得到民众的理解，从而建立了政府与公民之间的互信关系，"从而在根本上使得民众对政府的设想和构建与现实中的政府等同起来，完成制造认同的使命"①。

（三）通过价值引领深化国家认同的内涵

国家认同不仅包括公民对国家主权和民族同一性的确认，还包括对国家意识形态、价值观及传统文化的认同。2015年，习近平总书记在之前"四个认同"的基础上提出了"五个认同"，其中包括：对伟大祖国的认同，对中华民族的认同，对中华文化的认同，对中国特色社会主义道路的认同，对中国共产党的认同。这清晰地说明，国家认同不仅包括情感认同与国族认同，还包括文化认同与政治认同。正如安东尼·史密斯所说，"民族是对所有共同体成员，或'民族的国家'公民开放的一种公共文化形态"②，国家虽然是一种政治组织形式，但是要赢得公民的普遍认同，常规状况下并不能依靠暴力机关的震慑，而应主要依靠国家意识形态与民族文化的吸引力。媒介在日常传播中应当致力于传播主流价值观，深化国家认同的内涵。

要提高国家文化吸引力，一方面需要新型主流媒体利用其强大的传播力与影响力推动国家文化的传播，并通过其公信力与引导力实现对主流价值的正向引导；另一方面需要新媒体通过其全

---

① 刘小燕，崔远航：《政府传播与制造认同》，《现代传播（中国传媒大学学报）》2011第12期，第45—50页。

② 安东尼·史密斯：《民族主义：理论、意识形态、历史》，叶江译，上海：上海人民出版社，2006年，第34页。

覆盖的传播态势，扩大主流价值的影响幅面。例如中央电视台2016年开播的《中国诗词大会》、2017年的《国家宝藏》、2018年的《经典咏流传》等节目就致力于弘扬中国传统文化，借助活泼、轻松的节目形式和现代、生动的视听手段，展示了传统文化的时代魅力。这类节目利用传统媒体的平台优势，提升了公民，尤其是年轻一代对于传统文化的认知，另外在新媒体平台上又通过话题引导与网民讨论，形成传统媒体与新媒体的相互联动，使媒介的价值引领效果深入人心。

三、利用传播手段提升当代国家认同

媒介在参与建构国家认同的过程中，可以在具体操作中采用多种传播手段，以潜移默化的方式提升公民对于国家的集体认同意识。

（一）打造传播仪式

詹姆斯·凯瑞最早明确提出了传播的"仪式观"这一概念，他认为，"传播的'仪式观'并非直指讯息在空中的扩散，而是指在时间上对一个社会的维系；不是指分享信息的新闻，而是共享信仰的表征"；而"仪式观中传播一词的原型则是一种以团体或共同的身份把人们吸引到一起的神圣典礼"[①]。也就是说，将传播视作一种共享讯息的仪式，那么传播的目的就不再是改变某种态度或行为，而是将参与其中的人们联系起来，并使之获得一种共享的经验，从而建构一种对世界的相似体认，这种体认将世界视作具有秩序且有意义的文化共同体。而媒介在信息传播过程

---

① 詹姆斯·W. 凯瑞：《作为文化的传播："媒介与社会"论文集》，丁未译，北京：华夏出版社，2005年，第7页。

中，不仅应当注重信息的传递，还要致力于在国家的重大时刻打造传播仪式；不仅让民众在传播中获得共同的经验，还要通过仪式的形式对社会共同体的意义进行强调。例如2008年北京奥运会开幕式的媒体直播，就将原本在北京"鸟巢"体育馆举行的开幕式呈现为全球共享的体育盛会；通过主持人的解说词，锚定了开幕式中各种表演的象征意义；同时在开幕式中展示了大量能够代表中国传统文化的要素，回溯了中华民族的悠久历史，从而使观看直播的民众通过媒体的镜头共同参与了这一场传播仪式，接受了一次民族文化的洗礼。另外，奥运会的媒体话语建构不断强调"比赛"与"奖牌"等极具竞争性的内容，通过对比赛的报道来唤起民众的国家荣誉感与自豪感，进而产生对国家的深层次认同。

（二）塑造象征符号

人类学家格尔茨认为："一种意识形态不过是一种特殊的符号体系"，"是一个被集体成员共同遵循的信仰体系——通过对集体的经验属性的解释和所处环境的解释，它与评价性集体整合相适应，是它发展其既定状态的过程，是这个集体的成员共同追求的目标，是他们和未来事件的发展道路的关系。"[①] 因此媒体在构建国家认同时，可以通过塑造一系列符号，并对该符号的意义做出符合集体经验的解释，同时在媒介的日常报道中不断强化该解释，使这一类符号逐渐成为某种民族经验或国家文化的象征。这类符号的塑造主要通过两种方式：一方面在国家历史文化中的资源宝库中择取具有代表性、能够呼唤公民共同情感的符号，对其意义进行解释，并将这种解释逐渐固定下来。例如"龙"这一

---

① 克利福德·格尔茨：《文化的解释》，纳日碧力戈等译，上海：上海人民出版社，1999年，第285页。

符号,经过不同时代中国神话故事的塑造,逐渐成为中华民族与中国文化的象征符号。中国人也往往以"龙的传人"自居,各地的赛龙舟、舞龙灯等民俗活动更是将"龙"的符号与传统文化紧密联系起来。因此,2004年立邦漆的"龙篇"广告因在画面中为凸显漆的良好效果,而设计出建筑右立柱上的盘龙装饰滑了下来的情景(见图1-1),引发了社会争议。另一方面,一些象征符号也许并没有长久的历史背景,而是被政治话语进行强制规定,但在此过程中需要媒体进行潜移默化的宣传,逐渐使其成为民族象征。例如各国的国旗、国歌等国家象征符号,都经历了类似的符号生成过程。

图1-1 立邦漆"龙篇"广告画面

(三)利用话语修辞

安德森将民族国家视作"想象的共同体",其深刻的意义在于将国家的实体概念转化为集体认知范畴,这就进一步说明了国家认同的建构需要在一定的话语中完成,因为"国家没有稳定而自然的认同。相反，国家认同通过话语被不断地协商"①。福柯认为："话语构造了话题。它界定和生产了我们知识的各种对象。它控制着一个话题能被有意义地谈论和追问的方法。它还影响着各种观念被投入实践和被用来规范他人行为的方式。"② 因此，国家的内涵与国家认同的意义实践都必须在话语范围内被建构。

例如在汶川地震或玉树地震发生后，媒体在报道中采用了相对一致的国家话语形式，强调了国家的具体内涵，强化了公民的国家认同感。5·12汶川地震发生后，《人民日报》多次在报道中采用了《一方有难，八方支援》《万众一心，众志成城》《我们都是汶川人》《我们在一起》《山河同悲，举国哀悼》③等新闻标题，通过话语构建，在空间上将区域性的地震转化为国家性议题，将灾区人民与全国人民相联系，彰显了地震救援中的国家凝聚力与向心力。另外，新闻标题中经常性地突出时间上的紧迫性，例如"时间就是生命""生命争夺战""争分夺秒、连续作战""生死竞速""80小时""129小时"等字眼④，这些新闻话语的表述用以强调国家救援行动的迅速与高效，展现了政府超强的应对力和行动力，从而让国民对国家产生高度的信任感与归属感。这就构成了国家与国民之间良性的关系闭环，进一步增强国民的国家认同感，为国家的发展和社会的进步提供坚实的合力。

---

① M. 莱恩·布鲁纳：《记忆的战略：国家认同建构中的修辞维度》，蓝胤淇译，北京：商务印书馆，2016年，第1页。
② 斯图尔特·霍尔：《表征：文化表征与意指实践》，徐亮、陆兴华译，北京：商务印书馆，2013年，第65页。
③ 参见《人民日报》2008年5月14日第2、4版，5月15日第11、12版，5月17日第12版，5月18日第1、12版，5月19日第16版，5月20日第8、10、14版等。
④ 参见《人民日报》2008年5月14日第2、5版，5月15日第2版、5月16日第2版、5月18日第5版、5月19日第8版。

第二节　国家记忆塑造中传播的力量

一、国家记忆

记忆作为人脑对过去事物的印象，原本在心理学领域被视为个体问题，但在20世纪初，关于记忆的研究从心理学移步社会学领域，开启了对于记忆的社会性解读。莫里斯·哈布瓦赫最早提出了"集体记忆"的概念，他认为，"在一个社会中有多少群体和机构，就有多少集体记忆"，"这些不同的记忆都是由其各自的成员通常经历很长的时间才建构起来的"，"这些植根在特定群体情境中的个体，也是利用这个情景去记忆或再现过去的"[①]。这一观点厘清了记忆的社会维度，认为虽然集体记忆的主体依然是个体，但是其记忆的建构是在社会互动中形成的。大众媒介作为现代社会互动的主要渠道，许多学者因此逐渐将研究重点转移至媒介与集体记忆的关系上。例如卡尔·沃尔夫冈·多伊奇和本尼迪克特·安德森都延续了这一路径，探讨了大众媒介与民族认同之间的互动关系。

而本书所言之"国家记忆"，应当作为广义的"集体记忆"的分支概念，重点强调公民对于国家这一政治实体的集体记忆，因此与其他的集体记忆相比，它具有以下特征：

第一，国家记忆具有更强的意识形态属性。国家作为政治概念，任何对其进行解释的话语都必然包含着意识形态的框架，至少涉及国家主权与国家权力来源的合法性与正当性。因此对于涉

[①] 莫里斯·哈布瓦赫：《论集体记忆》，毕然、郭金华译，上海：上海人民出版社，2002年，第40页。

及不同国家的同一段历史事实，不同的国家也必然通过多种手段构建起独特的国家记忆，并对其进行相应意识形态框架下的阐释。

第二，国家记忆需要以国家为行动体进行推进。虽然任何集体记忆的主体都是个人，但是国家记忆是一种需要以国家为行动体打造的集体记忆。也就是说，国家记忆需要国家采用各种手段有意识、有目的、有导向地积极建构，将国家的历史文化观内化于公民个体的记忆中，最终以集体记忆的形式呈现出来。

第三，国家记忆的内容应当包含与国家命运相关的历史与文化。它应当涉及一个国家建立的历程、文化的传承以及国家发展中的重大历史事件，通过政治话语的阐释，使全民形成对此类内容的共同认知，进而产生与国家休戚与共的归属感。

总而言之，国家记忆是一种从国家层面进行推动的，以国家命运发展为主要内容，以政治书写为主要形式，以增强国家认同为主要诉求的集体记忆。

二、媒介建构国家记忆的路径

如同其他集体记忆一样，国家记忆的建构高度仰赖媒介的运作。毕竟，任何记忆的记录都无法脱离特定的媒介，而任何被保存的记忆都必须通过特定的媒介进行呈现。"媒介成为个体记忆的载体与延展渠道，成为集体记忆的平台，成为社会记忆的中介与桥梁，更成为历史记忆的'上游'与过滤器。"[①] 虽然国家记忆的建构主要由国家和政府作为主要的推动者，但仍离不开媒介的中介作用，并主要依据以下路径。

[①] 周颖：《对抗遗忘：媒介记忆研究的现状、困境与未来趋势》，《浙江学刊》2017年第5期，第158—168页。

（一）记录：国家记忆的提炼

学者邵鹏依据时间轴线上的延展变化，将媒介记忆区分为回溯记忆、当下记忆与前瞻记忆。[①] 而对国家记忆的提炼与结晶，就发生在当下记忆的阶段中。"当下记忆是指对现在或当前正在发生的重要的、有意义的现象、活动和事件的记录和保存，强调的时间节点是'正在发生'的事情。"[②]

国家记忆并非媒介的凭空捏造，而是需要从个体记忆或民间记忆中进行提炼，并通过媒介自身影响力的加持与国家主流意识形态的认可，而上升为国家记忆。首先，当下的重要事件发生时，媒介起先致力于对个体记忆和民间记忆进行收集，形成一个记忆的资料库。在此过程中，媒介并非事无巨细、不辨龙蛇地全盘记录，而是需要对其进行甄别，因为个体记忆与民间记忆作为主观的记忆体系，其本身是不牢靠的。"新闻媒体中媒介记忆的选择机制，显然是与新闻媒体作为一种媒介组织其自身的生存紧密相关的"[③]，这种选择机制中最重要的就是应做到去伪存真。一方面，这既来源于媒介自身的属性要求，也是媒介内容能够成为国家记忆的基础。试想，如果媒介中充斥了谎言与假象，民众对媒介信息产生了怀疑，就无法将之内化为个人记忆了。另一方面的选择来自媒介自身的价值框架，它部分受到国家主流价值观的规训，同时也是媒介长期传播实践的产物。媒介根据这两个基本标准，对选中的个体记忆与民间记忆进行筛选、记录与阐释，

[①] 邵鹏：《媒介记忆理论：人类一切记忆研究的核心与纽带》，杭州：浙江大学出版社，2016年，第28页。

[②] 邵鹏：《媒介记忆理论：人类一切记忆研究的核心与纽带》，杭州：浙江大学出版社，2016年，第29页。

[③] 邵鹏：《媒介记忆理论：人类一切记忆研究的核心与纽带》，杭州：浙江大学出版社，2016年，140页。

从而为今后的国家记忆添加素材。

例如，2020年疫情期间，新闻媒体除了发布国家的通报与政策，就是记录普通公民个体的"抗疫"故事。以《人民日报》2020年1月30日要闻第2版（见图1—2）中的报道为例，《让党旗在防控疫情斗争第一线高高飘扬》一文中分别以山东、云南、四川、湖北、浙江、陕西等多地的党员为叙述视角，记录了个体党员在疫情中的见闻；《面对病毒，我必须跑得更快》一文则记录了武汉市金银潭医院院长张定宇在医院治病救人的故事；《勇挑重担，我已经做好准备》一文则以辽宁首批驰援湖北医疗队队员董婷婷为叙述者，叙述了她在医疗一线的辛勤工作。这些媒体呈现的都是公民个体关于疫情的记忆，但是通过媒体的采访、筛选、叙述和呈现，而被纳入了关于疫情的主流话语中，从而提炼成为此后国家记忆中的重要素材。此外，疫情期间，网络新媒体中也有许多网民自发地讲述自己的故事，他们中的一部分人也由于大众媒体的报道而被主流话语接受，成为国家记忆的部分素材。例如微博用户"蜘蛛猴面包"从2020年1月23日起，发布了13条视频，记录了武汉人抗击疫情的故事，3月，中央电视台《面对面》节目对该用户进行了专访，并在节目中播放了他的部分视频内容。主流媒体的这一举措就是将新媒体平台中真实且有传播价值的内容进行提炼，使之升华为国家记忆的内容之一。

·第一章 共同体的记忆：媒介逻辑中的国家认同建构·

图1-2 《人民日报》2020年1月30日要闻第2版

（二）凝聚：国家记忆的强化

在事件发生的当下，媒介构建国家记忆的主要手段以记录为主，而当事件接近尾声或基本结束之后，媒介就需要对之前记录的记忆进行选择性强化。也就是说，此时媒介的运作主要发生在回溯记忆中，此时就是针对已经过去的历史记忆进行整合与归纳，从而形成具有合一意义的历史叙述话语。换言之，在前一阶

017

段，媒介的当下记忆往往呈现出碎片化的特征，只是根据事件发生的时序或重要性序列进行报道与记录，而当事件告一段落时，就需要媒介在此时完成对前期素材的整理，从而实现对国家记忆的真正建构。

在这一步骤中，国家记忆中的意识形态成分会发挥更加能动的作用，指导媒介以国家主流价值观为导向，对原本的记忆素材进行阐释。在对回溯记忆进行梳理时，媒介已经摆脱了时效性的强制要求，因此就可以预先建立起一套符合国家意志的话语体系，再将前期的记忆素材合理排布，并结合各类国家纪念、社会纪念仪式的报道，完成对国家记忆的强化，形成坚实的国家记忆内涵。例如在新冠疫情得到基本控制之后，各大媒体就开始逐步展开关于疫情的总结性报道，这些报道不再呈现出散乱无章的特点。《人民日报》先后开展了主题不同的新闻专栏：以国际合作抗击疫情的"患难见真情 共同抗疫情"专栏，以记录年轻一线人员工作的"一线抗疫群英谱·青春力量"，以配合国家政策信息发布的"国务院联防联控机制发布会"等。这些专栏都将疫情期间的故事进行了再次报道与整合，将新闻内容纳入意识形态框架中，形成了具有明确叙述立场的国家历史记忆。同时，国家作为行动体的能动性发挥积极作用，开展大量关于疫情的表彰纪念活动，媒介在参与报道的过程中，与政府的行动形成合力，通过仪式的展演与再现固化了媒介与国家对这段集体记忆的阐释。2020年9月8日，全国抗击新冠肺炎疫情表彰大会在北京隆重举行，在表彰大会上，习近平主席向"共和国勋章"获得者钟南山（见图1-3），"人民英雄"国家荣誉称号获得者张伯礼、张定宇、陈薇颁授勋章、奖章的整个过程，都通过多个媒体平台滚动展示。10月21日，《人民日报》还刊发了"人民英雄"张定宇的署名文章《平凡人也能成为真英雄》。经过这一系列的话语再组织后，新冠疫情的历史阐释话语基本固定，公民对于疫情期间的英雄事迹的理解也基本合乎国家话语体系的总体框架，国家记忆的强化与凝聚由此形成。

图1-3 钟南山院士参加全国抗击新冠肺炎疫情表彰大会新闻画面

（三）选择：制造结构性遗忘

遗忘与记忆是一对一体两面的同构性概念，没有遗忘，也就没有记忆；遗忘的过程，同时也是建立记忆的过程。不论对于个体记忆还是集体记忆，遗忘都是记忆的重要组成部分。如果记忆是社会建构的产物，那么遗忘必然也离不开各类社会机制的影响。与"集体记忆"理论相对应，"'集体遗忘'理论强调，制造遗忘恰恰是社会用以构建并维持集体记忆的手段之一。如果说集体记忆是建设集体认同的基础，那么'记住什么'与'遗忘什么'对于集体认同来说就具有同等重要的意义，特别是某些特定内容是如何被系统地排斥出集体记忆之外，这种排斥的原因、类型、路径和结果，有时对理解集体记忆的形成，具有至关重要的意义"[①]。也就是说，所谓的集体遗忘并非被动消极的过程，而

---

① 陆远：《集体记忆与集体遗忘》，《南京社会科学》2020年第3期，第132-137页。

是一个由各种社会力量参与，有目的、有意识地主动制造集体记忆与过去经验之间的断裂，从而形成结构性遗忘的过程。

中华民族自近代以来，遭受了帝国主义的侵略，这对于中国人民来说是一段无法忘却的历史记忆，但是一些曾经侵略过中国的国家，却想方设法地通过各种手段抹杀这段沉重的历史。19世纪，英国伦敦杜莎夫人蜡像馆展出了林则徐的蜡像，然而在展览的宣传传单（见图1-4）中却写着："对华战争的始作俑者""销毁250万英镑英国财产的罪魁祸首""他和他的小脚老婆是唯一在我国被展示的这类人物"[①]。该介绍文字将展览的重点放在了"小脚老婆"这种无关紧要且猎奇求异的细节上，同时将林则徐虎门销烟的英雄事迹解释为销毁了250万英镑的英国财产，却绝口不提这些财产是用来残害中国人的鸦片，并且将鸦片战争的罪责归咎到林则徐身上。这不但美化了英国的侵略历史，而且通过选择性的记录与报道，使英国社会集体遗忘了英国通过鸦片剥削与荼毒中国的历史。

[①] 何伯英：《旧日影像：西方早期摄影与明信片上的中国》，张关林译，上海：东方出版中心，2008年，第32页。

图 1-4　杜莎夫人蜡像馆展览林则徐蜡像时的宣传单①

(四) 再回忆：国家记忆的调整

法国学者刘易斯·科瑟在《论集体记忆》一书的导论中写道:"过去是一种社会建构,这种社会建构,如果不是全部,那

---

① 何伯英:《旧日影像：西方早期摄影与明信片上的中国》,张关林译,上海：东方出版中心,2008年,第33页。

么也是主要由现在的关注所形塑的。"① 美国社会学家巴里·施瓦茨在对国家记忆中关于美国总统林肯声誉的变迁研究中也发现不同时代的国民对于林肯的评价各有不同，他的声誉会随着各个时期政治、文化情境的变化而变化。这说明国家记忆形成之后并非一成不变，而是与当下的社会主流话语与权力变迁息息相关，任何集体记忆都历经了代代相传的延续与时代话语框架下的重塑与调整。

第三节　公共危机应对中传播的力量

一、公共危机

"危机"这一中文词汇中包含着"危险"与"机遇"的双重语义，说明危机应当是指某事件处于重大转折时期，是事态发展变化的关键时刻。美国国际关系学家、有"危机研究的先驱者"之称的查尔斯·赫尔曼认为："危机是威胁到决策集团优先目标的一种形势，在这种形势中，决策集团作出反应的时间非常有限，且形势常常向令决策集团惊奇的方向发展。"② 可见，危机最大的特征在于其不确定性以及急迫性，因此有必要对危机进行管理，从而化"危"为"机"，在短时间内平复社会紧张情绪，以免造成更大的社会动荡。

排除个人、企业或公司面对的部门危机，本书主要讨论国家层面或社会整体所遭遇的危机，我们将其称为"公共危机"。学

---

① 莫里斯·哈布瓦赫：《论集体记忆》，毕然、郭金华译，上海：上海人民出版社，2002年，第45页。

② Charles F. Hermann. (1972). *International Crisis: Insights from Behavioral Research*, New York: Free Press, p. 13.

者赵路平认为:"那些直接影响到一个国家政治稳定、经济发展以及社会正常运行的事件,同时也对政府的生存发展以及公众的生命和财产产生巨大的威胁,面对这些严重的、毁灭的灾难,任何一个家庭、个人,甚至某一部门、组织、企业不愿也不能独立解决,处置这些事件的努力就具有公共产品或集体产品的特征,这时的危机就成为公共危机。"[1] 导致公共危机的原因大体上可以分为自然原因与人为原因:前者一般是指由于自然环境突变而导致的自然灾害危机,如地震、龙卷风、洪水等;后者是指由于人的行为而引发的危机,如经济危机、战争或恐怖袭击等。需要注意的是,有些人为危机会以自然危机的形式表现出来,例如人类在生产生活中造成的环境污染、气候变暖、土地荒漠化等问题,这类危机更为复杂,需要长期的危机管理与灵活的传播技巧才能逐步化解。

二、公共危机传播

早期的危机传播研究是从危机管理研究脱胎而出的一个研究分支,旨在强调危机管理过程中的信息搜集、整理与传播行为,也就是说将危机传播视作危机管理中的某一环节。然而事实上,"危机管理较偏向于'对事',危机传播偏向于'对人',两者的关照面并不相同"[2],因此应当从传播学的面向对危机传播研究进行梳理。学者来向武和王朋进以传播学研究的角度出发,将其贯彻到危机传播领域,研究危机传播相关联的社会信息系统及其各部分的结构、功能、过程以及互动关系,探索、发现和克服危

---

[1] 赵路平:《公共危机传播中的博弈》,上海:上海社会科学院出版社,2010年,第3页。
[2] 吴宜蓁:《危机传播:公共关系与语艺观点的理论与实证》,苏州:苏州大学出版社,2005年,第7页。

机领域的传播障碍和传播隔阂，找到社会信息系统良性循环的机制，以此来有效减少危机给人类社会所带来的损害。① 从此研究进路展开，我们应当对公共危机传播的内涵进行以下分析。

首先，公共危机传播应当贯穿危机管理的全过程。美国危机管理专家史蒂夫·芬克在1986年提出危机的生命周期，将其分为危机潜在期、危机突发期、危机延续期和危机痊愈期。美国学者大卫·斯特格斯则认为在危机的不同阶段要满足公众的不同信息需求：危机爆发前应以"内化性信息"为主，告知公众组织在危机中的位置，以及发布关于组织正面的观点；在危机进入蔓延和爆发阶段时，应当以"指导性信息"（Instructing）为主，即传播如何应对危机的信息；在危机进入衰退期后，则应以"调整性信息"（Adjusting）为主，帮助公众从心理上恢复正常；在危机平息阶段，应再次回到"内化性信息"（Internalizing）的阶段，以树立组织的正面形象。② 根据这一理论，可以说明在公共危机的全阶段都必须进行适时的信息传播，以降低危机中的不确定性，从而确保公共危机能够"化险为夷"。

其次，公共危机传播应当涉及多主体的信息互动。公共危机的出现本身就牵涉到多方社会行动体，正如上文中所述，学者赵路平认为公共危机无法依靠单一的社会部门解决，它的处理与化解必须依靠全社会的通力合作。在此过程中，政府应当成为主导者，指挥整个危机管理过程，并发布可靠的信息；媒体应当成为主要的传播中介，及时发布相关信息，并通过传播技巧说服公众接受政府的解释与措施，同时通过舆论引导建立一个稳定和谐的舆论环境；而公众在此过程中，不仅充当信息的接收者，还应当

---

① 来向武，王朋进：《缘起、概念、对象：危机传播几个基本问题的辨析》，《国际新闻界》2013年第3期，第66—73页。

② 廖为建，吴柏林：《公共关系学教程》，北京：当代世界出版社，2003年，第381页。

学会利用各种媒介获取关于公共危机的科学信息，不传谣不信谣，同时积极配合政府的相应政策，保证自身在公共危机中怀有积极心态；另外，第三方组织或相关的专家学者应发挥自己的专长，一方面为政府的决策提供专业的意见建议，另一方面与媒体相配合，传递科学专业的信息，安抚公众情绪。

另外，公共危机传播应以减少传播隔阂与传播障碍、恢复社会常态、增进社会认同为目标。公共危机传播涉及多主体的信息互动，建立一个高效、畅通的信息系统就成为公共危机传播中的必需步骤。在该信息系统中，一方面要保证各方声音可以得到顺畅表达，保证负面社会情绪得到疏通；另一方面，这些声音也应当获得相应社会组织的"聆听"与反馈，从而打造一个各方相互信任的信息环境，这才有助于减少传播中的隔阂与障碍。最终，无论各方采取何种措施，任何公共危机传播的目的都应当是尽快摆脱危机，恢复正常的生产生活秩序；同时，也应当为社会的危机管理和危机传播提供新经验，以应对今后出现的社会公共危机。

三、公共危机传播中的媒介

媒介在公共危机传播中应当作为主要的信息中介，成为多方行动体的沟通桥梁，尤其是作为制度化的大众媒介，更应该承担相应的社会责任与义务，为公共危机传播奠定稳固的信息系统。但事实上，媒介在公共危机传播中并非总能起到积极正面的作用，有时媒介的"误操作"反而会导致公共危机的加重，引起社会的振荡。

（一）媒介在公共危机传播中的负面影响

1. 媒介失当报道引发民众产生恐慌情绪

德国社会学家乌尔里希·贝克在 20 世纪 80 年代提出"风险

社会"这一概念，他将风险社会视作现代社会发展的一个阶段，认为"风险可以被界定为系统地处理现代化自身引致的危险和不安全感的方式"，与传统社会的风险相比，现代社会的风险"是与现代化的威胁力量以及现代化引致的怀疑的全球化相关的一些后果"①。贝克认为，风险社会具有一种非现实性，因为"风险实际对社会的刺激在于未来预期的风险"，"风险意识的核心不在于现在，而在于未来"②。从这一表述可以看出，贝克认为风险社会本身是一种可被建构的认知，且风险社会中最容易导致社会危机的不一定是风险本身，而是人们对风险的担忧。正如芭芭拉·亚当和约斯特·房·龙所说，风险的本质并不在于它正在发生，而在于它可能发生。③ 因此风险就如同悬在人类社会头顶的达摩克利斯之剑，给公众造成了强烈的不安全感，从而引发社会的恐慌情绪，进而带来真正的公共危机。

这就使媒介在对风险进行报道时不得不陷入两难困境，由于社会风险的不确定性，媒介无法预知该风险的影响到底有多大，如果报道过多，那么可能会加剧公众的不安全感，从而引发哄抢生活用品、散播谣言等问题，传播学中的"培养理论"也能够证明这一现象；但如果媒介出于谨慎心理，少报道或不报道这些风险，那么当风险真正转化为公共危机时，公众就会对媒介产生失望情绪，严重者甚至不再信任媒介的任何信息，从而导致公共危机传播信息系统的失效。2011年3月，日本地震引发核泄漏事故，并在中国一些地区引发了一场"抢盐"的社会风波，当然这

---

① 乌尔里希·贝克：《风险社会》，何博闻译，南京：译林出版社，2004年，第19页。
② 乌尔里希·贝克：《风险社会》，何博闻译，南京：译林出版社，2004年，第35页。
③ 参见《重新定位风险：对社会理论的挑战》，载芭芭拉·亚当，乌尔里希·贝克，约斯特·房·龙编著：《风险社会及其超越：社会理论的关键议题》，赵延东、马缨等译，北京出版社，2005年，第3—5页。

一方面是由于网络谣言的泛滥和官方权威信息的缺位,但是另一方面,大众媒介的不当报道也加剧了民众对此次危机的恐惧。由于日本邻近中国大陆,许多媒体高度关注日本的该次事故,甚至全天候滚动播报事件的进展,正如学者邵培仁所说:"媒介这种渴望发生大新闻的心理和面对突发事件所暴露出来的兴奋状态,它引发的如果不是大量的恐慌,就是普遍的不安,甚至还有可能产生一系列非理性的直觉式的反应。"① 甚至由于记者缺乏专业知识,发表了不当言论,例如《羊城晚报》在采访广东省职业病防治院主任医师、卫生部(现卫健委)放射卫生防护标准委员会委员邹剑明时,他表示可以喝少量碘酒防护核辐射,这就催生了许多"吃碘盐可以防辐射"的网络谣言,进而发展成为"抢盐"的公共危机事件。

2. 媒介信息难以核实加剧公共危机

在公共危机的潜伏期与爆发前期,政府部门难以在短时间内公布有效的危机处理方案,而公众则出于恐慌,迫切想了解事件的最新进展。媒体在此时往往就视第三方机构或专家为主要消息来源,但同时,媒体又缺乏相应的专业判断力,只能简单复述专家的表述,无法进行进一步的核实与查证,而不同的专家和机构通过媒体传递的信息常常前后不一,相互矛盾,令公众无所适从,这就加剧了公众的不安全感,也损害了媒体与第三方机构和专家的公信力。

2020年1月底,新冠疫情刚刚暴发,举国上下对于这场席卷全国的疫情缺乏足够了解,只能根据专家建议进行防护,医用口罩与酒精在各地药店基本脱销。31号晚,有媒体在其官方微博中称"中成药双黄连口服液可抑制新型冠状病毒",消息发布

---

① 邵培仁:《媒介恐慌论与媒介恐怖论的兴起、演变及理性抉择》,《现代传播》2007年第4期,第27—30页。

后，当日就有市民不顾"居家隔离"的劝阻连夜前往药店排队购买双黄连口服液，线上药店的双黄连口服液也迅速断货。但次日上午中央电视台就采访了中央指导小组医疗小组专家、中国工程院院士张伯礼，张院士表示"这些中成药只能起到调节体内状态的作用，对（新型冠状）病毒并不具有针对性"。同时，许多第三方的科普类微博博主也纷纷发声，质疑了双黄连口服液对新冠病毒的疗效，此次抢购双黄连的风波才逐渐平息。但可以看到，恰恰由于前期媒体无力对专家的言论进行核实与查证，却为了追求时效性，迎合了公众对于疫情信息的急切需求，直接发布了专家的观点，从而使公共危机加剧，并损害了媒体的公信力。

当然，在公共危机传播中，媒体作为信息发布的主要渠道和危机信息系统的基础组织，也能够承担相应的社会职责与义务、在危机传播中发挥正向的作用与功能。

（二）媒介在公共危机传播中的正面效应

从微观层面上来说，媒介在公共危机传播中，应当在不同阶段发挥不同的作用。危机发生前要发挥社会预警作用，及时引导政府与公众对危机予以重视；危机暴发过程中要发挥好社会协调作用，沟通各方信息，利用媒介影响力引导社会舆论，积极化解危机；在危机后，要做好监督与反思工作，对危机中各方的表现进行总结与整理，为之后的公共危机传播提供可行的建议与经验。但从宏观而言，媒介在公共危机传播中的良好表现将会使国家与社会的关系向良性方向发展。

1. 通过信息传递，塑造国家形象

媒介在公共危机中，与国家应当形成良好的合作关系，一方面在危机处理全程中报道国家与政府的各项措施与决策，显示国家在面对公共危机时的决心与能力；另一方面应通过客观真实的报道监督国家相关决策的实施，并积极反馈国家在应对社会监督时的举措，从而塑造出一个积极、负责、自信的国家形象。

尤其在当前全球化的趋势下，许多国内或区域的公共危机都有可能转变为全球性的议题或危机，任何国家在面对危机时的行动都可能会被摆上国际舞台进行审视与比较。因此，媒介在公共危机传播中不仅要对国内公众负责，更要怀有宏大的国际视野，遵循国际传播规律，及时对外发布信息，把握国际舆论话语权。

2. 通过社会动员，增强社会凝聚力

媒介作为公共危机传播中的桥梁与中介，应当发挥协调社会各方力量的作用，在保证各方信息畅通的基础上，调动、组织公众和社会其他资源参与到公共危机处理过程中，同时化解社会关系中的矛盾与冲突，维护社会稳定团结。另外，树立和宣传危机中的先进典型人物和事迹，用这些榜样的精神感召全国民众，有利于调动民众参与危机处理的积极性，配合国家的相应举措，整合社会力量，凝聚人心。

例如新冠疫情期间，不论是大众媒体抑或是社交媒体，都不遗余力地发布各类物资求助与援助信息，利用媒体的影响力实现社会救助资源的有效调度，从而保证基本医疗物资与生活物资的充足。同时媒体积极塑造各类英雄人物的典型形象，如主动要求去一线、写下感人请战书的医护人员，春节期间赶制捐赠口罩的口罩厂老板，冒着危险接送医护通勤的网约车司机等，这些来自社会各行各业的"逆行者"，经过媒体的报道与宣传，感动了千千万万的普通民众。人们要么加入抗击疫情的队伍中，以自己的力量为抗疫做出贡献；要么听从政府的号召，居家隔离，减少出门，尽可能降低疫情扩散的机会。在疫情初步被控制后，许多网友在网上留言"生在中国，我很骄傲"，这充分表现出，在经历了万众一心的抗疫行动后，社会凝聚力在增强。

3. 通过语言修辞，建构国家认同

在危机事件发生后，危机处理主体使用各类语言和符号资源，通过"语体对危机修辞表达形式的选择和对危机情境的具体分析"[①]来化解危机。这种化解危机的方式被称为危机修辞或危机语艺。一般来说，面对公共危机事件，危机修辞的主体通常是政府或媒体，而政府的信息通报也必须通过媒介才能发布，因此，这就要求媒介掌握足够的修辞技巧，以构建认同作为话语修辞的主要目标。尤其是"互联网时代的公共危机语境下，民众与其说是渴望获取全部的、翔实的事实信息，还不如说是期待一个负责任的行动者，事实真相已经不再那么重要，民众更看重的是价值层面的认同与社群层面的归属"[②]。这种认同不仅应当建立在多方平等开放对话沟通的基础上，还应当遵循诉诸情感，体现人文关怀的基本原则，从而实现民众对国家和政府的积极认同。

---

① 汤景泰：《危机传播管理》，北京：经济日报出版社，2015年，第70页。
② 李彪：《霸权与调适：危机语境下政府通报文本的传播修辞与话语生产——基于44个引发次生舆情的"情况通报"的多元分析》，《新闻与传播研究》2019年第4期，第25—44，126页。

第二章
传播的发展力：现代化进程中的推手

国家发展，是各国政府进行国家治理时所追求的永恒目标，尤其对于第三世界国家而言，现代化是国家发展的具体落实点。而"现代化可以看做是经济领域的工业化、政治领域的民主化、社会领域的城市化以及价值领域的理性化的互动过程"[①]。现代化的实现需要各种社会力量的共同配合，其中，媒介作为社会信息系统的主要载体，利用其传播力量，发挥着整合社会、传播新知、推动民主等多项作用，最终将有助于进一步推动国家现代化进程，实现国家发展的宏伟目标。

第一节 发展传播学的历史沿革

发展传播学是20世纪50年代后出现的传播学分支理论。其产生背景是第二次世界大战结束后，亚非拉许多国家都处于百废待兴的历史关键时期，如何尽快脱离贫困、建设现代制度成为这些国家发展的重要议题。许多欧美地区学者开始关注如何通过大众传播媒介促进国家发展，为此先后提出了几种不同的范式，为发展传播学的壮大提供了最初的理论思路。

---

① 西里尔·E. 布莱克：《比较现代化》，杨豫、陈祖洲译，上海：上海译文出版社，1996年，第7页。

一、主导范式

主导范式也称传统或现代化范式，是 20 世纪五六十年代期间由北美学者主导的发展传播学研究。该范式是冷战思维下的产物。第二次世界大战结束后，美国为了避免第三世界国家在意识形态领域倒向苏联，因此决意帮助这些国家实现发展，其主要思路是帮助新兴民主国家沿着美国的理念实现自身发展。换句话说，主导范式的主要目的是在发展中国家推行以美国为代表的西方发展模式。这一理论范式下的主要代表学者有丹尼尔·勒纳、施拉姆和罗杰斯等。

（一）丹尼尔·勒纳的传播发展观

丹尼尔·勒纳于 1957 年发表了论文《传播体系与社会体系》，1958 年出版了《传统社会的消失：中东的现代化》一书，这本书的出版标志着发展传播学的诞生。他关于传播与发展的思想主要有以下几点。

1. 传统社会－口头系统与现代社会－传媒系统的区分

勒纳认为，社会发展的进程是从传统社会向现代社会的单向线性发展过程，传统社会与现代社会是相对立的两极，介于其中的则被称为过渡型社会。另外，他将公共传播系统区分为口头系统与传媒系统，前者"发出讯息的人往往依赖其在社会等级中的位置被赋予发言资格……这些讯息典型地呈现为指令性的，而非描述性的。……这些讯息通过口传渠道，传送到各个很不相同的受众群"；而在传媒系统中，"公共信息的主流是由专业化的传媒机构推动的。他们熟练地生产出描述性讯息（新闻），通过非人身的'媒介'(印刷物、胶片、电波),朝相对未分化的大众传送"①。在现实中,虽然没有一个国家只具备上述一种传播系统,但是总体来说,大多数国家都是处在口头系统与传媒系统的某一个演进阶段。

同时,勒纳认为,"传播系统是整个社会系统发生变化的晴雨表和推进器"②,他强调了在一个社会从传统社会向现代社会发展的过程中,大众媒介所能起到的重大作用。通过对54~73个国家的资料统计和分析,他以社会经济(城市化)、政治(投票比例)、文化(读写指数)作为分析社会系统的指标,而以日报发行量、收音机数量和电影院座位数量作为传播系统的指标,最终确认了传播系统与社会系统之间的显著相关性。

2. 人的现代化:"移情"理论

勒纳在《传统社会的消失:中东的现代化》一书中强调了大众媒介对于人的现代化的作用。在勒纳看来,只有当社会经济建设达到一定程度,从而使社会各阶层人民(而非少数上层人士)实现现代化,才是真正的现代化。由此,勒纳提出了"移情"这一概念,"简单地说,移情是一种站在别人的地位上来看自己的能力",也就是说,移情能力是可以让人超越自己的原生环境,具备更为广阔的视野,能够运用自己的想象理解社会的其他角色。同时,"极大的移情能力仅仅是在具有工业化、都市化、文化普及以及民众参与诸特点的现代社会里,才算是一种占优势的人格"③。可见,在勒纳看来,移情能力应当是现代社会中人们

---

① 勒纳:《传播体系与社会体系》,谢金文译,载张国良主编,《20世纪传播学经典文本》,上海:复旦大学出版社,2003年,第316页。
② 勒纳:《传播体系与社会体系》,谢金文译,载张国良主编,《20世纪传播学经典文本》,上海:复旦大学出版社,2003年,第317页。
③ 丹尼尔·勒纳:《传统社会的消失:中东的现代化》,转引自施拉姆:《大众传播媒介与社会发展》,金燕宁等译,北京:华夏出版社,1990年,第135—136页。

应当具备的能力,这种能力有助于打开传统社会中人群封闭的心理状态,关心国家甚至国际大事,能够接受新鲜事物与现代化的思想、价值观,并且愿意在社会发展的议题中发表自己的见解,从而使现代社会在以见解为基础的社会"共论"中运行。勒纳认为,大众传播媒介不仅有助于培育这种移情能力,而且还能够将这种能力扩散至全社会。

(二)施拉姆的传播发展观

传播学奠基人威尔伯·施拉姆于 1964 年出版了《大众传播媒介与国家发展:信息对发展中国家的作用》一书,在书中,施拉姆以发展中国家作为研究对象,强调了大众媒介在促进发展中国家社会变革中的作用。他认为,传播在国家发展的社会变革中有三个功能:看守功能(告知功能)、决策功能、教育功能。

1. 看守功能

施拉姆认为,看守功能是大众传播媒介可以直接实现的功能,主要体现在大众传播媒介可以使人开阔眼界,这一点与勒纳所提出的"移情"理论相近。同时,大众传播媒介可以将人们的注意力集中在发展问题上,例如新行为、新习惯或者其他需要变革的事物上。另外,大众传播媒介可以提高人们的期望,使公民产生对民族强大或国家繁盛的渴望。①

2. 决策功能

施拉姆认为,大众传播媒介无法独立实现决策功能,只能间接地起到辅助作用。这些辅助作用主要体现在大众传播媒介可以向人际传播渠道发送信息,可以授人以地位,扩大政策对话的范围,强化社会规范,帮助人们培养趣味,影响人们持有的轻率观

---

① 施拉姆:《大众传播媒介与社会发展》,金燕宁等译,北京:华夏出版社,1990 年,第 133—139 页。

念，对于其固执的态度则可潜移默化之。①

3. 教育功能

教育功能，有一些是可以由大众传播媒介直接完成的，但也有部分功能需要通过大众媒介与人际传播渠道相互结合才可能完成。施拉姆认为，大众媒介的教育功能必须与当地的教育工作者相互配合，才能实现有目的的发展。②

（三）罗杰斯的传播发展观

埃弗雷特·罗杰斯于1962年出版了《创新的扩散》一书，书中提出的创新扩散理论，不仅是经典的传播效果研究成果，也为发展传播学提供了新的路径与模式。该理论重在探讨传播如何影响一项新观点、新技术或新事物在社会系统中的扩散过程。这一理论的主要代表有以下三种。

1. 创新扩散中的四个主要因素

一项创新的扩散中主要包含创新、传播渠道、时间以及社会系统四个要素。所谓创新，是指"被采用的个体或团体视为全新的一个方法，或者一次实践，或者一个物体"③。也就是说创新的"新"在于采用者的主体认知，而非客观属性，传播渠道"是信息从一个个体传向另一个体的手段"④。罗杰斯认为，大众传媒是最为快速有效的传播渠道，而人际传播则是一个可以起到说服作用的渠道。时间这一变量则用于描述整个创新决策过程、某

---

① 施拉姆：《大众传播媒介与社会发展》，金燕宁等译，北京：华夏出版社，1990年，第139—146页。
② 施拉姆：《大众传播媒介与社会发展》，金燕宁等译，北京：华夏出版社，1990年，第147—151页。
③ 埃弗雷特·罗杰斯：《创新的扩散》，辛欣译，北京：中央编译出版社，2002年，第11页。
④ 埃弗雷特·罗杰斯：《创新的扩散》，辛欣译，北京：中央编译出版社，2002年，第16页。

一个体比其他成员采用创新的早晚程度,以及一个系统中采用创新的速度。社会系统则是指"一组相互联系的单位,他们面临共同问题,有着共同目标"①,而一个社会系统的结构、规范、潮流引领者及创新代理机构等都会对扩散产生影响。

2. 创新-决策过程中的五个阶段

罗杰斯提出了创新-决策过程模式中存在五个阶段。(1) 认知,即"个体认识到某项创新的存在并理解了它的功能"②。(2) 说服,在此阶段,"个人对创新形成赞同或不赞同的态度"③。(3) 决定,即个体"选择采纳接受或拒绝某项创新"④。(4) 实施,即个体将这项创新投入实践,意即出现了行为上的改变。(5) 确认,"在确认阶段,个人如果接触到关于该项创新的互相冲突的信息,他要么会寻求对已做出的创新决策的肯定,要么会转变先前的采纳或拒绝的决定"⑤。而在不同的阶段,不同类型的传播渠道会起到不同程度的作用。在认知阶段,大众传播媒介更为重要;在说服及其后的阶段,起主要作用的是人际传播。同时,发展中国家与发达国家相比而言,人际传播渠道起着更为重要的作用。

3. 创新扩散阶段五种不同的采纳者

罗杰斯根据创新性将一个系统内的成员分为五类:创新者、

---

① 埃弗雷特·罗杰斯:《创新的扩散》,辛欣译,北京:中央编译出版社,2002年,第21页。
② 埃弗雷特·罗杰斯:《创新的扩散》,辛欣译,北京:中央编译出版社,2002年,第146页。
③ 埃弗雷特·罗杰斯:《创新的扩散》,辛欣译,北京:中央编译出版社,2002年,第151页。
④ 埃弗雷特·罗杰斯:《创新的扩散》,辛欣译,北京:中央编译出版社,2002年,第154页。
⑤ 埃弗雷特·罗杰斯:《创新的扩散》,辛欣译,北京:中央编译出版社,2002年,第164页。

早期采纳者、早期大多数、后期大多数、落后者。这五类成员的分布随着时间变化呈现 S 形曲线,并趋近于正态分布。他们在社会经济地位、个性、价值观和传播行为及方式上有着重要的差别。一般来说,早期采纳者具有更高的经济地位与社会地位,具有更强的移情能力、逻辑推理能力,对社会创新与科学抱有更加积极的欢迎态度等。另外,在传播行为和方式方面,早期采纳者能够更加广泛地参与社会活动,其人际关系网中有更高的关联性,眼界也更开阔,有更多的渠道接触媒体,也更主动积极地搜寻信息,拥有更多的创新知识和更强的舆论导向能力。[①]

以上三位学者的努力为发展传播学奠定了坚实的理论基础,不过他们的理论中存在的既有偏向也受到了许多批评。首先,他们的理论将西方发达国家作为发展的范本,却很难与发展中国家的实际状况相匹配;其次,发展、进步的概念也是由发达国家的精英建构出来的,"将理性和进步等同于经济理性和经济增长","通过人均收入、人均资源消耗等量化指标来衡量越来越高的生活标准,国民生产总值构成了核心目标"[②],这不仅忽略了发展中国家非物质方面的进步特质,也摒弃了发展中国家的社会传统在发展中的重要作用;同时,他们将大众传播视作传播现代化信息以改变第三世界国家国民特质和社会结构的工具,意即在效果观上依然采用线性的传播模式,没有考虑到公众和社会环境对传播的反馈。基于对主导范式的批评,20 世纪 60 年代中后期,发展传播学进入了依附范式的阶段。

[①] 埃弗雷特·罗杰斯:《创新的扩散》,辛欣译,北京:中央编译出版社,2002年,第 262—263 页。

[②] 威廉·B. 古狄昆斯特,贝拉·莫迪主编:《国际传播与文化间传播研究手册(第二版)》,陈纳、胡特等译,上海:复旦大学出版社,2016 年,第 386—387 页。

二、依附范式

依附范式植根于拉美地区发展现实及政治经济学理论基础。该理论的主要观点是，发达国家在第二次世界大战后对发展中国家实行了新殖民主义，采用了相对隐蔽与间接的形式对其实施了经济、政治和文化上的控制，在传播领域则主要表现为文化帝国主义或媒介帝国主义，这使得发展中国家的大众传播系统在技术、资金、制度、内容、广告等多个层面对发达国家产生了依附。因此，带有西方意识形态和价值观色彩的内容以倾销的形式进入这些国家，造成了其国民价值观的混乱以及对自身传统文化的否定。因此，"依附论者尖锐地指出，发达国家与发展中国家之间在现代化进程中所处的不平等地位不仅在经济上加剧了拉美对美国的依赖性，而且在传播领域是将前者推入了后者绝对掌控的元凶"①。

依附范式下，许多拉美地区学者提出媒介应当服务于广大受众，提高社会各界对媒介的参与度，而不是让媒介沦为资本主义意识形态的宣传工具，同时，应当尽可能地改变不平等的社会结构，将传播理解为公正、自由、对话基础上的社会互动过程。依附范式催生了 20 世纪 70 年代的世界信息新秩序运动，该运动提倡信息应当在各国之间更加平衡地流动，而各国有权利决定本国的文化前途。而依附范式的问题在于，虽然它批评了主导范式的西方中心主义，却未提出切实可行的发展传播道路；另外，其实践结果"导致了第三世界国家在金融和政治上对发达国家的更大

---

① 芦思姮：《试析现代拉美大众传媒的理论与实践探索》，《拉丁美洲研究》2014 年第 5 期，第 71—77，80 页。

的依附"[①]。因此,20世纪70年代后,发展传播学进入了多元理论范式的阶段。

三、多元理论范式

顾名思义,多元理论范式是指这一范式下并无一个统一的理论体系,而是包括了多元的理论主张,共同构成了这一阶段发展传播学的主导观念。这些理论主要有参与式理论、世界体系理论、全球化理论等。

(一)参与式理论

参与式理论在拉美学者依附理论的背景下,成为20世纪七八十年代发展传播学的主导性理论。其前提是,反对将传播视作自上而下的垂直性信息传递,而认为其是一种需要多方参与、实践与交流的社会过程。一方面,参与式理论"采取了与经济导向的现代化理论和政治导向的依附理论不同的路径,它把发展视作一个整体、多维、辨证的过程,核心是强调发展的参与性和可持续性"[②]。另一方面,参与式理论"承认现代化的多样性,现代化不应只有一种表现形态,每个国家、民族的社会发展、历史文化、意识形态不同,对现代化的理解也不一致"[③]。因此它主张应当考虑不同国家、民族的现实情况与历史文化,让这些国家的民众能够通过媒介工具分享、交流信息,"社会成员在平等对话的

[①] 韩鸿:《参与式传播:发展传播学的范式转换及其中国价值——一种基于媒介传播偏向的研究》,《新闻与传播研究》2010年第1期,第40—49,110页。

[②] 韩鸿:《参与式传播:发展传播学的范式转换及其中国价值——一种基于媒介传播偏向的研究》,《新闻与传播研究》2010年第1期,第40—49,110页。

[③] 王亮:《发展传播学的范式转变——〈全球化、社会发展与大众媒体〉阅读札记》,《新闻知识》2010年第11期,第45—47页。

基础上解决社会冲突，达成共识，从内部产生发展的动力"①。

当然，参与式理论也因其理想化而受到批评，因为"传播的民主化必须与政治的民主化相对应"②，这就使该理论在第三世界的接受受到多方制约。

（二）世界体系理论

世界体系理论是由美国纽约州立大学教授沃勒斯坦于20世纪70年代提出的一种发展理论，他吸收了吸附理论中的一些内容，强调"要注意完整性和长期性，分析单位应是由核心、半边陲、边陲三维构成的历史系统及世界经济"③，在世界体系的运转与发展中，这三个维度的差异将会被强化而非缩小或消失。该理论提出后，阿芒·马特拉、赫伯特·席勒等人也转向了该研究路径。

阿芒·马特拉在沃勒斯坦的理论框架中提出，现实的国际传播模式"与世界经济模式存在着某种对应关系，即信息传播的流向是从中心国向边缘国渗透，并进而导致边缘国家对中心国在政治经济领域的严重依赖。这种依赖关系不仅体现在信息由中心国向边缘国的单向流动，而且体现在即使是事关边缘国自身的信息，也会以'出口转内销'的方式由中心国传播至边缘国。更重要的是，传播的依赖既是政治依赖的表现，又会反过来加深政治依赖"④。而席勒在1979年发表的《跨国媒介与国家发展》一文中就采用了世界体系理论，认为由于西方"核心"国家占据了人

---

① 杨晓强：《"媒"田守望者 当代中国大众传媒社会责任研究》，北京：新华出版社，2015年，第78页。

② 韩鸿：《参与式传播：发展传播学的范式转换及其中国价值——一种基于媒介传播偏向的研究》，《新闻与传播研究》2010年第1期，第40-49，110页。

③ 张国良：《新闻媒介与社会》，上海：上海人民出版社，2001年，第302页。

④ 夏文蓉：《发展传播学视野中的媒介理论变迁》，《扬州大学学报（人文社会科学版）》2007第3期，第79-84页。

文和自然资源的分配权，第三世界国家在多个领域（如政治、经济、科技等方面）都处于"边缘"位置。

（三）全球化理论

英国学者科林·斯巴克斯在《全球化、社会发展与大众媒体》一书中认为，目前并没有一个得到统一认可的全球化理论，而且也很难找到一个具有代表性的学者。因此他总结了全球化理论的十个特点，这十个特点构成了全球化范式的概念框架，分别为：一种完全不同的学说，方法的创新，理论和实践之间的新型关系，媒体和传播的中心地位，超国家性组织的发展，本体的内涵，控制权力的缺位，多个制作中心和复杂的节目流，地区性市场，全球媒体产品的出现。[1] 同时，作者还认为大众传媒在全球化时代具有极其重要的作用，因为它是"体现全球化、超越空间限制这一特征的工具。对于构建全球化具有重要作用的媒体同时还承载着一种新的文化生产形式"[2]。但同时，作者也承认这十个能够定义全球化范式的论点中，绝大部分都没有足够的证据加以证明，因此全球化理论并非一种严谨的理论分析方法。

发展传播学经历了几十年的变迁，从最开始的主导范式、依附范式到如今的多元理论范式，仍没有找到一种理论可以完全适应第三世界国家发展实际的路径，发展传播学依然在探索新的范式，最终，还是需要媒介与社会行动相结合，真正帮助被压迫者发出自己的声音。正如科林·斯巴克斯所说，"致力于提升世界上无数穷人的地位的传播和媒体的角色，是建立社会运动的不可分割的一部分"，"媒体在这个过程中是中心角色，因为找到大众

---

[1] 科林·斯巴克斯：《全球化、社会发展与大众媒体》，北京：社会科学文献出版社，2009年，第139—160页。

[2] 科林·斯巴克斯：《全球化、社会发展与大众媒体》，北京：社会科学文献出版社，2009年，第161页。

的声音是建立信息和组织的道路之一"①。

第二节 传播媒介与现代化发展

一、现代化的内涵

"现代化"一词来源于"现代",是指实现现代化的过程与状态。根据中国现代化理论专家罗荣渠教授的考证,在英文中"modern"(现代)一词至少包括两层含义:一是作为时间尺度,泛指从中世纪结束一直延续到今天的一个"长时程";二是作为价值尺度,指区别于中世纪的新时代精神与特征。② 现代化理论中的"现代"就兼有上述两层含义。虽然现代化已经成为被社会普遍接受的价值导向,但是现代化的理论却遭致许多批评,例如在上一节论述中出现的现代化理论中简单地将"现代化"等同于"西化",而不顾各国的发展基础与传统文化,因此本节有必要对现代化做一个更为客观与公允的概念界定。然而实际状况是,关于现代化一词,学界目前并无一个统一的定义,而罗荣渠教授则将现代化含义的说法归纳为以下四种。

第一,指近代资本主义兴起后特定国际关系格局下,经济落后国家通过技术革命,在经济和技术层面追赶世界先进水平的历史过程。

第二,将现代化视为工业化,是经济落后国家实现工业化的路径。

---

① 科林·斯巴克斯:《全球化、社会发展与大众媒体》,北京:社会科学文献出版社,2009年,第247页。
② 罗荣渠:《现代化新论:世界与中国的现代化进程》,北京:商务印书馆,2009年,第4—5页。

第三，是自科学革命以来人类急剧变动的过程的统称。

第四，是一种心理态度、价值观和生活方式的改变过程。①

从对这四种现代化的内涵的归纳中可以看出，第一种现代化强调其政治性，第二种现代化侧重其经济现代化属性，第三种现代化突出社会制度以及社会单元对于新环境新变化的调试，第四种现代化更关注人的现代化。因此，我们可以将现代化作为一个横向的研究概念，分为政治现代化、经济现代化、社会现代化以及人的现代化，本节将以此为基础，论述传播媒介如何促进这四个方面的现代化。

二、传播媒介与政治现代化

政治现代化的概念内涵必然要置于现代化的理论框架下进行阐释，也就是说政治现代化是一个国家或社会走向现代化过程中其政治方面同时发生的调整与转型。而对于政治现代化的概念，也有不同的解释。学者孙立平以列维与艾森斯塔特的观点为基础，认为中央集权与民主化是政治现代化进程中不可分割的组成部分，甚至说，一个国家的政治现代化能否顺利进行，很大程度上取决于其中央集权与民主化的搭配与组合。② 学者桂勇认为政治现代化包括两大命题：一是国家力量的增长、政治体系能力的提高；二是社会力量的增长，主要表现为民主化。③ 张华青则认为民主化在一定意义上就是政治现代化，其"主要表现就是政治

---

① 罗荣渠：《现代化新论：世界与中国的现代化进程》，北京：商务印书馆，2009年，第9—15页。

② 孙立平：《集权·民主·政治现代化》，《政治学研究》1989年第3期，第5—15，25页。

③ 桂勇：《政治现代化：国家力量的增长与强化》，《战略与管理》1997年第3期，第97—103页。

决策民主化与科学化，政治运作法治化与制度化，政治参与普遍化与深入化，权威理性化，政治职能高效化，廉政机制健全化"①。这些学者都将民主化纳入政治现代化的内涵中。亨廷顿在《变革社会中的政治秩序》中认为政治现代化包括三个基本方面：权威的理性化、政治功能专门化和全社会各阶层广泛地参与政治，而国家要达到这三个标准，则必须满足两个前提：一是国家适应能力增强，不断地推动社会的经济改革，二是国家有能力将新生的社会力量纳入制度之内。② 根据上述学者对政治现代化的理解，可以将政治现代化分为治理体系现代化、治理能力现代化、政治参与现代化三个方面，而在此过程中，传播媒介能够发挥积极的作用，以推进国家的政治现代化建设。

（一）传播媒介与治理体系现代化

政治现代化的过程中，首先需要扭转的就是从"统治"到"治理"的思想转变。一般来说，统治是指由政府作为单一主体，自上而下进行的强制性的政治管理，而治理则是指"各种公共的或私人的个人和机构管理其共同事务的诸多方式的总和"③。

因此，治理体系现代化的首要任务就是建构多主体的政治治理体系。各类媒介可以利用其信息传递以及价值引导能力整合不同治理主体的力量，形成多主体的协同合作。其次，治理体系现代化还体现在各类制度体系的建立健全，此时传播媒介发挥舆论监督作用，使各类制度的建设与执行都运行在正确的轨道上，同时获得公众的信任与支持。另外，治理体系现代化的过程中还要

---

① 张华青：《论政治现代化与公民文化》，《复旦学报（社会科学版）》2003年第1期，第31—36页。
② 塞缪尔·亨廷顿：《变革社会中的政治秩序》，李盛平、杨玉生等译，北京：华夏出版社，1988年，第35—37页。
③ 俞可平：《治理与善治》，北京：社会科学文献出版社，2000年，第4页。

注意推进政治改革,媒介应当利用自身上传下达的信息通道,在全面深化改革的过程中成为党和政府的传声筒,对外发布各类信息,从而完善信息交流机制,建构透明公开的国家治理模式。

(二) 传播媒介与治理能力现代化

有学者认为,治理能力现代化的衡量标准主要体现在以下方面:决策能力的民主科学化;执行能力的公开法治化;调控能力的协调统筹化;协同能力的互动合作化;改革能力的综合配套化。[①] 而在此过程中,传播媒介应当在党领导媒体的总体基础上,充当好治理能力现代化过程中的"推进器",在信息传播过程中凝聚人心,统筹兼顾,将社会各方力量整合到现代化建设的道路上来。同时,进一步做好"守正创新",在坚守马克思主义新闻观的基础上,积极应对新环境、新格局,做好解放思想的基础工作。在坚持正确舆论导向的同时,完善舆论监督制度,善于回应人民群众在改革过程中关切的问题,在发生重大舆情与突发事件时,完善快速反应机制,及时发布权威消息,稳定民心,以防发生重大舆论事故,掌握舆论主动权。

(三) 传播媒介与政治参与现代化

政治参与现代化主要表现为在政治改革中坚守民主治理原则。传播媒介在政治民主化的进程中主要承担以下功能:第一,发布信息,保障公民知情权。一切民主的前提都在于要让公众知晓国家改革与社会议题的进程,同时公开政府的各类信息,从而使公共决策在公开透明的环境中进行。第二,公共意见的交流平台,保障公民表达权。民主的基础在于鼓励、动员民众参与公共

---

① 陶希东:《治理能力现代化的衡量标准》,参见 http://theory.people.com.cn/n/2014/1208/c40531-26166518.html。

议题的讨论，这有助于社会思潮的理性化发展，而各类传播媒介，尤其是新兴的网络媒体，能够提供一个让民众自由讨论公共话题的公共空间。第三，反映民意，表达公众意见，凝聚社会共识，提炼公众对于国家各项政策的反馈与意见，形成各部门与公众之间的协商对话体系，使公众以合理合法的形式参与政治生活，表达政治观点，构建"民众愿意说，政府愿意听"的政治民主气氛。

三、传播媒介与经济现代化

经济现代化是现代化的核心与动力，它包含两个过程：一个是工业化，一个是信息化。从我国具体国情来说，这两个过程有可能在不同的区域和产业中同时存在。前者要求我国不仅要降低国民生产总值中的农业增加值比重，提高工业增加值比重，还要求加快发展新型制造业，而信息化则要求制造业和服务业的信息化。

在此过程中，传播媒介的主要作用体现在：一是能够作为传播新技术的手段，普及新知，推动生产效率的提高，例如中央电视台农业农村频道以《致富经》为代表的多个栏目，在节目中介绍新的农业生产技术以及发掘新的涉农商机，引领许多农民关注农业新动态，寻找个人致富契机，宏观上有助于推动整个农业产业化的发展方式；二是作为发布供需信息的平台，为制造业提供准确的市场信息，力求将传统的单一大规模生产转变为根据社会需求进行多品种小批量的生产；三是传播媒介本身作为信息产业的一部分，通过其自身的发展带动整个社会的信息产业升级。媒介本身具有双重属性，作为意识形态的精神产品的生产者，其既从属于上层建筑，又属于信息产业，需要按照社会主义市场经济的规则运行。

近年来，媒介技术的迅猛发展，使经济现代化的发展更是搭上了"快车"。例如，5G 时代的到来，不仅提高了社会信息传播的速度，更重要的是，网络化在社会生产与生活中也获得了纵深的发展机会，为制造业的智能化提供契机，而各类智慧能源的开发，也使各行各业能够在信息技术的供能下获得产业升级的机会。

四、传播媒介与社会现代化

社会现代化的内涵有广义与狭义之分，所谓广义的社会现代化，是指社会所经历的现代化的整个进程，它包括政治、经济、文化等全方位、综合性的社会变迁；而狭义的社会现代化则主要是指社会价值观、生活方式以及社会结构等社会生活或组织模式的现代化。根据学者徐奉臻的考察，狭义的社会现代化包括社会管理现代化、社会结构现代化、社会组织现代化、社会服务现代化、社会体制现代化和社会行为现代化。[1] 而传播媒介在此过程中，可以实现以下功能。

首先，强化主流媒体的社会责任感与舆论引导作用，号召多主体参与社会现代化建设。通过主流媒体的信息发布与新闻宣传，树立全社会的创新意识与整体意识，增强不同社会组织对于社会建设的参与感，进而使社会各集团在协商中实现社会现代化的系统性目标，促使封闭型社会走向开放型社会。

其次，鼓励社会组织与各类传播媒介建立良好关系，为其提供各类社会服务平台。当今社会，各类社会组织都应当建立起各自的传播体系，拿好时代的麦克风，协调组织与公众的关系，发

---

[1] 徐奉臻：《发展观的嬗变与新中国新型现代化的理论建构》，北京：中国环境出版社，2014 年，第 214—216 页。

挥组织自身在社会现代化中的作用。

另外，各类传播媒介要利用其展望功能，为社会发展提供现代化的观念与创新精神，从而为社会体制和社会行为的现代化扫清思想障碍。1978年，正是《人民日报》《光明日报》等媒体开展真理标准大讨论的时期，这些讨论冲破了旧有思想的障碍，树立了中国共产党实事求是的优良作风。当今世界正经历着"百年未有之大变局"，国家发展的内外部环境都在发生着深刻而复杂的变化，这更需要各类传播媒介做好深入研判，勇于为"破局"提供尖利的思想武器，为我国抓住机遇、进一步腾飞提供精神武装。

五、传播媒介与人的现代化

人的现代化，"是指与现代社会相联系的人的素质的普遍提高和全面发展，包括人的思维方式、价值观念、生活方式和行为方式由'传统人'向'现代人'的转变"①。现代化的发展归根究底还是要依靠人，因此可以说现代化的关键还是在于人的现代化。美国学者英格尔斯在《人的现代化》一书中说道："无论哪个国家，只有它的人民从心理、态度和行为上，都能与各种现代形式的经济发展同步前进，相互配合，这个国家的现代化才真正能够得以实现。"②英格尔斯进一步在书中提出了现代人的十四项特征。根据英格尔斯的归纳，可以将人的现代化理解为三个方面的变化：在价值观念方面，乐于接受新事物，接受社会改革，头脑开放包容；行为方式方面，守时惜时，讲求效率，有计划，

---

① 赵克荣：《论人的社会化与人的现代化》，《社会科学研究》2001第1期，第97—99页。

② 阿力克斯·英格尔斯：《人的现代化——心理·思想·态度·行为》，殷陆君编译，成都：四川人民出版社，1985年，第5—6页。

有知识，信赖他人，尊重他人；生活方式方面，重视专门技术，乐于让后代从事现代化职业，了解生产的过程，对生活及未来抱有乐观情绪，具有平等意识。① 而传播媒介的发展对于实现人的现代化也能够产生积极的作用。

首先，传播媒介将民众的视野从自身转向他人，使其与其他社会个体产生心理关联，从而建立其社会合作意识。传统社会中的人们往往更加关注自身或其所属群体，对于切身利益之外的人与事均抱有冷漠态度。然而当传播媒介关注社会进程中的其他个体，并描绘出这些个体的日常生活时，就能够使每一个个体对其他个体命运产生感同身受之感。

其次，传播媒介能够实现教育大众、文化启蒙的功能，从而塑造现代人的现实特征。传播媒介本身就具有传播新知的作用，强调各类专业知识的广泛用途有助于培养社会公众对于知识的尊重，同时通过潜移默化的形式树立行为规范，教育公众遵守各类社会准则。

第三，传播媒介作为社会现代化的子系统，其运作模式也培育了公众的现代精神。传媒内容的制作要遵循相应的信息加工制度，信息的发布要严格遵守媒介自身的时间程序，使公众在日常的媒介接触中感受到现代生产的效率与时间，从而间接培养出适应工厂制度的现代人。

第三节 媒介与中国的发展现实

在发展这一问题上，国情应当是最基本的出发点。中国作为世界上最大的发展中国家，也是世界上经济发展速度最快的国家

---

① 阿力克斯·英格尔斯：《人的现代化——心理·思想·态度·行为》，殷陆君编译，成都：四川人民出版社，1985年，第22—36页。

之一。一方面,我国在现代化过程中取得了令世界不容小觑的成绩;但另一方面,由于幅员辽阔,地区差异较大,我国在现代化进程中仍旧存在不少特殊的问题,这些问题难以参照现成的模板得到解决,需要在建设现代化的过程中摸索前行,以根据我国的特殊国情提出可行的解决思路。

根据中国社会科学院"2004—2005年中国社会形势分析与预测"课题组的报告指出,中国目前的特殊国情主要有:城市化进程缓慢,收入差距增大,劳动力供大于求,人口结构过早老龄化,贫困人口多,民主意识增长过程中需要保持政治稳定,为国内发展争取良好的国际环境七个问题。① 这些问题在我国发展过程中将长期存在,而传播媒介如何有效针对以上问题发挥作用,则是传播学学者需要思考的问题。

一、媒介与城乡发展问题

学者吴予敏提到在建构"中国传播学"的过程中,以"城市"和"乡村"为视角的传播研究值得更深入的思考,他认为:"城市化进程是一个复杂而深刻的社会变迁过程,在此过程中,城市内部的异质性因素不断滋生,城市内社会交往的广度和深度大为改变",同时"在中国的发展进程中,三农问题一直是国家实现现代化发展的严峻挑战,因而我们必须意识到乡村传播研究的重要性和迫切性"。② 城乡二元经济结构是中国社会发展中的一个典型特征,它所引起的矛盾与冲突不仅仅影响着农村与农民,而且也蔓延至城市化建设中市民的身份认同、社会融入等众

---

① 《七大特殊国情掣肘发展》,《党政干部文摘》2005年第1期,第13页。
② 吴予敏:《"重构中国传播学"的时代场景和学术取向》,《国际新闻界》2018年第2期,第85-98页。

多议题。针对这些问题，传播媒介应当对其传播资源进行重新分配，缓和城乡二元语境下的社会矛盾。

媒介技术"下乡"，应与农民媒介素养教育相结合，共同提升农民媒介接触行为的社会效用。自2004年实施"村村通"工程以来，我国农村地区的信息传播网络建设取得了卓越成效。国家统计局与智研咨询的数据显示，2018年农村广播综合人口覆盖率为98.58%，农村电视综合人口覆盖率为99.01%。[1] 而中国互联网络信息中心（CNNIC）2016年的报告显示，2015年农村地区互联网普及率达31.6%，农村网民规模达1.95亿。[2] 可见，目前广播电视网络在农村地区的建设工作基本达成，互联网的普及虽然还有上升空间，但是近年间移动互联网以及手机终端的普及，使得农村手机网民的数量显著提高。另外需要关注的是，农民媒介素养亟待提高，由于传播媒介被社会精英把持，农民很难在传播中获得相应的话语权，因此媒介中涉农议题的单薄导致农民对此类内容了无兴趣，因而大部分农民使用媒介的主要用途还停留在娱乐层面，根据统计，娱乐类应用在农村网民中保持上升态势[3]，因此，各级政府与媒体应当积极发挥信息服务功能，开展各类媒介素养教育，真正将技术普及上的优势转化为农村发展的基础保障，让农民在日常的媒介接触中获得充足的信息，改变其在传播中的被动现状，实现自身发展。

此外，媒体应据实报道涉农议题，使农民、农村、农业在媒体中呈现积极、真实的样貌，同时尽力保障农民的媒介话语权，

---

[1] 2018年全国广播电视覆盖率和用户情况分析，参见 https://www.chyxx.com/industry/201911/809127.html。

[2] 2015年农村互联网发展状况研究报告，参见 http://www.cnnic.net.cn/hlwfzyj/hlwxzbg/ncbg/201608/t20160829-54453.htm。

[3] 2015年农村互联网发展状况研究报告，参见 http://www.cnnic.net.cn/hlwfzyj/hlwxzbg/ncbg/201608/t20160829-54453.htm。

减少社会对于农民与农村的误解。当前,农民在各类媒介文本叙事中往往处于被表述的地位,要么作为配角出现,成为凸显基层党政干部工作成绩的"证明",要么作为受难者或弱者出现,等待社会力量的救助,使农民成为被歧视、被调侃、被凝视的对象。正如学者段京肃等所说:"无论是体制内的传播主体还是体制外的传播主体,基本上没农民什么事,他们充其量是在其他社会阶层需要时的一种借用力量,是体制内媒介和现代商业化媒介运作过程中的一种'被借用力量',一种用来表演的'道具',一种达到他人目的的手段。"①

近些年,随着移动互联网在农村地区的普及,农民获得了在网络中自我呈现的话语权,然而,网络媒体中各类资本的浸入,使农民在网络表达中为了追求流量和经济价值而自我异化,迎合窥视者猎奇的感官喜好,刻意博眼球,使其在新媒体文本中的形象被进一步片面化与刻板化。"当农民自媒体人主动生产迎合消费主义的内容,依照他人的期待设置自己的思想和形象,在自上而下的'数字异化'和自下而上的'自我异化'中,农民真正的表达话语权也被消匿在经济驱动中,技术赋权下弱势群体改变自身不利处境,表达真正话语权,获得地位权益改善的功能也难以真正发挥。"② 因此,各级政府与各类媒介应当在此过程中对农民的自我表述进行充分的引导,利用技术赋能,合理呈现乡村文化价值,借助乡村振兴的国家政策,寻找农民失落许久的主体性。

---

① 段京肃,段雪雯:《乡村媒介、媒介乡村和社会发展——关于大众传播媒介与中国乡村的几个概念的理解》,《现代传播》2010 年第 8 期,第 22—27 页。
② 刘楠,周小普:《自我、异化与行动者网络:农民自媒体视觉生产的文化主体性》,《现代传播》2019 年第 7 期,第 105—111 页。

二、媒介与贫富差距问题

国家统计局的数据显示,自 2003 年起,我国居民收入基尼系数就一直处于警戒线 0.4 以上,这意味着我国居民贫富差距一直较大。这将导致许多社会问题的出现,例如社会心理失衡、犯罪率升高(影响社会稳定)、社会阶层固化(损害社会制度的公正与权威性)。在此社会背景下,传播媒介应当发挥积极的导向作用,缓和社会矛盾。

首先,在贫富议题上构建正向报道框架,减少贫富人群之间的对立情绪。近年来由于传媒行业的市场化发展,媒体为了追求经济效益,在报道许多社会议题时往往倾向于借助夸大社会冲突来提高曝光率,这无疑加深了不同社会阶层之间的误解,不利于社会的安定团结。例如对于一些"宝马撞人"类驾驶事故,媒体在报道时往往采用贫富对立的报道框架,将交通事故解读为富人与穷人的对立事件,在强调宝马车司机"为富不仁"的同时,也树立了受害者的弱者形象,这种报道框架加深了社会上普遍的"仇富"情绪。因此,媒体应当在此类事件中构建正向报道框架,不过分渲染富人身份,尽量减少以"富二代""富豪"等字眼吸引眼球,积极引导事件舆论走向,不刻意强调贫富差距。

另外,还要发挥各类传播媒介的教育功能,填补不同社会阶层之间的"知沟"。20 世纪 70 年代,美国学者蒂奇诺等人提出了著名的"知沟"假说,他们认为,随着大众传媒向社会传播的信息增加,社会经济地位高者将比社会经济地位低者更快地获取此类信息,两类人之间的知识鸿沟将会增大而非缩小。而这一问题的解决一方面需要政府通过政策方面的倾斜来弥补落后地区或落后人群在信息技术方面的知识欠缺;另一方面则应交还媒介发挥"解铃还须系铃人"的作用,既大众媒介方面做好社会基础常识的普及工作,也要鼓励采用新型媒介技术,例如网络媒介发挥其远程教育功能,实现社会教育资源的重新分配,从而弥合贫富人群之间的"知沟"。2018年中国青年报旗下《冰点周刊》的报道《这块屏幕可能改变命运》就介绍了248所贫困地区的中学通过直播与西南地区最好的高中之一成都七中同步上课的新闻。

同时,媒介也应当科学布局内容构成,契合不同阶层的媒介信息需求。目前,我国各类媒介的信息控制权还掌握在强势人群手中,但归根究底,新闻媒体从其基本属性而言,作为党和人民的喉舌,必须为最广大人民的利益服务。因而在社会阶层分化的过程中,媒介不应将弱势群体排除在信息传播系统外,反而应当发挥主流媒体的优越性,为弱势群体开发不同的媒介内容,使弱势人群在媒介接触中获得自身价值的肯定,从而缓解其焦虑情绪,减少社会矛盾的发生。

三、媒介与人口老龄化问题

国家统计局在2019年8月发布的《新中国成立70周年经济社会发展成就系列报告之二十》显示:"2000年,我国65岁及以上人口比重达到7.0%,0—14岁人口比重为22.9%,老年型年龄结构初步形成,中国开始步入老龄化社会。2018年,我国65岁及以上人口比重达到11.9%,0—14岁人口占比降至16.9%,人口老龄化程度持续加深。"① 老龄人口的增加,是我国新时代人口发展中面临的巨大挑战之一,传播媒介应发挥相应的公共服务作用,减轻社会保障压力,以期继续保持社会发展的

---

① 《人口总量平稳增长 人口素质显著提升——新中国成立70周年经济社会发展成就系列报告之二十》,参见 http://www.gov.cn/xinwen/2019-08/22/content_5423308.htm。

活力与动力。

首先,各类媒介平台应减少其技术障碍,为老年人提供便捷的信息服务。目前各类传播媒介在其技术导向上更贴近青年人的使用习惯,而老年人则被排斥在新技术的范围之外,长此以往,容易导致新技术在不同代际的马太效应:青年人在新技术方面越来越熟练,老年人对新技术越发排斥与恐惧,进而导致老年人在社会行为上的"撤退"。因此不论是家庭机顶盒、网络电视还是各类移动技术终端,均应提供简便易操作的信息指引,为老年人接入社会信息网络提供便利。

其次,利用大众媒介等老年人熟悉且信任的传播平台,为老年人提供信息服务,从而帮助老年人实现"重新社会化"。根据多项数据统计,老年人已经成为中国电视观众的主体。因此,在此类受老年人欢迎的大众媒介平台,应当多开发适合老年人喜好的电视节目,并且在电视节目中适当优化信息服务,为老年人提供了解社会发展的信息路径,鼓励老年人脱离"信息孤岛",享受老年生活。这不仅能够激发老年人的生活热情,还能够宏观上使社会享受到"银发经济"带来的效益。

同时,老年人面临的这一问题,除了社会提供相应的信息服务外,媒介平台也可以建立针对老年人的防护网络。新媒体的迅猛发展为老年人提供了新的信息平台,但良莠不齐的内容却使老年人深感迷惑,甚至成为网络虚假信息的主要受害者。目前大部分网络媒介都建有儿童防护网络,许多 App 都已内置儿童模式,同样可以建立类似针对老年人的"保护网",使老年人能够安全地使用互联网。

当然,老年人在媒介使用中出现的问题,需要多方合作才能得到共同解决。政府与社会应当加强其公共服务,为老年人提供有保障的信息环境,尤其在公共服务智能化的同时,为老年人提供传统的服务接口;而家庭中的其他成员也应当担负应有的责任，为家中老年人的媒介接触行为提供技术反哺与指引。但媒介作为社会信息的主要传播平台，应当责无旁贷地积极应对老龄化社会下的变迁，为老年人提供安全的信息环境。

第三章
突破媒介帝国：全球传播中的国家形象

随着互联网技术的发展与全球一体化局势的深化，国家与国家之间的传播现象已经成为常态。然而，全球传播中的不平等现象依然存在，传播强国不仅利用其经济实力不断对传播弱国进行文化渗透，而且还利用其在国际传播中的强势话语权对其他国家进行刻意误读，从而不断加深全球传播中的矛盾。面对复杂的国际环境，我国需要通过有效的对外传播手段，建构良好的国家形象。

第一节　全球传播语境下的媒介帝国主义

一、媒介帝国主义理论

媒介帝国主义理论的提出，可以追溯至 20 世纪中叶。一方面，第二次世界大战结束后，许多新兴的民族国家脱离了殖民控制，成为独立的国家，在追求发展的过程中受到西方现代化思潮的影响，认为只要跟随西方发展的脚步，最终就可以实现国家的现代化。但事实上，以西方为中心的发展理论并不适用于这些百废待兴的国家，这激起了许多来自第三世界国家的学者对其发展问题的重视。另一方面，20世纪六七十年代，许多发展中国家发起不结盟运动，形成了美苏对立之外的第三种力量，它们希望能够改变自身在世界贸易中的弱势地位，并建立"国际经济新秩序"，之后他们逐渐认识到信息交流文化发展的重要性，并进一步提出了建立"国际信息新秩序"的要求。

同时，西方社会科学批判理论思潮的兴起，也在传播学领域引起了许多学者对国际传播中不平等现象的关注。赫伯特·席勒作为"媒介帝国主义"研究的先驱，于1969年出版了《大众传播与美利坚帝国》一书，批判研究了美国大众传播行业的结构与政策，指出了美国打着信息自由流通的旗号在全球进行文化入侵的事实。他认为："大众传播目前已经成为正在浮现的美帝国的支柱。'美国制造'的讯息在全球传播，发挥着作为美国国家权力以及扩张主义的神经中枢的作用。'贫穷'国家的意识形态的形象越来越受到美国的信息媒介的监管。发展中国家在态度产生和意见形成方面的国家权威已经被削弱，并且正在让位给强大的外部势力。"① 在此过程中，"军事－工业联合体"作为政府、军方、经济与大众传播业的联合势力，不仅控制着美国国内的信息传播，而且成为美国在全球实行文化扩张的重要支撑。一旦美国的跨国公司在海外市场遭遇阻碍，政府或军方就会出面对涉事国家施加压力。而那些发展中国家在引进广播电视等通信设备后，由于节目制作压力巨大，不得不向国外节目供应商开放渠道，这些国外节目在发展中国家的倾销，使美国针对这些弱小国家的文化操纵行为成为可能。

席勒虽然没有在此时提出"媒介帝国主义"的概念，但是他对美国政治、军事、工业等部门联合施行全球文化侵略的事实进

---

① 赫伯特·席勒：《大众传播与美帝国》，刘晓红译，上海：上海译文出版社，2013年，第142－143页。

行了无情的批判。紧接着在1976年,赫伯特·席勒在《传播与文化霸权》一书中第一次提出了"文化帝国主义"的概念,他认为文化帝国主义是"过程的集合,在这一过程中,一个社会被卷入现代世界体系,而这个社会的主导阶层被吸引、压迫、强制并且有时被贿赂,以形成符合甚至促进世界体系主导中心价值和结构的社会体制"[1]。1977年,学者鲍依巴瑞在一篇名为《媒介帝国主义:媒介系统分析的一种框架》的论文中提出了"媒介帝国主义"概念,并将其界定为"任何国家媒介的所有权、结构、发行或传播、内容,单独或总体地受制于他国媒介利益的强大压力,而未有相当比例的相对影响力"[2]。

文化帝国主义与媒介帝国主义这两个概念,提出的时间与背景都极其相似,对于二者之间的联系,学者们普遍持两种观点:一派认为文化帝国主义与媒介帝国主义的内涵基本一致,前者更加强调媒介的核心作用;而另一派则主张区分二者的概念,认为文化帝国主义主要是指文化价值的全球扩张,而媒介只是承担了部分工具性作用。因此,许多学者更赞成将文化帝国主义视作媒介帝国主义的上位概念,即"文化帝国主义所涉及的范围既包括了媒介帝国主义在内,又远远超出了媒介帝国主义所限定的内容"[3],认为"文化帝国主义是一个相对宽泛的概念,它不仅包含了媒介帝国主义,更多地意指文化和意识形态上的帝国主义特征,而且以强大的经济、政治和军事作为支撑。媒介帝国主义是文化帝国主义的主要组成部分,同时又是文化帝国主义实现霸权

---

[1] 特希·兰塔能:《媒介与全球化》,章宏译,北京:中国传媒大学出版社,2016年,第84页。
[2] 陈世敏:《大众传播与社会变迁》,台北:三民书局,1992年,第40页。
[3] 王晓德:《"文化帝国主义"命题源流考》,《学海》2009年第2期,第28—37页。

所必须使用和依赖的工具"①。

但随着全球化的深入发展,学界对媒介帝国主义的理论也开始进行反思与批判。例如学者戈尔丁和哈里斯就认为"媒介帝国主义夸大了外部因素的决定作用,低估了内部的能动性",其理论中有一个假设,"即认为受众都是消极被动的,本土的和对抗性的创造力是没有意义的","发展中国家根本的和正宗的文化总是在一些来自西方国家的非真实以及合成的文化的攻击下而处于危险的境地"②。另外,英国学者约翰·汤林森则认为在讨论文化帝国主义时有四种话语:作为媒介帝国主义的话语,作为一种民族国家的话语,作为批判全球资本主义的话语,作为现代性批判的话语。其中在媒介帝国主义的话语中,汤林森认为该理论的支持者过于坚持媒介中心论,他们夸大了媒介的重要性,认为媒介是文化过程的核心,因此就将文化支配的问题转移为媒介支配的问题,而事实上,在汤林森看来,媒介在文化传播过程中只是起到了"中介"而非"决定性"的作用,"只是众多运作要素的一种"③。对于媒介帝国主义的另一种批评则认为该理论中含有一种假设,即没有一个国家的民族文化可以与美国的价值观相抗衡,但事实上,每个社会在其早期都有与外来文化相融合的历史,同时,任何一个国家、民族的文化往往都代表该国主流文化,但无法涵盖所有群体,因此外来文化也许可以表达原本在国内受到压制的群体的文化诉求。④

---

① 曹爱民:《西方新闻理论教程》,南京:南京师范大学出版社,2015年,第82页。
② 特希·兰塔能:《媒介与全球化》,章宏译,北京:中国传媒大学出版社,2016年,第86页。
③ 约翰·汤林森:《文化帝国主义》,冯建三译,上海:上海人民出版社,1999年,第125页。
④ 科林·斯巴克斯:《重温文化帝国主义》,载单波,刘学主编:《全球媒介的跨文化传播幻象》,上海:上海交通大学出版社,2015年,第23页。

二、全球化背景下媒介帝国主义的新表现

20世纪90年代后，冷战格局被新的国际秩序取代，这一新型的国际秩序呈现出全球化与多元化的趋势，这一趋势不仅仅体现在经济领域，更在政治、文化等方面影响着各国的战略决策。因此，原本被许多学者指责的"媒介帝国主义"现象也在新时代有了新的表现。

（一）多个媒介帝国的崛起

冷战结束后，美苏两极对峙的世界格局被打破，世界力量出现了新的分化，地区间的合作使全球政治经济力量形成了多个中心。美国虽然作为唯一的超级大国，依然在全球信息传播中占据难以取代的位置，但同时其他现代化的发达国家也在其所在区域成为新的传播中心，从而形成了全球传播中多个中心－边缘的格局。

例如在东亚地区，日本、韩国作为该地区的发达国家，对周边国家进行了强势的文化输出。日本在1995年提出"新文化立国"战略方针后，文化产业迅速发展，成为仅次于制造业的第二大产业。特别是其动漫产业的发展水平，在东亚地区甚至在全球都处于领先地位，在全球播放的动漫节目中有60%都是由日本制作的。凭借建立在剥削底层动漫工作者基础上的低预算制作体系，日本动漫能够以低廉的价格打入全球市场，甚至在欧美国家达到80%以上的市场占有率。韩国政府在1997年亚洲金融危机的冲击下，认识到了文化产业的重要作用，自1999年起制定和颁布了一系列促进文化产业发展的政策，韩国文化产业预算从1999年的1001亿韩元增加到2005年的1911亿韩元，并成立了韩国文化产业振兴院，每年给予5000万美元的资助，用于发展

韩国电影、音乐、电视剧、广告、广播、出版、动漫、动画、游戏等文化产业。① 近些年，K-Pop（Korea Pop，韩国流行音乐）已经接替韩国电视剧成为其文化输出的主要形式。韩国文化产业振兴院公布的数据显示，K-Pop 已经成为一个价值 47 亿美元的产业。② 以 2012 年韩国歌手 PSY 的《江南 Style》为开端，这支音乐录影带在 YouTube 上的点击率甚至突破了系统极限，以至于无法计算，上线一周就成为 YouTube 历史上获得网友"喜欢"次数最多的歌曲，并因此获得一项吉尼斯世界纪录。此后，韩国 Big Bang、BTS 等偶像团体也逐渐进入全球流行音乐的主流市场。以这些形式输出的文化一方面承载着日韩两国的意识形态与文化经验，构建了两国的对外文化形象；但另一方面，对于那些相对日韩而言的文化弱国，就形成了新形势下的媒介帝国主义传播态势，由于那些文化弱国的受众已经习惯于日韩文化产品的叙述与形式，其相应文化产业就必须参照日韩的基本模式才能够在本国生存下来，长此以往就会造成本土文化土壤的流失与文化创新能力的失却。

（二）传统媒介帝国对新兴崛起国家的敌视与戒备

随着全球化的深入发展，许多新兴国家被卷入世界资本主义经济体系之中，并因此获得了经济发展的机会，产生了文化自觉的意识。正如萨缪尔·亨廷顿所说："硬的经济和军事权力的增长会提高自信心、自负感，以及更相信与其他民族相比，自己的文化或软权力更优越，并大大增强该文化和意识形态对其他民族

---

① 尹京子：《韩国文化外交对中华文化走出去的启示》，《沈阳工程学院学报》2016 年第 1 期，第 85—90 页。
② 《"韩流"K-Pop 音乐俘获全球 文化影响力大增》，参考消息网 2018 年 4 月 14 日，参见 http://www.cankaoxiaoxi.com/culture/20180414/2261535.shtml。

的吸引力。"① 因此，这些在经济上快速发展的国家开始大力发展本国的文化产业，并希望通过文化的对外输出获得经济回报与全球话语权。然而以美国为首的老牌媒介帝国为保持自身文化价值在全球的优势地位，对这些新兴国家的文化输出保持长久的戒备心理，想方设法消解这些国家的文化影响力。

如 2019—2020 年期间，针对中国字节跳动公司旗下的短视频平台 TikTok，美国以维护"国家安全"为名开启了一系列打压措施。eMarketer 的调查显示，在 2019 年，TikTok 用户数量增长了 97.5%，并预计在第二年其用户群将达到 4530 万人。② TikTok 在全球市场的成功，是中国近年来大力发展网络信息技术自主创新能力的表现，其在国内市场已经非常成熟的互联网商业模式在全球市场上迅速崛起。然而美国政府无法容忍中国互联网平台在全球的风靡，先后以 TikTok "盗用私人信息""违反儿童隐私权益"等名义对 TikTok 展开调查，同时美国总统特朗普及其幕僚表示要封禁该 App，这一举措与美国此前一直宣称捍卫的"言论自由"原则相违背。同时，特朗普政府要求字节跳动公司完全剥离在美业务并将之售给美国公司，从这一要求可以看出美国政府与跨国企业之间的联姻关系，即通过政治威胁与商业掠夺对其他国家的新兴文化产业与技术实行贸易保护主义式的打压。

（三）新技术或成为媒介帝国主义的利器

20 世纪 90 年代后，网络信息技术突飞猛进，一方面加速了全球一体化的进程，使"地球村"成为现实景观；另一方面也使

---

① 萨缪尔·亨廷顿：《文明的冲突与世界秩序的重建》，周琪、刘绯等译，北京：新华出版社，1998 年，第 89 页。

② 《eMarketer：2021 年 TikTok 美国用户将超过 5000 万人》，参见 http://www.199it.com/archives/1014648.html。

媒介帝国主义的推行更为便利，为第三世界本土文化的发展带来了更大阻碍。赫伯特·席勒之子丹·席勒在其 2000 年出版的著作《数字资本主义》中认为，互联网的出现，使原本不平等的世界政治、经济和文化秩序进一步失衡，"无所不在的计算机网络与现存的资本主义相结合，大大拓宽了市场的有效范围，事实上，因特网恰恰是由一个跨国程度日渐提高的市场体制中的核心生产与控制工具组成的"①。原本的文化强国利用其先进的网络基础建设与商业模式，在全球互联网的助力下，进一步加强了对文化弱国的"剥削"。

只需环顾全球网络市场的资源分布态势，就可以验证丹·席勒的这一观点。"全球 92.3% 的个人计算机和 80.4% 的超级计算机采用了英特尔-T 芯片，91.8% 的个人计算机采用了微软操作系统，98% 的服务器核心技术掌握在 IBM 和惠普手中，数据库软件的 89.7% 被甲骨文和微软控制，网络交换核心专利技术 93.5% 掌握在美国企业手中。"② 除此之外，目前全球排名前十的互联网企业，其中七个为美国公司。近些年，有十多个国家对美国的亚马逊、苹果、谷歌及 Facebook 四个科技公司发起了近百次的反垄断调查。欧盟作为美国在全球的重要盟友，也对美国科技巨头的扩张势头表示担忧。2020 年 12 月，欧盟委员会颁布了《数字服务法》和《数字市场法》，将在欧洲获得巨额利润以及巨大市场份额的科技企业列入监管对象，根据法案拟定的标准，大部分美国互联网巨头企业都将成为被监管对象。然而，随着美国政府的资金支持与政治打压，美国在全球互联网市场中的文化侵略现象很难在短时间内消失，这也需要各个国家和地区对

---

① 丹·席勒：《数字资本主义》，杨立平译，南昌：江西人民出版社，2001 年，引言第 6 页。
② 陈宝国：《警惕美国滥用互联网掌控权》，《环球时报》2010 年 8 月 20 日。

此保持长久的警惕。

第二节 东方主义与西方主义

一、东方主义

东方主义，又称东方学，是美籍巴勒斯坦裔学者萨义德于1978年在《东方学》一书中提出的。萨义德作为出生在中东、自小接受西方精英教育的学者，对东方与西方关系的体察非常深刻。而第二次世界大战结束后，东西方之间传统的殖民关系已经告一段落，国际格局进入"后殖民时期"，此时东方与西方之间的关系需要进行重新审视，在此背景下，萨义德的东方学应运而生。

（一）东方主义的含义

在《东方学》一书中，萨义德区分了三种东方学的含义：第一种是作为学术研究的一个学科的含义，"任何教授东方、书写东方或研究东方的人都是'东方学家'，他或她所做的事情就是'东方学'"；第二种作为一种思维方式的东方学，以东西方二者之间"本体论和认识论意义上的区分为基础"，"并将其作为建构与东方、东方的人民、习俗、'心性'和命运等有关的理论、诗歌、小说、社会分析和政治论说的出发点"；第三种则是"从历史和物质的角度进行界定的"，是"通过做出与东方有关的陈述，对有关东方的观点进行权威裁断，对东方进行描述、教授、殖民、统治等方式来处理东方的一种机制：简言之，将东方学视为西方用以控制、重建和君临东方的一种机制"。① 在萨义德看来，这三种含义是联系在一起的。

萨义德继承了福柯话语即权力的理论，认为应当将东方学作为一种话语来考察，出发点是基于"东方并非一种自然的存在"这一假定，即东方是为西方而存在，是被人为建构起来的一个概念。通过对大量文本的剖析与阐释，萨义德发现，东方作为西方的"他者"而存在，通过西方一系列支配性的框架被控制和被表述，这一过程既展示了西方的力量，又展示了东方的缺陷，前者理性、先进、和平，后者则愚昧、落后、暴力。在这种二元对立的表述中，西方的进步性被进一步凸显，而东方则作为西方的背景为其提供一种反面的想象。另外，东方由于其弱势地位，无法自我表述，只能被动地存在于西方的话语中，成为被表述的对象。按照萨义德所说，在西方的话语霸权之下，"东方就像是在课堂上、法庭里、监狱中和带插图的教科书中那样被观看"，"供人们仔细观察、研究、判断、约束或管制"②，也就是说，对于西方而言，东方被永久地限定在西方中心的话语中，而真实的东方如何则并不在西方的关注视野下。

另外还需要说明的是，虽然萨义德在书中主要揭露了西方利用话语霸权控制、重构、支配东方的一系列机制，但是在该书的末尾，他也同时指出了现代东方参与其东方化建构的过程。由于东方在文化、知识和学术生产话语中处于劣势地位，因此在进行自我表述时不得不参照西方，从而使东方的学者也东方学化了。另外，西方世界强大的经济压力使东方成为维系在西方市场体系上的附庸，东方世界的人们在西方的文化产品大举进攻时不加选

---

① 爱德华·W. 萨义德：《东方学》，王宇根译，北京：生活·读书·新知三联书店，1999年，第3—4页。
② 爱德华·W. 萨义德：《东方学》，王宇根译，北京：生活·读书·新知三联书店，1999年，第50页。

择地消费着各类西方产品,进而逐渐熟悉了西方话语中的自我形象,甚至以那种形象的标准来看待自身、衡量自身。这就导致了东方学在全球范围内的获胜,而东方无从抵抗,甚至成为无奈的"帮凶"。

(二)再东方学化:东方主义的新趋势

在萨义德东方学诞生后的四十多年间,许多文化研究学者顺着他对现代东方参与东方主义建构的路径,对东方主义进行了扩展与修正。其中"再东方学化"成为东方主义研究的一个新趋势。

南亚学者 Lisa Lau 通过对当代南亚文学作品的分析,发现南亚裔的海外作者的文学文本中充满了东方学的话语,而南亚在其作品中变成一个遥远、陌生且具有异国情调的存在。因此提出再东方学化的含义:"东方学话语的渗透和发展是被东方人、而非西方人推动的。"① 这一概念指出了从东方主义到再东方主义的过渡中,话语实践主体的转移。也就是说,再东方学化是东方人"对文化合理性产生焦虑的反应,试图摆脱模棱两可的状态"②。

但事实上,不仅仅是身处海外的东方人具有再东方学化的倾向,阿里夫·德里克在更早的时候就提出了"东方人的东方主义"这一问题,用来指"亚洲人对亚洲的看法,用以说明将成为东方主义历史的组成部分的自我东方化的种种倾向"③。德里克

---

① Lisa Lau. (2009). Re-Orientalism: The Perpetuation and Development of Orientalism by Orientals. *Modern Asian studies*, 43 (2): 571—590.
② Minoli Salgado. (2011), The New Cartographies of Re-Orientalism. *The Journal of Commonwealth Literature*, 46 (2): 199—218.
③ 阿里夫·德里克:《中国历史与东方主义问题》,陈永国译,载罗钢、刘象愚主编:《后殖民主义文化理论》,北京:中国社会科学出版社,1999年,第80页。

认为:"自我本质化可用来动员反对'西方'统治的事业,但在这个过程中也通过内化东方主义的历史前提而巩固了'西方'的意识形态霸权。同时,它也通过压制国内的差异而促进了内部霸权。"① 可以说,德里克所说的自我东方化与上文所说的再东方学化内涵基本一致,都是用来指东方人自身建构的东方主义的话语。

在当今全球化的背景下,再东方学化的趋势就变得更加明显。当东方急于在世界舞台上自我表述时,为了尽可能充分地获得西方世界的接纳与认可,往往在对本土文化的展示中自动地将自我表述为"他者",从而完成对东方主义这一西方中心主义话语的巩固,在这一过程中,东方与西方就构成了共谋关系。例如在近些年的中外合拍电影中,中国往往被当作原始、淳朴、古老、神秘的符号,用以表征西方的优越性,如《功夫之王》中美国少年杰森在个人成长的过程中实现了对孙悟空的救赎,《功夫梦》中德瑞对韩先生人生困境的开解,将中国作为实现来自西方世界的主人公人生价值的路径。同时,这些合拍片中对于中国女性的塑造更是将东方与女性进行了同一化叙述,二者都被呈现为温顺、柔弱、传统的形象,她们对白人男性的倾慕实际上是东方对西方的膜拜的隐喻。

可以说,不论是东方主义还是再东方学化,两者都建立在西方中心主义霸权的基础之上。然而随着东方经济、军事实力的增强,东方已经成为可以与西方相匹敌的实体,原本西方中心论的观点也逐渐在全球一体化的过程中被不断消解,东方也在自我价值认同中产生出一套用于替代东方主义的镜像理论——西方主义。

---

① 阿里夫·德里克:《中国历史与东方主义问题》,陈永国译,载罗钢、刘象愚主编:《后殖民主义文化理论》,北京:中国社会科学出版社,1999年,第92页。

二、西方主义

如果说东方主义意味着西方建构出的想象的东方,那么西方主义则意味着东方建构出想象的西方。萨义德在《东方学》中也曾一笔带过地提到"西方主义":"就东方学而言,把一个学术研究专业分支作为地理'领域'来讨论是发人深思的,因为没有人会想象出'西方学'这样一个与之相对应的领域。"① 可见萨义德认为,东方在东方主义的话语宰制中处于完全静默、被动的一方,但实际上,在东方追求现代性的过程中,同样会在东西二元对立的语境中思考西方,言说西方,这既是一种对西方话语支配的反抗,又是种增强东方内部稳定与凝聚的策略。

学者邹跃进认为,西方主义来自东方主义,或者说,东方主义发动了西方主义,一方面,西方主义是"'由东方主义'在中国大地上发动的一场历史革命,是由'东方主义'逼出来的一场自我变革的运动";另一方面,"中国的'西方主义'采纳了'东方主义'对待东方的态度和观点"。他认为西方主义有四种模式:认同模式、抵抗模式、迎合模式和混合模式。② 学者王岳川认为,对中国来说,西方主义有四重视界:一是制造西方神话,追求全盘西化,将现代化等同于西化;二是强调走出现代性,走向民族性或华夏本土性;三是对西方解魅化,强调中国精神化而西方物质化,认为西方是物质的而中华民族是精神的,坚持有泱泱大国的精神文化再加上西方的物质文明,就能超过西方;四是西

---

① 爱德华・W. 萨义德:《东方学》,王宇根译,北京:生活・读书・新知三联书店,1999年,第62页。
② 邹跃进:《他者的眼光——当代艺术中的西方主义》,北京:作家出版社,1996年,第108页。

方衰亡论。① 从本质而言，王岳川对西方主义的话语是持批判态度的，他认为东方要摆脱话语殖民的危险，并不是要建立镜像的西方主义，而是要打破东西方二元对立的理论。学者张宽认为，西方主义"是指中国的学术界在西方强势文明的冲击下，产生出来的一种浮躁的、盲目的、非理性的对待西方文化的态度。它包括了中国学者对西方文化一厢情愿的认同、误解和有意的歪曲，包括情绪化的对西方的拒绝，还包括了华夏文明优势失落后知识界不服气却又无可奈何的心态"。而石之瑜、谢明珊则认为："西方主义是自居于西方范畴之外的叙事者基于自己身份的需要，而将西方描述成一个具有内在一致性与负面的意义体。"他们区分了狭隘的西方主义与广义的西方主义，前者是指对西方的妖魔化，而后者则包括"指涉对西方一厢情愿的美好愿望"，但不论是何者，作者都认为西方主义话语超越了东方主义"自我－对象"的框架，不认为对象与自我之间存在关键且本质的差异，而是"自我修炼、向文化理想模式学习实践，从边陲向中心靠近"② 的思维模式。

综上，关于西方主义的概念内涵，学者们普遍承认这是对东方主义而言的镜像理论，是东方对西方作为他者的想象，它既包括了对西方的负面话语建构，又有对西方的毫无理由的认同与美化，如果从后者的角度出发，可以将西方主义看作东方主义的延伸，是上文所说的再东方学化的另一种表现形式。可见，东方主义与西方主义本就是相互纠缠的两个概念，毕竟，这二者都建立在东西二元的理论体系下，而这一理论体系恰恰是在当下全球传播中亟须打破的一种区隔。

---

① 王岳川：《发现东方》，北京：北京图书馆出版社，2003年，第158页。
② 石之瑜，谢明珊：《西方不在西边——西方主义的自我认识方法》，《开放时代》2008年第1期，第63—76页。

三、东方主义与西方主义的纠缠：全球传播语境下的新现象

如同东方主义一样，西方主义的话语主体原本是非西方社会，然而随着东方社会的崛起以及西方社会现代化发展中左翼思潮的兴起，西方人在对自身制度进行反思时，怀揣着改造自身的目的，将东方塑造为一个理想化的社会范本，并因此完成了西方主义话语权力主体的转移，即西方人的西方主义，或自我西方化。然而在西方主流社会中，对东方形象的呈现依然带有强烈的东方学色彩，这就形成了西方社会东方主义与西方主义话语纠缠的局面。

东方社会也产生了类似的趋势：一方面，东方在追求现代性过程中将西方视作模板，并肯定西方价值观的优越性，以此对本国社会产生了改造的愿望；另一方面，伴随东方经济崛起、社会治理能力的加强，东方社会中的民族自豪感油然而生，同时随着东西方文化交流的逐渐频繁，西方社会在东方面前的完美幻象被打破，从而又建构起一个相对东方而言混乱、失序、放纵的西方形象。因此，可以说，在全球化、多元化的世界格局下，东方主义与西方主义的话语主体都产生了不同程度的迁移，并在整个国际传播中出现了纠缠，使东西方之间的传播现象愈加复杂。

以在华外国人的自媒体呈现为例。近年间随着流媒体平台的快速发展，许多网友通过发布自制视频的方式成为视频博主，这其中包括了许多在华外国人，这些博主在互联网空间上发布了大量介绍中国文化的视频，虽然这些视频的受众大部分都是对中国文化无比熟稔的中国观众，但这些在华外籍博主依然能够获得大量关注，原因在于他们非常擅于在视频中将自我"他者"化，以陌生的视角观察中国文化，并在其中展现东西方文化的有趣碰

撞。也就是说，对于视频的主要受众群体中国人而言，他们真正感兴趣的并非这些博主介绍的中国文化，而是作为"他者""外来者"的外国人对中国文化的评价。如 Bilibili 网站中的"@小马在纽约"，其视频内容主要包括以下两种：一是体验中国特色文化，例如在美国博主会邀请朋友或路人试吃中国的传统食品，如汤圆、火锅、鸡爪、松花蛋等，并拍摄这些试吃者的反应；二是介绍美国社会现状及价值观，例如在美国采访路人询问关于结婚、名校、中国制造等的态度，或是介绍美国的基础建设现状等。而这类视频之所以能够受到国内许多网友的喜爱，离不开中国网友受众自身的话语框架。关注西方人对中国文化的态度，是典型的东方主义思维模式，他们渴望知道西方人如何评价中国与中国文化。这是一种盼望得到西方认同的自我矮化与自我东方主义。关注西方社会的不足，甚至乐于见到西方人对西方社会进行批评，并因此获得民族心理的满足感，是典型的西方主义话语框架，是希望将西方打造为一个相对东方而言的负面形象的表现。因此可以说，随着东西方文化的继续交融，全球传播的话语体系中东方主义与西方主义的框架相互纠缠，西方人的西方主义则可能刚好迎合了东方人的东方主义，抑或是西方人的东方主义迎合了东方人的西方主义，以至于二者难以分清彼此。也就是说，西方主义并非用以反抗东方主义的话语体系，反而成为固化与延续东方主义话语的框架，需要明确的是，只要在全球传播中依然抱着这样的二元对立思维，就永远难以实现国际传播的公正、平等。

第三节　国家形象建构：对话中传播的力量

随着国际交往的日趋深入与频繁，国家形象成为国际传播中的重要议题，它是国与国传播中的"刻板印象"，也是各国制定外交政策的重要因素之一，因此构建一个正面的国家形象，有助于国家在国际传播中占得先机。

一、国家形象的内涵

关于国家形象的定义，学界众说纷纭：有的认为国家形象是指"国家的客观状态在公众舆论中的投影"[①]，有的认为其是"一种主体意识，是国家或民族精神气质中的闪光点"[②]，有的认为其是"反映作为国际关系主体的特定国家总体状况的信息经过复杂与多样的信息传播过程而在国际公众中形成对该国的整体印象与综合评价"[③]。上述定义都强调了本国作为国家形象主体的意义，而事实上，国家形象并不是以本国一己之力可以完成的意义建构工作，而是需要本国与他国的互相作用才能够形成的一种想象性认知。也就是说，国家形象是"他塑"与"自塑"博弈后的综合结果。所谓"他塑"是指别国根据自己的文化认知体系塑造的关于"异域"的形象，而"自塑"则是指一个国家对本国形象的塑造。"如果把传媒'自塑'和'他塑'比喻成影响天平两端平衡度的两个作用力的话，那么，国家形象就是在这种价值偏差的不同刻度上不断游移的动态存在。"[④] 因此，国家形象的建构不应是对作为主体的本国进行的评价与认知，而是国家之间主体间性交往的产物。所以，有必要将国家形象定义为在国际交往

[①] 刘小燕：《关于传媒塑造国家形象的思考》，《国际新闻界》2002年第2期，第61—66页。

[②] 程曼丽：《大众传播与国家形象塑造》，《国际新闻界》2007年第3期，第5—10页。

[③] 韩源：《全球化背景下的中国国家形象战略框架》，《当代世界与社会主义》2006年第1期，第99—104页。

[④] 刘嫱，任东升：《对传媒"自塑"和"他塑"国家形象的价值学思考》，《天府新论》2014年第4期，第130—133页。

中经过多方主体互动传播后形成的对某一国的综合认知,它既包括本国国民对国家的体认,也包括他国或国际社会对该国的评价。

二、国家形象的功能

当今国际交往中,各国政府都强调要建立良好的国家形象,以帮助本国在国际竞争与国际合作中获得优势。国家形象能够在客观现实中发挥相应的作用,这些功能主要体现在精神领域与物质领域两个方面。

从精神领域来看,国家形象的功能主要分为对内和对外两种。对内而言,国家形象有助于提升本国国民的国家认同感和民族自豪感,从而起到凝聚国内社会力量的作用。对外而言,国家形象的功能则体现在增强本国价值体系的吸引力和树立本国的国家声誉。这些功能的发挥都有助于减少国际传播中的敌视与误解,降低对外传播的成本,提高对外传播的效率。

从物质领域来看,良好的国家形象能够在现实层面为国家带来相应的利益:经济方面,有助于吸引外商投资,也能使本国产品在国际贸易中获得利益回报;政治方面,能够赢得国际社会对本国政府的尊重,树立本国政府的威望;外交方面,有助于制定正确的对外政策方向,获得国际社会的广泛支持,提升本国在国际上的话语权。

三、中国国家形象建构中的传播体系

如上文所述,国家形象的确立是国家多主体间交往的产物,"从本质上讲,国家形象不是由国家自生的,而是由国家间的互动过程建构的,它只存在于一定的意义符号系统之中"①。因此在建构国家形象的过程中要坚持对话思维,而非宣传思维,这就要求我国在对外交往中建立对话式的传播体系,同时注意以下传播要素的转变。

(一)传播对象:全球化

当今世界格局正在向多极化方向发展,原本以美国全球霸主地位为基础的"一超多强"格局正在逐渐瓦解。在过去的几十年间,中国的对外传播总是以西方为主要对象,国家形象建构也以与西方谋求共识为目的。如今世界已经进入"后美国时代",即"美国只是众多实力强大国家中的一员"②的时代,因此我国在对外传播中要及时调整靶向,重视其他国家和地区公众对我国形象的认知。如此一来,一是能够帮助我国在全球交往中获得更加立体的形象,争取更多的同盟与支持;二是有助于我国在形象建构中超越传统东西方二元对立的话语体系,搭建一个能够与其他国家文化相遇相知的开放场域。

2013年,我国提出"一带一路"的倡议。然而以美国为首的西方国家则质疑中国的这一倡议,作为回应,我国在"一带一路"的话语表述中跳出传统的西方价值体系,更多强调"一带一路"倡议中的"共商、共建、共享"精神。"一带一路"沿线国家主要涉及亚非欧地区,这些国家在我国过去的对外传播中并非主要对象,"一带一路"的建设使我国拥有了与这些国家、地区、对话的机会,所以要根据对象国家的文化语境及时调整对外传播

---

① 董青岭:《国家形象与国际交往刍议》,《国际政治研究》2006年第3期,第54—61页。
② 伊曼纽·沃伦斯坦:《生活在后美国时代》,载孙晓忠编:《生活在后美国时代:社会思想论坛》,上海:上海书店出版社,2012年,第10页。

策略，给不同国家、不同民族以尊重，才能打破现有西方资本主义意识形态霸权带来的分化与区隔，赢得世界多数国家对我国话语体系的认可，从而提升我国国家形象的精神感召力，建立能够吸引其他国家认同的意识形态框架。

(二) 传播者：多元化

以往在我国的对外传播和形象建构中，大众媒介与政府承担了主要的传播责任，然而在当前全球化日益深化的今天，参与国际交往的民间团体逐渐增加，这一方面为我国的国家形象建构提供了更多的途径与渠道，另一方面也为国家形象的建构带来了更多的不可控因素。

除了传统的大众媒介与政府交往外，国家形象建构中传播者的多元化主要体现在以下两个方面：一方面，以企业、资本、非政府组织的中观力量登上国际交往的舞台；另一方面，各国国民通过互联网参与着国家形象的建构。这就使国家形象建构的传播主体呈现出多层次、多样态、多元化的发展趋势。

对于政府而言，其国家形象建构的主要路径是外交手段。首先，国家领导人、外交官等政府官员是国家形象的代表者，因此在外交场合中要注意言行举止，传递良好的国家形象。例如2015年10月，习近平主席在出访英国时，参观了曼彻斯特城市足球学院，并且和时任英国首相的卡梅伦、曼城队的足球明星阿奎罗在足球场边一起自拍留影，这张照片后来被发布在曼城球队官方 Twitter 上，引起了全球网民和球迷的热评，甚至被英国媒体报道为"阿奎罗上传了史上最超现实的自拍照之一"，可见国家领导人的亲民外交能够形成良好的对外传播效果，建立亲切的国家形象。其次，政府也可以通过经济、文化等外交手段对外传播中国形象。对于大众媒介而言，应注意以下几点：一是注重话语转变,从刻板说教变为生动叙事,转变原本的意识形态政治话语模式,尽量以平实的语言,以其他国家公民能够接受的形式"讲故事";二是要抓住重要时机建立良好的国家形象,掌握国际传播话语权,例如在北京奥运会等全球瞩目的事件中发挥我国媒体的信息对外发布优势,从而使中国媒体的话语能够传遍全球;三是要注重媒体自身实力的提高,提升我国媒体在国际上的竞争力,打通对外传播的主路径。

对于参与国际交往的民间力量,不论是各类社会组织抑或国民个体,往往也是建构国家形象的最佳媒介之一。因为民间的国际交往不仅能够得到传播对象的实时反馈,提升传播效果,而且这种以人为媒介的传播形式,不易引发传播对象的反抗式解读,且更容易形成人性的共鸣,从而为建构国家形象带来积极效应,这也是近年来国家号召中国人在境外旅游时要注意个人文明行为的原因之一,毕竟,"人媒介也是国家形象传播中最深刻的媒介。他的深刻性还表现在:他是一个国家最活跃、最丰富、最现实的符号"①。

(三)传播内容:同质与异质的统一

2012年党的十八大明确提出构建"人类命运共同体",这一共同体的最基本特征就是"你中有我、我中有你"的国际关系。因此在国家形象建构中要强调同质性与异质性的统一。

强调同质性,就是从人类社会的最基本共性——朴素的情感共鸣入手,寻求与世界文化的相关性。当今世界分歧与矛盾的主体都以共同体为单位,而共同体的塑造中又掺杂了太多的意识形态因素,这人为地将原本和谐共处的世界划分为不同阵营。因此

---

① 马诗远:《走近国家形象传播的"人媒介"——旅游传播语境中的新观察》,《现代传播》2010年第6期,第145—146页。

要与世界产生共鸣，必须从最细微、最普遍、最个体的人的情感入手。

强调异质性，就是从中国特色入手，寻找中国形象的特殊性。"特殊性不是一个拒斥他者的概念，而是通过凝聚和凸显自身特殊性而使之成为一个可供交流的标识，即说到底，特殊性是一个交流和对话的概念。"① 因此只有将中国塑造为具有特殊性的形象，才能够获得与世界对话的主体性。

追求同质性与异质性的统一，不但保证了国际交往中共通的意义空间，为构建中国国家形象提供一个普遍的认知领域，实现文化与情感的共振，而且能够使中国在国家形象建构中寻找到其价值所在，用特殊的中国国家形象提高对外交往的辨识度与自主性，这正是国家形象塑造的基础。

（四）传播方式：互动与对话

长期以来，中国的对外传播多表现为单向传播。而事实上，如前文所说，国家形象的建构绝不是单向的展示与表现，而是在对外传播中经过多方主体的对话与互动单向形成协商性的认知。

以美国为代表的西方国家以其强大的军事和经济实力，长期把持着国际传播话语的主导权，建立了西方中心主义的话语框架。如今中国用和平发展的道路选择以及人类命运共同体的倡议打破了西方的"中国威胁论"，因此国家形象的建构策略也必须与我国的发展策略相一致，那就是破除一切中心主义。中国的发展不是追求与西方相抗衡，所以中国的国家形象建构也不能抱着传者中心的思路进行信息的单向输出，而是要注意传播对象的文

---

① 金惠敏：《文化自信与星丛共同体》，《哲学研究》2017年第4期，第119－126，129页。

化语境,尤其关注其他国家对我国形象的"他塑"现状,有针对性地调整我国形象建构的"自塑"策略,以加强中国文化与其他文化的可沟通性。

第二部分 社会发展中的传播维度

第四章
整合与动员：传播的社会功能

传播在我们的日常生活中无处不在。群体活动方案的讨论、商场中的讨价还价、欣赏歌舞剧、听流行音乐、看综艺节目、听交通广播、刷微博、发朋友圈等，都是随处可见的传播现象。

对国家而言，传播有助于塑造国家形象，促进国家认同，而全球信息生产和流通系统的不平衡和信息的单向流通也带来了文化侵略的问题。对社会而言，传播有助于维护社会秩序，凝聚社会共识，整合社会资源，协调社会行动，但也有可能带来新的社会问题，影响社会稳定。对个人而言，传播是人们获取外部信息，维护和发展社交关系，进行自我认知和相互认知及个人社会化的重要途径。

在传统社会，由于活动范围有限，人们对外部世界的感知主要来自自身经验。随着社会的发展，人类环境越来越复杂和多变，人们对世界的感知也越来越间接。人际传播、群体传播、组织传播先后成为我们获取外部信息的重要方式，而随着大众传播时代的到来，大众传媒对人们的影响日益深化。媒体的信息传播活动不仅为我们营造了一个拟态环境，而且影响着我们对周围环境重要议题的认识。不仅如此，传播在社会整合和社会动员中也发挥着越来越重要的作用。

第一节　传播与环境认知

人们对周围世界的感知很大程度上依赖于媒介的信息传播活动，由于人们的活动范围、时间和精力相对有限，不可能与所有外部环境保持直接接触。在经验范围内的事物，我们依靠第一手资料进行感知和理解，对于经验范围之外的事实，我们更多依靠媒介提供的信息来进行感知，以了解外部世界变化，为行为决策提供依据。但是媒介不可能做到有闻必录，其所呈现的内容只是对部分生活场景的再现，即使是部分场景，媒介也会在加工整合后再进行传播。可以说，大众传播在现实环境和人们的环境认知中间加入了一个拟态环境。

一、传播与拟态环境建构

早在20世纪20年代，美国著名的新闻工作者沃尔特·李普曼就注意到大众传媒对社会的影响，他认为，人们头脑中关于外部世界的图像并非来源于客观环境，而是对大众媒体营造的拟态环境的反映。[1] 所谓拟态环境，就是信息环境，它并不是对现实环境镜子式的再现，而是传播媒介对象征性事件或信息进行选择和加工、加以结构化之后向人们展示的环境。[2] 也就是说，大众传媒营造的拟态环境与客观世界之间存在差距，但由于人们更多是通过大众传媒来感知外部世界，那么大众传播可以通过影响人们的环境认知而对人的行为产生影响。

---

[1] 刘海龙：《大众传播理论：范式与流派》，北京：中国人民大学出版社，2008年，第59页。
[2] 郭庆光：《传播学教程》，北京：中国人民大学出版社，2011年，第113页。

现代社会中的人们对现实环境的认识越来越间接，大众传媒构筑的拟态环境范围也越来越大。某一现象到底是因为具有普遍性才被媒体报道，还是因为被媒体报道后才被人们感知为普遍的？事实上，人们很难区分拟态环境和现实环境之间的差别。日本传播学者滕竹晓在李普曼的观点上提出了"拟态环境的环境化"概念，他认为，虽然人们的认知受到拟态环境的影响，但是人们的行为是作用于现实环境的，这也使现实环境越来越具有拟态环境的特点。①

在传统媒体时代，大众传媒通过信息的大规模生产和传播，将影响力渗透到社会生活的方方面面，是拟态环境的主要营造者。大众传媒牢牢掌握着信息生产的主导权，媒体通过对现实的选择和加工，影响着人们对外部世界的感知，而传播者作为把关人，内容的选择、信息的加工等过程，宏观上受到国家政治、经济、文化等因素的影响，微观上受到传媒组织立场、方针、价值标准的制约，受众能发挥的作用十分有限。

随着新媒体技术的发展，社交媒体、自媒体等平台为大众提供了参与信息生产和传播的重要渠道，人们可以借助互联网技术连接更多的关系，从而扩大自己的交际圈，在降低交往成本的同时，实现社交和信息传播效果的最大化，这打破了以往传统媒体中传者和受众之间的明显界限，拓展了拟态环境营造主体的边界，个体也可以参与到拟态环境的建构中。

有学者认为，自媒体时代所建构的拟态环境是由传统媒体和社交媒体共同作用的，而且越来越趋近于客观现实，网络直播、虚拟现实等也使拟态环境呈现出多样化特点。② 短视频平台"营

---

① 郭庆光：《传播学教程》，北京：中国人民大学出版社，2011年，第113页。
② 靖鸣，张朋华：《自媒体时代"拟态环境"的重构及其对大众传播理论的影响》，《现代传播》2019年第8期，第71—75页。

造的虚拟社群与现实社会互动，社交圈与生活圈实现重合……提升了拟态环境的环境化程度"①。虚拟现实（VR）给人带来的沉浸感，使人们仿佛身临其境，VR新闻也为人们营造了一个超真实的拟态环境。②算法通过自动化内容分发和过滤，提高了内容分发效率和个性化信息服务的质量，用户在算法构建的拟态环境中发挥着重要作用。③算法虽然可以根据用户的兴趣、社交关系、历史记录等为用户进行精准推送，但算法并非完全客观和中立的，其背后存在着信息泄露的隐忧，同时还会带来信息茧房效应，使用户产生认知偏差，影响其对世界的全面认知。

人工智能的发展为人类带来了全新的交流对象——机器人。在这里，机器不再只是传播的中介或渠道，而是信源或信宿，它可以与真人用户进行互动，并逐渐成为信息生产和传播的重要参与者，这挑战了以往人们对交流伙伴的认识和传播边界的理解。

基于自然语言处理技术的社交机器人（Social Bot）可以通过文字和语音跟人类进行实时对话和互动。社交机器人是一种计算机算法，它能自动生成内容并在社交媒体上与人交互，试图模仿并改变人们的行为④，如Siri、微软小冰、贤二机器僧、小度、小爱同学等。Edwards等人比较了Twitter用户对聊天机器人账户和人类账户的感知，结果表明，人们认为Twitter机器人是可信的、有吸引力的、善于沟通的，Twitter机器人和人类在信源

---

① 冷淞：《"人间烟火"的景象迁移与"现实图景"的双向建构——新冠肺炎疫情下短视频与拟态环境重构》，《新闻与传播研究》2020年第9期，第111—125，128页。

② 靖鸣，张朋华：《自媒体时代"拟态环境"的重构及其对大众传播理论的影响》，《现代传播》2019年第8期，第71—75页。

③ 张赛，刘明洋：《算法权力批判：算法型新闻如何建构现实》，《新闻爱好者》2020年第5期，第94—96页。

④ Ferrara, E., Varol, O., Davis, et al. (2016). The Rise of Social Bots. *Communications of the ACM*, 59 (7), 96—104.

可信度、沟通能力或交互意图方面没有差异。① 此外，社交机器人在 Twitter 上还参与了有关新冠疫情的讨论，被应用于疫情新闻速报，发布世界各地的疫情发展动态，客观上起到了传播新闻的作用。②

以往对拟态环境建构方面的研究主要以人为主体，在未来，随着越来越多的智能体参与到传播活动中，人机传播与拟态环境的建构也将成为学者们研究的新课题。

二、传播的环境监视功能

1948 年，美国政治学家、传播学先驱哈罗德·拉斯韦尔（Harold Lasswell）发表了《社会中传播的结构与功能》一文，提出传播最明显的功能有：监测环境，为适应环境使社会各部分相互联系，传承社会遗产。③ 这是人际传播、群体传播和大众传播都具有的基本功能。在个人与他人的社会交往过程中，人们不仅是为了建立、发展和维护社交关系，与他人进行社会协作、满足个人的精神需求，而且最重要的是获取外部环境的变化信息，从而调节自己的行为。群体也是个人获取信息的主要来源之一，在群体传播活动中，人们可以以此与其他群体成员进行社会合作，共同促进群体目标的实现，还可以及时了解外部信息，及时应对外界变化。

---

① Edwards, C., Edwards, A., Spence, P. R. & Shelton, A. K. (2014). Is That a Bot Running the Social Media Feed? Testing the Differences in Perceptions of Communication Quality for a Human Agent and a Bot Agent on Twitter. *Computers in Human Behavior*, 33, 372−376.

② 师文，陈昌凤：《议题凸显与关联构建：Twitter 社交机器人对新冠疫情讨论的建构》，《现代传播》2020 年第 10 期，第 50—57 页。

③ 刘海龙：《大众传播理论：范式与流派》，北京：中国人民大学出版社，2008 年，第 151 页。

虽然拉斯韦尔只是列举了执行环境监测功能的一些专业人士,并未对该功能进行系统分析,但是环境监测、联系协调、文化传承成了大众传播的经典功能。1959年,美国学者查尔斯·赖特(Charles Wright)在此基础上加入了大众传播所具有的娱乐功能,形成了大众传播的"四功能说"。[①] 此后,被誉为"传播学之父"的威尔伯·施拉姆(Wilbur Schramm)总结了传播的三类功能:政治功能、经济功能和一般社会功能,并将环境监测功能归入传播的政治功能中。[②]

由此可以看出,学者们普遍认同传播具有环境监视功能。这一功能主要是通过媒体提供各类信息实现的。大众传播不仅为公众提供工具性信息,如交通信息、天气信息、股市信息等,满足人们日常生活的需要,而且会及时发出各类警告性信息,如关于自然灾害、军事战争、空气污染的信息等,帮助人们防御各种威胁。

在现代社会,大众更多依赖大众传媒获取外部环境变化信息。当社会变动增加时,人们对媒体的依赖也会增加,人们会借助各种传播渠道获取信息,以减少不确定性,缓解紧张情绪。如果大众传媒不能很好地发挥其环境监测功能,那么非正常传播机制就会活跃起来,造成谣言横行,严重的还会出现群体恐慌事件,影响社会稳定。

2011年3月11日,日本地震引发了福岛核电站泄漏,此后受"碘盐能预防治疗核辐射"等传言的影响,国内几个沿海城市开始出现"抢盐"现象,各类传言通过网络传播迅速扩散。3月16日开始,全国各地都出现抢购食盐的现象,有些地方的盐价

---

① 刘海龙:《大众传播理论:范式与流派》,北京:中国人民大学出版社,2008年,第152页。
② 威尔伯·施拉姆、威廉·波特《传播学概论》,何道宽译,北京:中国人民大学出版社,2010年,第31页。

甚至飙升至 20 元一袋。3 月 17 日下午，国家发改委等部门紧急发文，要求各地立即开展市场调查，坚决打击恶意囤积、哄抬价格、扰乱市场等不法行为，抢购食盐的风潮才逐渐平息。在这次事件中，谣言在网络环境中被快速传播和放大，政府部门迅速反应、及时辟谣，并通过大众传媒进行宣传引导，确保了食盐市场的稳定，避免了事态的进一步扩大。

三、大众传媒的议程设置功能

传播效果可以分为不同的层面，知识量和知识结构的变化属于认知层面的效果，情绪或感情的变化属于心理和态度层面的效果，人们言行的变化属于行动层面的效果。[①] 传播效果研究早期，学者们的研究主要关注传播效果的态度和行动层面。1968 年，美国传播学家马克斯韦尔·麦科姆斯和唐纳德·肖通过调查美国总统大选期间选民对当前社会问题重要性的判断与同期大众传媒的新闻报道内容进行对比分析，发现两者之间有着高度的相关性。在 1972 年发表的《大众传媒的议程设置功能》一文中，马克斯韦尔·麦科姆斯和唐纳德·肖明确提出大众传媒具有为公众设置"议事日程"的功能，大众传媒的新闻报道和信息传达活动通过赋予议题不同程度的显著性，影响人们对周遭事件及其重要性的判断。[②] 这一理论揭示了大众传媒对受众环境认知的影响，即媒体可以通过影响人们"想什么"，而引导人们关注特定的社会问题。

为了确认媒体议程设置与受众议程认知之间的因果关系，马

---

① 郭庆光：《传播学教程》，北京：中国人民大学出版社，2011 年，第 172 页。
② 胡正荣：《传播学概论》，北京：高等教育出版社，2017 年，第 270－271 页。

克斯韦尔·麦科姆斯和唐纳德·肖在 1972 年的总统竞选宣传调查中，通过对 6 月媒体议程和 10 月受众议程、6 月受众议程和 10 月媒体议程的比较研究，发现 6 月的媒体议程与 10 月的受众议程相关性更高，进而证明了媒体议程对受众议程的影响。[①]

学者们还进一步明确了议程设置功能的作用机制，主要有知觉模式、显著性模式、优先顺序模式。知觉模式即大众传媒是否在报道某一议题时，影响人们对该议题的感知；显著性模式即媒体突出强调的议题会引起公众的突出重视；优先顺序模式即媒体对不同议题按优先顺序进行不同程度的报道，影响人们对这些议题重要性顺序的判断。[②] 在以报纸、广播、电视等传统媒体为主导的大众传播时代，媒体掌握着信息传播的主导权，是受众获取外部信息的主要来源，在这一背景下，媒体是否报道某一议题及报道的规模和突出程度、报道的优先顺序等对人们的环境认知有着强大的影响力。

随着议程设置研究的不断深入，马克斯韦尔·麦科姆斯和唐纳德·肖又提出了"谁设置了媒体议程"这一问题，并认为："提供新闻消息的主要信息源、其他新闻机构以及新闻规范与传统是设置媒体议程的三个关键因素，其中政府政策议程设置和媒介间的议程设置是影响媒体议程的两个主要方面，为最终塑造媒介议程界定了基本规则，决定将哪些话题带入公众关注的视野。"[③] 我国学者将议程设置看作从政策议程到媒体议程再到公众议程的单向封闭过程，政府通过支配媒体让公众接受媒体议

---

① 刘海龙：《大众传播理论：范式与流派》，北京：中国人民大学出版社，2008 年，第 225－226 页。
② 郭庆光：《传播学教程》，北京：中国人民大学出版社，2011 年，第 196 页。
③ 高宪春：《微议程、媒体议程与公众议程——论新媒介环境下议程设置理论研究重点的转向》，《南京社会科学》2013 年 1 期，第 100－106，112 页。

程,从而间接寻求政策议题的合法化①,这是一种自上而下的议程设置模式。

互联网的开放性、即时性、交互性为传统的受众提供了信息交流的平台,信息生产和获取方式日益多元化,这极大地改变了以往传统媒体议程设置的传播环境。1999年,马克斯韦尔·麦科姆斯和唐纳德·肖等人提出了议程融合(Agenda Melding)理论,该理论认为,在现代社会,个人必须通过加入某个社会群体获得安全感和确定性,为了融入自己想要加入的群体,个人必须接触与该群体相关的媒体,使自己的议程与群体议程保持一致。② 议程融合理论以社会大众为研究出发点,认为人们是在有意识、有目的地使用和挑选传播媒介及其议程。③ 虽然议程融合理论将议程设置功能研究转向密切相关的社群和个体层面,但研究重点仍然是媒体议程对公众议程的影响,而在新媒体环境中,个人议程和社群议程成为媒介议程的重要补充,议程设置的各个环节呈现出融合趋势。④

互联网环境中,个人和群体对议程设置的影响力逐渐增强,一方面,受众议程不再完全由媒体议程主导;另一方面,媒体议程也不再由政策议程主导,政策议程可以不经过专业化的媒介组织直接影响公众议程。有些议题首先由公众引起热议,随后传媒跟进,最终成为政策议程;有些议题首先由媒体关注,媒体议程与受众议程形成合力,进而影响政策议程。政策议程、媒体议

---

① 曾润喜,朱利平:《政策议程互动过程中的公民网络参与及合作解》,《国际新闻界》2016年第6期,第110—128页。

② 刘海龙:《大众传播理论:范式与流派》,北京:中国人民大学出版社,2008年,第240页。

③ 黄瑚,李俊:《"议题融合论":传播理论的一个新假设》,《新闻大学》2001年第2期,第29—32页。

④ 高宪春:《新媒介环境下议程设置理论研究新进路的分析》,《新闻与传播研究》2011年第1期,第12—20,109页。

程、公众议程三者之间相互作用、相互影响。

例如,2016年4月发生的北京和颐酒店事件中,最开始是由当事人"弯弯"在自己的微博平台上发布了一段文字和视频,记录和描述了自己在酒店被陌生男子劫持、拖拽的遭遇,该条微博迅速被网友大量转载,并引发网络热议,此后由主流媒体跟进报道,最终成为人们关注的话题事件。这一事件不仅引发了人们对该酒店安保管理工作的质疑,而且还引发了人们对中国女性安全问题的关注。

网络信息鱼龙混杂,传播速度十分迅速,因此更需要权威媒体及时反应、做好引导。在互联网信息环境中,主流媒体不仅要为公众提供利益诉求和公共讨论的平台和空间,及时关注公众热议的话题,还要充分发挥主流媒体的价值和功能,在达成社会共识的基础上主动设置媒体议程,掌控议程设置的主导权,促进社会各方在核心问题中展开对话,成为社会话题的沟通者和引导者。

2016年8月,山东省临沂市的一名准大学生徐玉玉遭遇电信诈骗,其9900元学费被全部骗走,造成徐玉玉心脏骤停离世。该事件经过媒体大量报道引发了社会的广泛讨论,电话实名制背后的漏洞、个人信息泄露问题、隐私数据买卖、第三方支付平台的安全缺陷、电信诈骗等成为人们关注的热点。在这一案件中,媒体的报道与传播与案件推进同步进行,推动了多项新规的出台,该案件也入选《2010年社会治理舆情报告》和"2016年社会治理舆情处置效度榜"的最佳案例之一。①

2018年7月,国家药品监督管理局对长春长生生物科技有限责任公司违法违规生产冻干人用狂犬病疫苗的情况进行了通

---

① 《〈2016年社会治理舆情报告〉在京发布》,人民网2017年1月19日,参见http://yuqing.people.com.cn/n1/2017/0119/c408627-29036654.html。

告,该通告发出后并未引起媒体和民众的广泛关注。7月21日,一篇自媒体文章《疫苗之王》在微信朋友圈刷屏并持续发酵,引发舆论热议,民众对此次疫苗事件的关注度迅速增加。各个媒体纷纷跟进,对长生生物等疫苗企业及疫苗问题进行多方面的报道。7月22日,《人民日报》《央视网》《光明日报》和中央电视台等主流媒体一方面竭力还原事情真相,及时报道相关部门调查进度,一方面积极引导公众正确面对此次突发事件,缓解恐慌情绪。7月22日晚,李克强总理对长春长生疫苗案件做出批示。7月23日,习近平总书记做出重要指示,要求严查此次疫苗事件。23日下午,国家药品监督管理局召开党组扩大会议,会议不仅决定对长春长生所有疫苗进行彻查,而且决定对疫苗全生命周期监管制度进行系统分析,并研究完善我国疫苗管理体制。此后,涉事人员相继被查,相关话题的舆论热度才开始下降。

在此次疫苗事件中,尽管主流媒体发布了国家药品监督管理局的通告内容,却并未引起大范围的讨论,而是在自媒体文章《疫苗之王》引爆舆论点后,主流媒体纷纷报道和评论,质疑问题疫苗流向和部门监管失守等问题,呼吁严查此次事件,纾解民众疫苗焦虑,之后才引起了政府部门的重视。可以说,在长春长生疫苗事件中,是公众议程和媒体议程引发和推动了政策议程。而随着国家领导人的批示和有关部门的介入调查,政策议程、媒体议程和公众议程相互作用,最终合力推动了问题的解决。2018年11月,《中华人民共和国疫苗管理法(征求意见稿)》面向公众征求意见,2019年12月1日,《中华人民共和国疫苗管理法》正式施行,至此,疫苗管理问题正式纳入法律范畴。

第二节 传播与社会整合

社会是由不同因素、不同部分构成的有机体。为了适应环境变化，社会各组成部分之间应当协调统一，而传播在促进社会合作、协调社会关系中至关重要。传播社会整合功能的发挥不仅需要依靠人际传播、群体传播和组织传播，而且依赖于大众传播。大众传媒的议程设置功能将公众的注意力集中在某一特定事件上，进而推动问题的解决。通过信息选择和解释，大众传播还可以促进社会各部门的有效连接，协调社会成员共同应对外部环境。

一、媒介的离心论和向心论

社会整合思想最早由法国社会学家涂尔干提出，美国社会学家帕森斯进一步发挥了社会整合概念并将其纳入结构功能主义理论体系。涂尔干认为社会整合有两种类型：机械团结和有机团结。传统社会靠机械团结来维系，"机械"是指互不相干的群体彼此非常相似；而现代社会的整合方式是"异质"的有机团结，其整合要求比传统社会更高。[1]

学界关于大众传播对社会整合的影响有两种相反的观点：大众媒介既能够有助于社会团结，又能够破坏社会团结，这两种情况分别强调离心趋势和向心趋势。"离心"是带来社会变化、自由、个人主义和离散的动力；"向心"是指社会统一、秩序、凝聚与整合的效果形式。英国传播学者麦奎尔据此提出了媒介的离心论和向心论，这两种形式根据不同的评价层面，呈现了大众传播对社会整合的四种不同效果。[2]

第一种是"自由""多样化"：这是对离心效果的积极看法，

---

[1] 郑杭生：《社会学概论新修》，北京：中国人民大学出版社，2019年，第421页。

[2] 丹尼斯·麦奎尔：《麦奎尔大众传播理论》，崔宝国、李琨译，北京：清华大学出版社，2010年，第72—73页。

强调自由、流动与现代化。

第二种是"整合""团结":这是对向心效果的积极看法,强调媒介的凝聚力和整合作用。

第三种是"缺乏规范""丧失认同":这是对离心效果的消极看法,强调媒介在导致个体孤立和丧失社会凝聚力中的作用。

第四种是"支配""统一":这是对向心效果的消极看法,认为媒介会导致社会的过分整合和过分规范,导致集中式的控制和一致化。

基于不同视角,人们对大众传播在社会整合中作用的评价完全相反。即使是在离心效果或向心效果同一的视角下,基于不同的评价角度,其观点也会有所不同,这反映了大众传播与社会整合关系的多元性和复杂性。

二、传播的社会整合功能

(一)大众传播在社会整合中发挥的作用

帕森斯认为,社会整合是"借以调整和协调系统内部的各套结构,防止任何严重的紧张关系和不一致对系统的瓦解的过程"[①]。社会是由无数个子系统组成的有机整体,在这一体系中,各部分之间相互独立又相互联系,为了保证社会的正常运行,必须协调社会各部分之间的矛盾和冲突,确保各系统相互适应、和谐统一。马克思认为,"生产关系总合起来就构成所谓社会关系,构成所谓社会"[②]。而生产关系的形成离不开个体的传播活动,

---

[①] 安东尼·奥勒姆:《政治社会学导论》,董云虎译,杭州:浙江人民出版社,1989年,第114页。

[②] 《马克思恩格斯选集》第1卷,北京:人民出版社,1972年,第363页。

是"传播把分散的个人联系起来,形成有一定秩序的社会,以及丰富多彩的社会生活"①。

拉斯韦尔认为,传播具有明显的社会遗产传承功能,可以保证文化的代代相传。赖特将其称为大众传媒的社会化功能。大众传媒通过传播知识、价值规范和行为规范,对人们学习特定角色具有重要影响。大众传播所包含的价值观和社会规范,潜移默化地影响着人们的角色期待和行为方式,从而发挥其社会整合作用。在我国,有学者认为,传播的社会整合作用通过对个体社会化、促进社会互动、形成统一文化和社会、缩短社会距离四个方面表现出来。②

如今,大众传播的影响力已经渗透到社会生活的各个方面。社会的信息传播活动不仅可以为人们提供日常生活变动的新闻,而且通过对事件的解释和评论进一步引导人们对事件的看法,从而统一认识,协调社会行动。信息兼具商品属性和文化属性,人们对信息的消费更多表现为意义的消费,而意义本身就是社会文化的产物。传播活动就是通过意义构建来构建共享的意义世界和价值世界,以生产和维系社会关系,从而实现社会整合的目的。③

大众传媒所传递的信息具有公开性和广泛性,无论是表扬好的行为还是批评坏的现象,都可以发挥社会整合作用。大众传媒通过将违反社会规范的行为公之于众,给违反规则的人带来普遍的社会压力,如"不文明旅游行为""高铁霸座事件"等新闻事件,可以唤起普遍的社会谴责意识,在对此类行为进行谴责和批评的同时,让更多的人看到违反公共秩序应当承担的社会后果,

---

① 宋林飞:《社会传播学》,上海:上海人民出版社,1994年,第6页。
② 杨善民:《传播在社会整合中的作用探析》,《文史哲》1998年第1期,第97—101页。
③ 姚君喜:《传播的意义》,《现代传播》2006年第5期,第7—11期。

从而传递正确的价值导向,重申社会规范。此外,大众传媒通过宣传符合社会规范的行为,唤起社会普遍的赞扬和认同,鼓励人们遵守社会规则。通过广泛的宣传活动,大众传媒赋予个人或组织较高的社会声望,颂扬模范人物的优秀事迹,弘扬其崇高精神,将其塑造为人们学习的榜样,客观上起到巩固社会规范的作用。

全球化发展使国与国之间的文化交流日益频繁,但文化交流不一定会带来不同文化的沟通与理解,反而可能带来文化冲突和摩擦。由于不同国家的经济和社会发展水平存在差异,国家之间的传媒发展程度也有所不同,世界信息的生产和流通秩序并不平衡。从信息传播流向来看,更多的是发达国家凭借其强大的传媒优势将信息输入发展中国家,而发展中国家,尤其是第三世界国家,其信息很难输入发达国家,信息输出和输入关系并不对等。信息虽然具有商品属性,但它本身兼具文化属性,一条新闻、一部电影或电视剧、一档综艺节目等,其背后往往蕴含着特定的价值观,因此信息的输出和输入必然伴随文化的传播,而信息流动的不对等侵蚀着文化的统合性和自主性。大众传媒是文化侵略的重要手段,先进的传播技术是形成文化侵略的重要条件。文化侵略不仅会导致文化资源的垄断,而且有可能污染社会风气,销蚀本国优秀文化,进而影响社会稳定。这不仅需要国家从政策层面予以引导,大众传媒也需要对信息进行筛选和解释,充分发挥其在社会文化整合中的作用。

(二)主流媒体是促进社会整合的主力军

信息社会的到来对政治、经济、文化等各个领域产生了深远影响,使信息成为主要的社会资源。在信息社会,传统的价值观念发生了重大改变,人际交往模式逐渐多样化。但是信息社会也带来了信息爆炸、信息过剩、信息污染等问题。网络信息鱼龙混杂，把关人的缺失致使网络信息真假难辨，网络在为人们提供更多信息选择的同时，也增加了人们辨别信息的成本，信息的多样化和价值的多元化增加了社会整合的难度。

互联网为人们提供了自由表达的平台，拓展了公众的话语空间，使用户的信息生产和传播能力得以大幅提升，信息交流方式更加自主化，与此同时，大众传媒信息生产和传播的主导权也逐渐被瓦解，这对主流媒体继续发挥其社会整合功能带来了机遇和挑战。

2014年，《关于推动传统媒体和新兴媒体融合发展的指导意见》提出，要"着力打造一批形态多样、手段先进、具有竞争力的新型主流媒体"，将新型主流媒体建设提升到了国家战略层面。什么是新型主流媒体？哪些媒体可以算作新型主流媒体？对此，学者们的说法并不统一。不管是技术新、理念新还是思维新，新型主流媒体的核心价值都是在新媒介生态下继续发挥其应当承担的社会责任，维护国家和人民的根本利益，传递主流价值观，发挥其在政府与公众之间的桥梁作用，促进政府与公众、公众与公众间的良性沟通，凝聚社会共识。

目前，新型主流媒体致力于内容、渠道、平台、技术等多层面的深度融合。通过与商业平台的深度合作，整合多元传播渠道，进一步提升媒体的竞争力。通过搭建自主可控的互联网平台，促进价值空间的延伸。这一平台不仅能够促进媒体间的合作，还可以推进媒体间的跨界合作，实现与其他行业的广泛对接，将服务延伸到电子商务、旅游、数据分析、政务等诸多领域。通过创新传播手段和话语方式，新型主流媒体不断提升其社会影响力和信息传播力，进一步发挥社会沟通和桥梁作用，促进社会共识的达成。

在思想文化多元化的今天，新型主流媒体始终坚守自己的社会责任和使命，承担着教育公众的社会责任，在突发事件和社会热点事件中及时发声,借助多种传播渠道,第一时间将事实呈现在受众面前,及时传达受众最关心的内容,并引导人们正确认识新闻事件。

第三节　传播与社会动员

传播具有社会动员的功能。在传统大众传播时代,社会动员更多是一种自上而下的形式,主要由国家层面发起动员,媒体在其中扮演着工具角色,但有时媒体也主动策划发起动员。随着新媒体技术的发展,社会动员的主体和方式更加多元,动员的议题和模式更加多样化,传播在社会动员中的作用也进一步增强。

一、社会动员的含义

"社会动员"(Social Mobilization)最早由美国学者 K. 道易治(Karl Deutsch)提出,用于描述社会－人口层面的现代化现象,他将社会动员界定为"人们所承担的绝大多数旧的社会、经济、心理义务受到侵蚀而崩溃的过程;人们获得新的社会化模式和行为模式的过程"[1]。

有关社会动员的内涵,中西方学者的理解有所不同。在我国,郑永廷认为,社会动员"就是广义的社会影响,也可以称之为社会发动。它是指人们在某些经常、持久的社会因素影响下,其态度、价值观与期望值变化发展的过程"[2]。也有学者将这一概念具体化,明确了动员的主体和对象,认为社会动员是指"一

---

[1] S. N. 艾森斯塔德:《现代化:抗拒与变迁》,张旅平等译,北京:中国人民大学出版社,1988 年,第 2 页。
[2] 郑永廷:《论现代社会的社会动员》,《中山大学学报》2000 年第 2 期,第 21—27 页。

定的国家、政党或社会团体，通过多种方式影响、改变社会成员的态度、价值观和期望，形成一定的思想共识，引导、发动和组织社会成员积极参与社会实践，以实现一定的社会目标的活动"①。从这两个概念可以看出，社会动员是指受某些因素或方式的影响，社会成员在态度、价值观、期望层面发生变化的过程。

社会动员具有较强的目的性，旨在激发社会成员的广泛参与，从而促进社会目标的实现。尤其在重大突发事件中，及时而广泛的社会动员有助于凝聚社会共识，协调社会行动，整合社会资源，从而推动社会目标的实现。

现代社会的社会动员方式较传统社会更加多样，主要有传媒动员、参与动员、教育动员三种。② 而在传媒动员中，随着传播技术的发展，主体的动员形式不再局限于报纸、广播、电视等传统媒介，新兴传播媒介的不断涌现使社会动员的媒介形式更加多元，媒介动员的影响力也越来越广泛。

二、网络时代的媒介动员

大众传媒是社会动员的重要渠道和工具。英国传播学者麦奎尔认为，大众传播具有动员功能，是"宣传政治、战争、经济发展、工作与宗教领域中的社会目标的活动"③。

郭小安和霍凤梳理了媒介动员研究的相关文献，发现我国媒

---

① 甘泉，骆郁廷：《社会动员的本质探析》，《学术探索》2011年第6期，第24—28页。
② 王学俭，高璐佳：《现代社会动员理论与马克思主义大众化策略》，《兰州大学学报》2010年第2期，第144—148页。
③ 丹尼斯·麦奎尔：《麦奎尔大众传播理论》，崔宝国、李琨译，北京：清华大学出版社，2010年，第78—79页。

介动员研究主要为三种路径：其一是自上而下的大众媒介动员；其二是自下而上的社交媒介动员；其三是公益活动、环境保护等领域的共意行动媒介动员。由于三种路径在不同学科中的研究差异，媒介动员的概念存在着误用和混用现象。通过对媒介动员概念的梳理和辨析，郭小安和霍凤提出从广义的维度理解媒介动员的内涵，"将媒介动员视为利用信息媒介、物质媒介等传递符码的信道，通过各种表达手段和呈现方式，旨在引发舆论关注，吸引和扩大潜在行动者参与行动的过程"①。

在计划经济时代，媒介动员更多表现为一种自上而下的动员，主要是国家层面借助大众传媒进行思想动员、国防动员等，这种动员被视为国家动员体系的一部分。新媒体的传播赋权使每位用户成为网络传播的参与者，各类社交平台和自媒体平台为人们提供了参与动员的传播渠道，这使网络时代的媒介动员呈现出一些新的特点。

（一）动员主体多元化

动员主体是动员活动的发起者和推动者。以往的媒介动员更多由国家、政党、社会团体借助大众传媒发起，或者由大众传媒主动策划。而在网络时代，新媒体技术增加了人们参与社会动员的机会，降低了人们参与社会动员的成本，媒介动员的主体不再仅仅是国家、政党、社会团体或大众传媒，个体也可以借助新媒体发起动员活动，并引发网友的广泛参与，发起动员的个体既可以是有影响力的意见领袖，又可以是普通网民，这使得传统自上而下的动员模式发生了方向性的逆转。因此有学者将网络动员界定为"由意见领袖或普通网民发起的，为实现特定目的，通过各

---

① 郭小安，霍凤：《媒介动员：概念辨析与研究展望》，《新闻大学》2020年第12期，第61—75，120—121页。

种动员方式和策略，以促使网民形成或改变一定的价值观念、态度与期望，从而产生持续性的参与行为或其他预期行为的过程"①。也有学者认为，网络动员是以互联网作为媒介进行的社会运动，缺乏专业的领导者，处于一种弱组织化状态。②可以说，网络时代的媒介动员呈现出多重主体的特征。

2011年1月，知名学者于建嵘教授发起的"随手拍照解救乞讨儿童"微博活动，在十几天内便吸引了50多万网民的关注，网友纷纷将自己拍摄的乞讨儿童照片上传至微博，引起了全国各地公安系统的关注。2011年3月，在微博上出现的纯民间公益行动——"免费午餐"，最初是由邓飞等媒体人发起，活动倡议每天捐赠3元，为中国贫困山区小学生提供免费午饭。2011年4月，邓飞联合500名记者、国内数十家主流媒体和中国社会福利基金会发起的免费午餐基金公募计划正式启动，该活动引发了社会的广泛关注。10月26日，国务院决定启动实施农村义务教育学生营养改善计划。③

（二）动员方式多样化

传统的媒介动员中，大众传媒在动员主体和动员对象之间建立了一种自上而下的动员体系，即使由大众传媒主动发起的社会动员，其方式也依旧是组织化的自上而下式动员。在互联网技术的赋权下，媒介动员方式不断增多。除了传统的报纸、广播、电视等大众传播媒介外，各社交网络平台、短视频平台、直播平台等都成了动员渠道。在网络空间中，组织化、自上而下的动员方

---

① 刘秀秀：《网络动员中的国家与社会——以"免费午餐"为例》，《江海学刊》2013年第2期，第105—110页。

② 刘琼：《网络动员的作用机制与管理对策》，《学术论坛》2010年第8期，第169—172页。

③ 石念军：《政府接棒"免费午餐"》，《齐鲁晚报》2011年10月31日。

式依旧存在,但还出现了弱组织化的自下而上式动员及社交媒体和大众媒体双向合作进行的社会动员。不管是何种形式的媒介动员,其最终目的都是引起社会的广泛关注和参与,从而实现一定的社会目标。

在自下而上的动员中,某一议题最早在网络空间引起关注,在微博、微信等自媒体平台中形成热议,网民不断发表自己的观点与看法,甚至产生争论,各种意见汇集、碰撞、融合,最终引起相关部门的关注和介入,促进问题的解决。在共意性社会运动中,如爱国运动、公益活动、主流价值倡导活动、环境保护活动等,其行动诉求具有公益性、道德性、正义性等特点,大众媒介和社交媒介的界限因此被打破,通过议程互动共同推动事件的进展。①

2013年1月初,为了响应中央"八项规定"和"六项禁令",一个自称"IN_33"的团体发起了"光盘行动",发起者并不是公益组织,而是一群来自不同行业的中青年人。活动最初是由发起人发放宣传页和海报以及发布微博开始的,网友们在社交媒体上自发响应;随后《人民日报》号召大家加入"光盘行动",各大主流媒体纷纷转载,使"光盘行动"引发了更多关注。"晒光盘照片"成为网民们的一项新潮生活方式,"浪费可耻""响应光盘"等口号成为随处可见的餐桌标语。从网民倡议到餐饮企业积极响应,从网友的自发参与到主流媒体的纷纷跟进,"光盘行动"成为一种社会风尚。在此次社会动员中,网友广泛讨论,主流媒体集中报道,传统媒体积极宣传,社交媒体和大众媒体形成合力,使"光盘行动"成了一种生活新风尚,也成为2013年中国十大热词之一。

---

① 郭小安,霍凤:《媒介动员:概念辨析与研究展望》,《新闻大学》2020年第12期,第61—75,120—121页。

（三）动员议题多样化

所谓的动员议题是指与动员活动相关的中心事件或话题。[①]在以往自上而下的社会动员中，动员议题主要涉及思想政治动员、国民经济动员，或者体育赛事、纪念活动、庆典活动等具有重要意义的事件。随着动员主体的多元化，动员议题更加多样。网络时代的媒介动员议题涉及诸多领域，如公共安全、环保、救助、教育、医疗等，与个体生活相关的事件也成为媒介动员的主要议题。

网络公益是公益活动在互联网背景下出现的新形态，其议题涉及抗震救灾、环境保护、疾病救助、助学、助农等。网络公益的低门槛、低成本、参与便利等特征，提高了人们参与公益的热情，促进了广泛的社会参与，有助于培养相互信任的社会关系，提高公众的社会责任感。

（四）动员客体广泛化

所谓动员客体是指动员主体希望借助其力量促进目标达成的对象，即能参与动员活动的个人或者组织。如果说传统的媒介动员主要针对的是与议题直接相关的利益人，那么在网络时代，动员对象不仅是利益相关者，而且囊括了无直接利益相关的个体或组织，在动员活动时产生情感共鸣，进而参与到动员活动中。

在网络公益众筹活动中，微信、QQ等社交媒体是动员的主要渠道。如果说个体发起众筹，最初借助熟人圈子进行传播，那么随后参与捐款或救助的人并非与发起人有直接的利益关系，甚至在有些网络公益众筹活动中，发起者与被救助者之间素不相

---

① 刘怡：《意见螺旋：危机舆情中网络动员的发生特征及传播逻辑》，《编辑之友》2019年第2期，第91—96，101页。

识。互联网的便捷性、互动性等优势,使公益活动从由公益团体、少数企业或个人参与的慈善活动,转变为人人可以参与的全民公益活动。

三、突发事件中的媒介动员

根据动员的背景,社会动员可划分为平时动员和战时动员。[①] 平时动员如号召节约粮食,倡导"光盘行动"等行为,这需要动员主体进行长期动员,潜移默化地改变动员对象的态度和价值观;战时动员主要是为了实现短期社会目标,比如地震后的社会动员和疫情防控期间的社会动员。突发事件中的社会动员一般属于战时动员。在一些突发危机事件中,仅仅依靠政府和组织的力量很难有效地控制危机,这就需要进行及时广泛的社会动员,发挥人民群众的力量,促进危机事件的解决。

及时有效的媒介动员对于突发事件的解决具有重要意义。从个人层面来讲,媒介动员可以帮助公众了解突发事件的性质,减轻事件给公众带来的心理恐慌,为人们有效应对突发事件提供行为依据;对政府来说,媒介动员可以帮助公众了解政府的应对策略,促进社会参与,协调社会行动,整合社会资源和力量,增强政府对突发事件的应对能力,降低应对危机的成本。

---

① 徐冶琼:《重大疫情防控中中国社会动员:经验、挑战与启示》,《北京航空航天大学学报》2020年第6期,第61—66页。

第五章

连接与参与：社会治理中的媒体力量

党的十九届四中全会提出，坚持和完善共建共治共享的社会治理制度，保持社会稳定、维护国家安全。社会治理是国家治理的重要方面。必须加强和创新社会治理，完善党委领导、政府负责、民主协商、社会协同、公众参与、法治保障、科技支撑的社会治理体系，建设人人有责、人人尽责、人人享有的社会治理共同体，确保人民安居乐业、社会安定有序，建设更高水平的平安中国。[①]

社会治理需要政府、企业、社会组织、公民等各类社会主体的共同参与，通过公开对话、理性协商，形成社会治理合力，共同推进社会进步和发展。媒体是连接各方社会主体的重要渠道，在推动社会治理现代化进程中，媒体是协同治理的连接器，是治理成效的放大器，更是社会治理的参与者。

传播具有社会协调功能，媒体的信息传播活动为上情下达、下情上达提供了保障，有效促进了参与主体间的沟通和理解。通过搭建交流平台，媒体为社会提供了更加多元的对话空间，进一步推动了政府与各类社会主体，以及社会主体之间的平等对话和

---

① 《中国共产党第十九届中央委员会第四次全体会议公报》，中国共产党新闻网 2019 年 10 月 31 日，参见 http://cpc.people.com.cn/n1/2019/1031/c64094 - 31431615.html。

合作。

媒体融合发展进一步丰富了各类社会主体参与社会治理的渠道，简化了公众参与社会治理的程序，降低了参与成本，提高了社会治理的效率。主流媒体在丰富参与形式、汇聚各方资源、协商治理决策、宣传治理成效等方面发挥着重要作用，通过平台、渠道、内容等方面的深度融合，提高了公众参与社会治理的积极性，提升了社会治理效能，充分发挥了媒体在加强和创新社会治理中的主体作用。

建设性新闻是媒体参与社会治理的新路径。按照建设性新闻的理念，媒体不仅是新闻信息的提供者，也是促进公众社会参与的引导者和服务者。媒体不仅要发现、报道问题，还要参与解决问题；不仅要引导公众参与建言献策，还要为化解社会矛盾、解决社会问题贡献媒体智慧。

第一节　社会治理中的媒体角色

2013 年，中共十八届三中全会通过的《中共中央关于全面深化改革若干重大问题的决定》指出，全面深化改革的总目标是完善和发展中国特色社会主义制度，推进国家治理体系和治理能力现代化。从管理到治理的转变，体现了中国共产党执政理念的变化，彰显了党对时代发展变化的准确把握。习近平总书记指出，治理和管理一字之差，体现的是系统治理、依法治理、源头治理、综合施策。①

在治理主体上，社会管理主要依靠政府自上而下的管控，突出政府的主导作用，政府管理的权限相对宽泛，没有较为明确的

---

① 刘捷：《促进政府从管理型向治理型转变》，《人民日报》2014 年 12 月 16 日，第 7 版。

管理范围；社会治理则强调政府、企业、社会组织、家庭、公民等各方力量的共同参与，主张充分发挥社会各方的力量，使多元主体在党的领导下通力合作，形成治理合力。在实践路径上，社会管理主要依靠政府权力对社会事务进行管控，这种权力既包括军队、公安机关等硬权力，也包括价值观塑造、思想引领等方面的软权力；而社会治理的方式则不仅包括政府权力，还包括法律、经济、道德等领域的多种方式，社会治理更加强调社会自治，各方力量协商互动，有效应对社会危机，化解社会矛盾，促进社会发展。

社会治理是国家治理体系的重要方面。社会治理共同体的建立，需要充分调动多元主体的积极性和主动性，充分发挥多元主体的创造性，最终形成治理合力。在加强和创新社会治理的进程中，媒体不仅是连接各类社会主体的桥梁，更是治理成效的传播者、宣传者和社会治理的参与者。

一、协同治理的连接器

社会治理是一个复杂的系统工程，政府是现代社会治理中的主导力量，但并不是唯一的主体，还需要社会组织、企事业单位、公民等各方力量的共同参与。媒体作为沟通多元主体的重要渠道，通过搭建群众表达诉求和社会参与治理的公共平台，成为社会各方主体积极沟通和对话的推动者和引导者。

协同化治理的重要前提之一是信息的有效传播，而大众传媒的核心功能就是报道新闻、传播信息。媒体的信息传播活动可以将公众的注意力集中于当下最主要的社会矛盾，引导公众达成共识、形成合力，致力解决社会发展中的主要矛盾。通过全面、真实的新闻报道和舆论引导活动，关注民生民意，及时回应公众关切，可以激发人们参与社会治理的热情和活力，凝聚社会共识。

在传统媒体时代，政府和媒体掌握着意见表达的主导权，公众、社会组织等其他主体参与社会表达的渠道相对较少。而随着传播技术的发展，人们参与社会表达的平台日益多元，相对于传统媒体，微博、微信等社交媒体平台因其开放性、互动性、即时性日益成为人们信息交流、意见表达的重要渠道，丰富了人们参与社会治理的方式，增强了社会参与的便捷性。

媒体尤其是主流媒体通过拓展传播平台，改进话语表达方式，创新传播手段，着力打造出了一批汇聚社情民意的权威平台，为用户提供了更多的信息服务，也为社会公众提供了多样化的参与渠道。在保证上情下达、下情上达的同时，简化政府与民众的沟通程序，在政府和民众间架起直接对话的桥梁，充分发挥媒体在社会治理中的中介作用。

杭州广播电视台2010年开始播出的《我们圆桌会》，是一档定位于城市民主协商的谈话专栏节目。该节目聚焦于公共民生热点话题，邀请专家学者、职能部门代表、媒体人员、行业代表、热心市民等进行平等对话、讨论交流，探寻问题解决的方案。节目以平等、对话、协商为宗旨，关注民生、公共服务和公共治理等问题，讨论内容包括共享单车、物价监管、垃圾分类、小区自治、加装电梯、地铁礼仪、教育改革、隔离设施等，这些涉及民众切身利益的话题不断激发社会各界参与讨论的热情，引导民众积极参与到城市治理中。据统计，该节目在创办后十年间的1200多期节目中，先后讨论了800多个城市公共话题，来自社会各界的上万名人士参与了讨论，提出了4000多条建议，推动了50多项公共政策的制定与完善。[①] 如今，《我们圆桌会》节目已成为政府了解民情、听取民意、吸纳民智的重要渠道，也是群

---

① 朱颖婕：《〈我们圆桌会〉十岁了，老朋友们要说说心里话》，《杭州日报》2020年12月26日，第A02版。

众参与城市治理，反映意见诉求，积极建言献策的交流沟通平台。该栏目深度参与城市治理的实践经验，为传统媒体在新时期壮大主流舆论提供了范本，2019年，该节目荣获第二十九届中国新闻奖一等奖（新闻名专栏项目）。①

二、治理成效的放大器

加强和创新社会治理，需要多元主体的共同参与，媒体作为社会沟通的桥梁，通过反映民情、汇聚民意、集中民智，促进各项治理工作建立在多元主体的理解、支持和监督基础上，从而不断提高社会治理现代化水平。此外，媒体还应当好政策的宣传者和解读者，主动设置议题，做深重大主题报道，充分发挥主流媒体在舆论工作中的引领作用，为推进社会治理体系现代化营造良好的舆论环境。

党的十八大以来，习近平总书记多次强调新闻舆论工作要"坚持团结稳定鼓劲、正面宣传为主"，"弘扬主旋律、传播正能量"②。坚持以正面宣传为主，弘扬主旋律，传播正能量，积极宣传社会善行义举，挖掘各行各业的道德模范，可以使人们切实感受到温暖向上的社会力量，为社会营造一个良好的精神生态，为公众建立起一个团结奋进的精神文明世界。以团结稳定鼓劲、正面宣传为主的工作要求，并不意味着媒体要掩盖负面消息，而是要以积极向上的、建设性的态度，促进问题的解决。

在各方参与主体的共同努力下，我国的社会治理已经取得了

---

① 《我们圆桌会》，中国记协网2019年6月23日，参见 http://www.zgjx.cn/2019-06/23/c_138136705.htm。

② 《总书记新闻舆论金句——党的新闻舆论必须遵循的基本方针》，人民网2019年9月9日，参见 http://yuqing.people.com.cn/n1/2019/0909/c209043-31344140.html。

一定的成效。主流媒体通过主动设置议题，加大对治理成效的宣传力度，可以让群众看到各方主体在社会治理中的努力，激发主人翁意识，提高参与的积极性和主动性。在信息多元化、传播渠道多样化的今天，传统灌输式的宣传方式已经无法适应时代的需要。主流媒体应通过创新传播形式、转化话语方式、丰富产品形态，不断提高其在新时代的信息传播力和舆论引导力，以群众喜闻乐见的形式报道社会治理成效，解读治理举措，才能让群众爱看、爱听，产生共鸣，为社会治理工作聚民心、增信心。

此外，媒体不仅是治理成效的宣传者，而且是治理经验的放大器。通过长期的摸索和实践，一些地方在社会治理现代化进程中取得了显著成效，积累了丰富的经验。媒体需要积极宣传治理经验，讲好治理故事，为加强和创新社会治理提供实践范本，助力提高社会治理效率和治理水平。

2018年全国两会期间，《人民日报》新媒体中心推出了国家形象系列宣传片《中国一分钟》，在"瞬息万象""跬步致远""美美与共"短短三集的视频内容中，既有容易引起人们共鸣的日常生活画面，又有容易引发人们自豪感的展示大国力量的场景，伴随着铿锵的音乐、精彩的画面、直观的数字，视频呈现了党的十八大以来我国在各个领域取得的发展成果，展现了我国人民奋发向上的精神风貌，让观众深切感受到中国取得的历史性成就，展现了大国力量和大国形象。在传播渠道上，宣传片以《人民日报》"两微两端"为首发媒体，各大门户网站和新媒体平台纷纷进行置顶转载，从线上媒体到线下媒体，从中央媒体到地方媒体，从新媒体到传统媒体，从自有平台到第三方平台，《中国一分钟》全方位利用各类渠道进行全覆盖传播，使视频得以海量传播，触及更多人群。随后《人民日报》新媒体中心与中央网信办移动网络管理局合作，联动各个地方，相继推出"中国一分钟·地方篇"系列微视频，展现了改革开放祖国各地的发展风貌，激发了人们对祖国繁荣富强的自豪感。

三、社会治理的参与者

在构建共建、共治、共享的社会治理体系中，媒体是重要的参与者。媒体尤其是主流媒体担负着弘扬主流价值观、引导主流舆论、整合社会、凝聚共识的社会责任，理应积极参与社会治理，在加强和创新社会治理中发挥其应有的价值。

传播能起到社会"瞭望哨"的作用，帮助人们及时了解环境变化，当自然环境和社会环境出现异常时，媒体会发出各种警告，帮助人们及时应对威胁。尤其是当社会不确定性因素增加时，人们对媒体的依赖会进一步增强，渴望获得更多的确切消息和指导意见来应对危机。作为社会治理的参与者，在面对突发危机事件时，媒体不仅要帮助人们感知风险，及时回应公众关切，还应在化解和治理危机方面承担起社会责任。

在突发事件中，由于社会环境的不确定性较强，人们对信息的需求剧增，但在危机出现之初，与事件相关的信息本身往往不够清晰和明确，这种情况下，谣言很容易产生并被大肆传播，甚至被别有用心之人利用，影响社会稳定。

在此次新冠疫情初期，疫情本身具有一定的不确定性，随着感染人数和死亡人数的增加，人们的不安和紧张情绪随之蔓延，而网络上的大量虚假信息，极大地加剧了社会恐慌。这种情况下，政府部门加大了对虚假疫情信息的打击力度，媒体尤其是主流媒体第一时间公布真相，传递权威信息，帮助人们科学防控，及时公布政府的防疫政策和举措，引导人们客观理性应对疫情，稳定公众情绪。

我国的新闻媒体是党和人民的"耳目喉舌"，是党实现政治宣传和思想引领的主阵地，担负着反映舆论、引导舆论的重要任务。新闻媒体以报道新闻、引导舆论等为己任，以促进社会和谐和发展为前提进行的传播活动，在发挥其社会功能的同时，也为社会治理贡献力量。如果说传统媒体主要扮演新闻报道者、历史记录者、政策宣传者等角色，那么新时代的媒体还要以积极的力量成为事件的参与者，为化解社会矛盾、解决社会问题贡献智慧。

在新冠疫情防控中，《人民日报》的"♯人民直播♯"专题在微博上同步直播防控实况，开设新冠肺炎求助通道，竭力为求助者提供帮助；新华社利用大数据分析每日疫情关注焦点，每日在官微上更新相关文章，帮助网民快速准确了解疫情信息，其设立的"求证"互动平台及时为网友解疑释惑。主流媒体为公众及时提供真实有效的疫情信息和科普知识的做法，有效地缓解了公众的紧张情绪。不仅如此，主流媒体还积极组织各种公益活动，通过多种形式拓展滞销农产品的销售渠道，助力经济复苏。

与其他行业相比，媒体具有自身独特的优势。在长期的新闻实践中，媒体积累了丰厚的内容资源和数据资源，拥有专业的采编人员和技术人员，凭借其技术、内容、品牌、资源等优势，媒体可以为政府、各类社会组织提供舆情监测和信息服务，为政府的决策提供信息支撑，充分发挥媒体作为社会治理参与者的主动性和积极性。

"广州城市治理榜"是《南方都市报》独立编制的年度榜单，自 2014 年至今已经连续发布七次。《南方都市报》通过专业指标综合评价政府城市治理工作，以数据和案例提升城市治理水平，开拓了媒体参与城市治理的新路径。

第二节　媒体融合：社会治理现代化的助推器

推动媒体融合发展，是媒体顺应时代发展变化，提高新闻舆论传播力、引导力、影响力、公信力的必由之路，也是主流媒体得以掌握和巩固信息传播与主流思想舆论阵地主导权，牢牢占据舆论引导、思想引领、文化传承、服务人民的传播制高点的必然选择。近年来，我国媒体融合已经从起步阶段逐步进入深化阶段，各类新媒体在丰富社会治理参与形式、畅通参与渠道、搭建多样化参与平台、提升社会治理效能等方面发挥着重要作用。

一、媒体融合助力丰富公众参与渠道

有学者提出，社会治理与政府治理不同，社会治理参与主体更加多元，包括政府、企业、社会组织、公民等，而且更加强调扩大公民参与；在权力运行向度方面，不仅有从政府到社会组织、公民这种自上而下的方式，而且有社会组织、公民到政府这种自下而上的运作方式，社会治理更加体现协商、共享的特点。[①]

在社会治理中，各类参与主体更多是一种平等协商关系，而非上下级关系，这就需要为参与者提供更为方便、快捷、有效的参与途径，营造平等对话的公共空间。此外，参与主体的多元化需要多样化的参与渠道提供保障，单一的参与渠道无法满足不同主体的参与需求，同时会降低社会参与的有效性。以往公众的诉求表达需要通过行政部门层层向上，或者大众传媒发现社会问题，通过议程设置，引发公众的广泛关注和议论，从而引起决策机构的注意，促进问题的解决。即一方面，政府信息发布模式相对单一，另一方面，公众参与社会治理的渠道较少、程序相对烦琐，这在一定程度上影响了社会治理的效率。

---

① 朱江丽：《新媒体推动公民参与社会治理：现状、问题与对策》，《中国行政管理》2017年第6期，第49—53页。

媒介技术的发展，为公众参与社会治理提供了广阔的平台，降低了人们参与社会治理的成本，简化了人们参与社会治理的过程，拓宽了民意表达的渠道。随着媒体融合的纵深发展，治理主体参与社会治理的渠道和平台更加多元。政府部门可以借助官方网站、政务微博、微信公众号等平台向社会及时发布相关政策方针，并向社会做好解读工作，实现与其他治理主体的直接对话；公众也可以借助政府部门搭建的信息平台与政府直接沟通，向政府部门建言献策，这同步拓展了决策者的信息获取渠道，帮助决策者更迅速有效地了解公众的需求，及时回应公众关切，为治理主体的行为决策提供更广泛的信息渠道。各大媒体通过网、端、微、屏等多种终端建设，搭建自主可控的平台，构建全媒体传播矩阵，保证沟通渠道畅通，为各类参与主体提供平等对话的空间。

2009年11月，昆明螺蛳湾市场因拆迁问题发生了上千商户集体上街堵路事件。事情发生后，相关领导第一时间赶赴现场，了解群众利益诉求，并做出针对性的部署。昆明警方通过云南网、昆明信息港等网站召开网络新闻发布会通报事件情况，云南省政府新闻办在新浪网上开通了国内第一家政府微博——"微博云南"，及时公布事件真相，澄清谣言，及时与网民进行沟通，稳定社会秩序，疏导公众情绪。在人民网舆情监测室发布的"2009年第四季度地方应对网络舆情能力排行榜"认为，经过对政府应对、处置能力的评估，在这一事件中，总体而言政府应对较为得体。人民网舆情监测室舆情分析师董海博认为，云南方面冷静、理性、果断处置群体性事件，为全国各地处理类似事件树立了榜样。有学者认为，这次"短平快"的危机解决方式证明，在应对突发事件，特别是和谣言"赛跑"时，全方位、不间断的信息渠道畅通的重要性。①

互联网的发展为公众提供了更广阔的话语空间，但新媒体平台的开放性和多元化并不必然带来更有效的沟通，网络的匿名性和非理性也会进一步放大人们的负面情绪，放大不同群体的隔阂，从而阻碍社会共识的形成。虽然网络增强了民意表达的便捷性，但是也带来了一些新的问题，比如网络暴力、网络谣言等，这无形中增加了社会治理的难度。媒体融合发展，不仅是媒体自身的融合，更重要的是推动社会的融合，通过建立更加多样、规范化的参与平台，完善平台监督机制，引导公众理性对话，使公众借助新媒体平台实现良好的互动，促进政府与多元治理主体之间、多元治理主体内部之间的沟通和对话，推动更高程度的共识达成，最终促进社会的融合。

二、媒体融合助力提升社会治理效能

在传统媒体时代，报纸、广播、电视等传统媒介是话语传播的中心，是人们获取外部信息的重要渠道。如今，网络上的传播渠道和分发平台日益丰富，人们不再仅仅依靠传统媒体获得新闻资讯，个性化推荐平台、门户网站、社交平台等都成为人们获取信息的渠道，传统主流媒体的传播力和影响力被逐渐分化。

虽然新媒体的发展为公众提供了更加多元的参与平台，但开放多元的网络空间也为社会治理带来了新风险和新挑战。在这一背景下，更需要专业的主流媒体做好信息服务和舆论引导工作，通过有效的协同机制，优化社会治理流程，从而促进社会问题的有效解决，提升社会治理的有效性和整体性。

---

① "人民网发布地方应对网络舆情能力排行榜"，人民网 2010 年 1 月 18 日，参见 http://news.sohu.com/20100118/n269666923.shtml。

传统的受众在网络空间拥有更多的话语权，用户广泛参与到信息生产和传播的全过程，但是由于用户的信息生产、传播和辨别能力存在差异，再加上把关人的缺失，网络信息质量参差不齐，成为谣言的滋生地。网络信息传播速度快、影响范围广，谣言的负面影响大，因此需要畅通的传播渠道、多元的互动平台、及时的信息沟通、权威的内容来帮助公众鉴别谣言，明辨是非。

在这一背景下，主流媒体一方面与商品平台展开合作，进一步拓展传播渠道；另一方面通过搭建自主可控的互联网平台，将更多资源聚集到自有平台，通过满足用户个性化和多样化的信息需求，将更多用户吸引到自建平台上，从而提升信息传播和舆论引导的主动权，实现宣传效果的最优化。主流媒体通过积极构建全媒体传播体系，可以更好地宣传党和政府的相关政策，推广、加强和创新社会治理的典型经验和成功范本。

在媒体融合发展的背景下，新型主流媒体不断创新新闻报道形式，顺应互联网发展趋势，以百姓视角解读国家大政方针，多样态反映公众诉求，多角度关注民生热点，从线下到线上，从报道者到参与者，从信息传播到社会服务，主流媒体不断完善服务职能，加强政府与社会公众的互动，促进公众间的对话，进一步提升了社会治理的效率。

2014年2月，《人民日报》（海外版）旗下的新媒体品牌栏目"侠客岛"创办，其内容定位是"拆解时政迷局，解读时政新闻"。在内容方面，"侠客岛"坚持提供优质原创内容，及时报道与国家、人民利益紧密相关的话题，解读重大热点事件；在文风方面，"侠客岛"结合当下媒介生态的新变化，从用户角度思考，一改往日官媒的严肃话语腔调，借助网络话语表达方式，对时政的解读更加通俗化、口语化、网络化，既降低了用户的阅读难度，又增添了文章的可读性和趣味性。凭借权威优质的内容，贴近用户的新颖文风，丰富多样的互动形式，"侠客岛"在互联网舆论场中拥有了广泛的影响力。通过不断优化用户体验，打造高黏度的互动平台，调动用户资源，"侠客岛"凝聚了大批忠实用户，为全媒体助力社会治理现代化打下坚实的用户基础。2018年，"侠客岛"荣获第二十八届中国新闻奖融媒栏目一等奖。

通过内容、渠道、平台、经营等方面的深度融合，主流媒体在网络空间中继续扮演着信息传播者和舆论引导者的角色，为社会治理做好宣传和引导工作，同时利用人工智能、大数据等先进技术及时搜集社会治理所需数据，精准掌握社会公众的需求，增强社会治理的预见性，完善服务体系，助力提升社会治理的实效性和针对性。

人工智能、区块链、大数据、5G 等技术的发展为社会治理的智能化提供了技术支持。数据是促进社会治理专业化、信息化、智能化的重要资源，"数据治理"也成了社会治理的重要方式之一。所谓数据治理，是"通过信息化技术为社会治理共同体赋能，以此优化办事流程、提高治理的效率"[1]。利用大数据、云计算等技术，媒体可以通过优化网络舆情监测机制，及时搜集舆情信息，凭借自身强大的信息采集和分析能力，针对性进行舆论引导，及时化解社会矛盾，预防社会风险，为政府部门掌握舆情应对的主动权、及时防范和化解潜在社会矛盾提供信息支撑，助力增强社会治理的预见性和精准性。

2006 年 8 月，人民网开辟了网上干部互动平台——"地方领导留言板"，供网友向省、市、县三级领导表达诉求、提供建议。2013 年开始，"地方领导留言板"App 客户端、手机App2.0 版、栏目小程序、栏目 Wap 陆续上线，系统功能持续改版升级，网民可随时进行留言，领导干部也可以实时查看留言，

---

[1] 徐顽强：《社会治理共同体的系统审视与构建路径》，《求索》2020 年第 1 期，第 161—170 页。

实现了微博、微信、QQ、手机短信、手机网页、App 客户端的多渠道打通，在移动互联网中开辟了"互联网+群众路线"的新渠道。2019 年 9 月，"地方领导留言板"升级更名为"领导留言板"，开放了部委领导留言板功能。"领导留言板"架起了群众与政府间的沟通桥梁，为群众反映问题、表达诉求、建言献策提供了重要渠道，也成为政府听取民众建议、回应民众诉求的重要平台，更为政府决策提供了重要的信息基础。据统计，"地方领导留言板"自 2006 年开通至升级更名，网友留言总量达 190 万项，领导干部回复总量达 120 万项。[①]

三、媒体融合助力增强公众参与热情

党的十九大报告提出，打造共建、共治、共享的社会治理格局。共建、共治、共享即共同参与社会建设，共同参与社会治理，共同享有社会治理的成果。共同参与是社会治理的基础，要求打造全面开放的治理体系。[②] 媒体融合发展不仅进一步拓展了社会治理的参与渠道，而且在激活公众的社会责任感和主体意识以及增强社会治理主体的参与热情方面发挥了重要作用。

"湘问·投诉直通车"是由华声在线、《湖南日报》、新湖南联合运营的问政、监督、咨询类平台，也是湖南省首个融媒体舆论监督和网络问政平台，网友可以通过网站、新湖南 App、电子邮箱、微信公众号进行投诉。对于网友的投诉，栏目组会通过联合发函、实地调查等方式进行核实和督促。2019 年，"湘问·投诉直通车"共受理并审发湖南省内咨询、投诉、建议类留言

[①] 周亚军：《人民网"地方领导留言板"升级更名》，人民网 2019 年 9 月 6 日，参见 http://yuqing.people.com.cn/n1/2019/0906/c209043-31339560.html。

[②] 高晓虹，崔林，付海钲：《以媒体融合发展助力社会治理》，《人民日报》2019 年 12 月 25 日，第 9 版。

2.5万多条,收到党政职能部门、被投诉单位等在线回复1.4万多条。"湘问·投诉直通车"创造了党、媒、群良性互动模式,构建了网上留言办理的闭环,在及时化解矛盾、促进社会和谐稳定发展方面,起到了积极作用。2020年,"湘问·投诉直通车"荣获第三十届中国新闻奖新闻名专栏项目一等奖。[①] 多元、便捷、畅通的投诉渠道,及时、有效、多方式地促进问题的解决,"湘问·投诉直通车"对"民生、民情、民意"的关注,进一步激发了网民参与的主动性和积极性。在"湘问·投诉直通车"网站上设有消费投诉、投诉举报、咨询求助、建言献策、记者行动、在线申诉等多个版块,平台每天发布"每日简报",公布栏目每天收到的回复情况及帖文的处理、转交、调查情况,并精选相关单位的回复进行公布,栏目还会发布"周报",公布一周内审发的有效投诉、投诉地域分布及回复情况等。对于网友集中反映、普遍关心的社会问题,平台会定期整理专报报送给有关部门,在进一步畅通民意表达渠道、促进问题解决的同时,也为相关部门施政决策提供了有益参考。

社会治理强调公众参与,即要调动公民参与社会治理的积极性,充分发挥公众在社会治理中的重大作用。随着媒体融合的纵深发展,全媒体传播体系已经成为人际传播、群体传播、大众传播交叉的多元体系。媒体的功能不再局限于信息传播领域,各大媒体通过跨界合作、平台共建等方式,积极探索"媒体+"融合发展新路径,整合社会资源,实现产品服务升级,优化用户体验,简化参与程序,降低参与成本,创新参与形式,不断提升多元主体参与社会治理的积极性和主动性。

媒体融合发展可以不断拓展媒体服务政府、社会、公众的广

---

① 《湘问·投诉直通车》,中国记协网 2020 年 10 月 14 日,参见 http://www.zgjx.cn/2020−10/14/c_139438867.htm。

度和深度，比如"媒体＋政务""媒体＋服务""媒体＋舆情监测""媒体＋电商""媒体＋公益直播"等，提高全媒体服务水平。在此次抗击新冠疫情的斗争中，各类媒体积极开辟线上线下渠道，征集相关信息，帮助人们解决实际困难。例如，《人民日报》新媒体开通了感染新型冠状病毒的求助通道，以方便人们填报自己了解到的确诊、疑似、密切接触者以及无法排除的发热者和目前没有得到隔离收治的人员信息，及时提交信息给相关部门。为了缓解疫情期间农产品滞销的困境，一些媒体还积极开展直播"带货"活动，聚合各方力量助力湖北省复工复产。

2020年4月1日，央视新闻启动"谢谢你为湖北拼单"大型公益活动，以帮助解决湖北省部分农产品滞销的问题，助推湖北省优质农副产品恢复销售。4月6日晚的首场"带货"直播通过视频连线的方式进行，在央视新闻客户端、淘宝、微博等平台开播，央视新闻主播朱广权和知名主播李佳琦搭档，向网友推荐香菇、茶叶等产品。据统计，在约两小时的直播中，累计观看人次达到约1.2亿，销售额超过4000万。[①]"谢谢你为湖北拼单"活动得到社会各界的响应，企业和网友纷纷以各种方式参与到活动中，为湖北尽快复工复产贡献力量。

2020年4月13日起，《人民日报》新媒体联合知名主播薇娅、淘宝及多位明星艺人，及奋战在一线的抗疫英雄发起"为鄂下单"系列公益"带货"直播。在近20天的直播里，网友纷纷参与直播购物，从小龙虾、鸭脖、麻花到汽车，"为鄂下单"累计"带货"近300万单，单场最高销售额超2亿元。《人民日报》新媒体还同步上线"湖北好货征集平台"，拓展了湖北滞销商品

[①]《央视新闻"谢谢你为湖北拼单"首场公益直播销售额超4000万元》，央视网2020年4月7日，参见 http://tv.cctv.com/2020/04/07/VIDEsjGg94JJPovGnjH3n77q200407.shtml。

的销售渠道，助力湖北复工复产、经济复苏。①

第三节 建设性新闻：媒体参与社会治理的新路径

互联网的发展为人们提供了信息传播和意见表达的重要渠道。传统媒体通过转型升级不断为公众提供社会参与的便利条件，各类社交媒体为公众间的信息沟通和意见交流提供了多元平台，这极大地提升了公众参与社会治理的积极性和主动性，也对传统主流媒体继续发挥其社会协调能力、促进社会整合提出了挑战。在这一背景下，建设性新闻为媒体参与社会治理，助力打造共建、共治、共享社会治理格局提供了新思路。

一、建设性新闻的内涵

对于何为建设性新闻，目前国内外学者的界定并不统一。多数学者认为，建设性新闻这一术语最早由丹麦媒体人乌瑞克·哈根洛普（Ulrik Haagerup）于2008年提出。② 由于文化背景、新闻行业体制的差异，不同国家的学者对建设性新闻的界定存在一定的差异。在我国，殷乐提出建设性新闻有狭义和广义之分，狭义层面上的建设性新闻是指"在新媒体环境下积极参与解决社会问题的一类新闻实践的新探索"；广义层面上讲，建设性新闻是一种新闻理念，它聚焦于社会问题，提供完整的新闻报道，寻求

---

① 《人民日报新媒体助力湖北复工复产，"为鄂下单"单场最高带货超2亿元》，《人民日报》客户端2020年5月1日，参见 http://app.peopleapp.com/Api/600/DetailApi/shareArticle?article_id=5450312&type=0。

② 殷乐，高慧敏：《建设性新闻：溯源、阐释与展望》，《新闻与写作》2020年第2期，第13—20页。

并建立可付诸行动的解决方案,参与社会治理。① 唐绪军认为,建设性新闻是"媒体着眼于解决社会问题而进行的新闻报道,是传统媒体在公共传播时代重塑自身社会角色的一种新闻实践或新闻理念",强调"积极"和"参与"。"积极"是指媒体要以正面报道为主,给人以积极的信念和力量,在揭露问题的同时提供解决方案;"参与"是指媒体和记者要介入问题的解决过程,引导民众共筑美好生活。②

建设性新闻这一术语虽然在我国出现得比较晚,但是其核心理念贯穿于我国新闻事业的发展历程,我国"坚持以正面宣传为主""舆论监督"等新闻政策方针所体现的报道均衡性,揭示出的解决方案路径,媒体应发挥的作用等,都反映了我国新闻事业的建设性理念。③ 从某种程度上讲,当前的建设性新闻可以被看作以往民生新闻、问政类节目等正面报道的升级,或者是在新闻报道提供公益服务基础上的再升级。④ 在新闻理念和运行策略上,建设性新闻"是'公共新闻'在新的历史条件和传播生态下的复兴"⑤。

建设性新闻这一概念是伴随着移动互联网的发展而逐渐兴起的。互联网技术的发展赋予公众更多的话语权,颠覆了以往由精英主导的话语秩序,为公众提供了更广阔的话语空间,丰富了人

---

① 殷乐:《并行与共振:建设性新闻的全球实践与中国探索》,《新闻与传播研究》2019年增刊,第33—41页。

② 唐绪军:《建设性新闻:社会治理的媒体担当》,《新闻与写作》2020年第2期,第1页。

③ 殷乐,高慧敏:《建设性新闻:溯源、阐释与展望》,《新闻与写作》2020年第2期,第13—20页。

④ 殷乐:《并行与共振:建设性新闻的全球实践与中国探索》,《新闻与传播研究》2019年增刊,第33—41页。

⑤ 蔡雯,郭浩田:《以反传统的实践追求新闻业的传统价值——试析西方新闻界从"公共新闻"到"建设性新闻"的改革运动》,《湖南师范大学社会科学学报》2019年第5期,第124—130页。

们参与公共事务、行使公共权利的渠道和方式,为媒体与用户的协同生产及共同致力于推动社会发展提供了可能性。

相比以往传统媒体新闻生产主体的单一性,建设性新闻的参与主体不再仅仅是专业的新闻组织和新闻从业人员,还有社会公众、社会组织、企业等多元力量的共同参与,这也就要求媒体为多元主体提供多样的新闻参与渠道,注重用户生产内容的价值,在新闻报道中引入大众智慧,同时进一步发挥舆论引导的功能,引导各方主体理性参与社会事务。

二、我国媒体的建设性新闻实践

建设性新闻被认为是传统主流媒体应对新媒体挑战、重新建构社会角色、平衡报道理念和内容的新闻实践,它代表的不仅仅是报道理念的革新,而且是媒体参与社会治理的新路径和新探索。从已有的实践形态来看,建设性新闻在微观层面上是新闻采写具体过程中的操作技巧;中观层面上是一种指导原则,是媒体的行动指南;在宏观层面上,建设性新闻是一种理念,串联起新闻业界、学界、教育界与社会公众。[①] 从这一角度来看,既可以将建设性新闻看作一种新的新闻报道形式,又可以将其视为一种新闻理念。

为了适应时代发展的要求,我国主流媒体不断探索参与社会治理的新路径,创新新闻报道形式,将积极向上的力量融入新闻报道中,切实践行建设性新闻理念,协同各方力量推动社会发展。

---

① 蔡雯、郭浩田:《以反传统的实践追求新闻业的传统价值——试析西方新闻界从"公共新闻"到"建设性新闻"的改革运动》,《湖南师范大学社会科学学报》2019年第5期,第124—130页。

(一)转换角色，创新形式，推进公共对话与协商

作为一种新闻形式的建设性新闻，强调运用积极心理学的策略和技巧，更多是以积极向上的内容传播正能量，传递"公共善"，激发人们的积极情感，即便报道社会问题也以解决问题为前提，同时引导公众参与提供解决方案，在媒体报道和宣传中汇入民间声音，致力于问题的解决。

2020年，新华网推出了大型扶贫抗疫融媒体专题"扶贫公益行"，设有消费扶贫公益行、扶贫抗疫公益行、人物故事公益行等版块内容，依托新华社的采编网络，集纳全国各地脱贫攻坚、抗击疫情一线的公益行动，实时报道扶贫成效、人物故事。此外，新华网公益频道联合多家公益机构开展公益活动，为贫困地区捐赠物资和善款。以季度为节点，新华网公益频道还推出了"中国网事·感动人物评选"系列活动，以线上和线下相结合的方式展开，并举行年度颁奖典礼，为决战决胜脱贫攻坚聚人气、振人心。①

建设性新闻强调"参与"，即不仅强调媒体的参与，而且还强调媒体引导和发动社会组织、企业、公众的广泛参与，共同致力于提供问题的解决方案。因此，媒体需要善于发现社会问题，策略性地报道社会问题，更需要搭建新闻参与平台，创新传播形式，汇聚各方智慧。

先进传播技术赋能新闻业务，极大地拓展了新闻应用的场景，激发了媒体不断创新新闻生产模式。《新京报》"我们视频"旗下的"暖心闻"是一档正能量暖新闻栏目，主要发布正能量视频新闻，对社会"暖心"事件进行视觉化呈现。"暖心闻"栏目

---

① 《新华网"扶贫公益行"》，中国网2021年1月10日，参见http://www.china.com.cn/opinion/2021-01/10/content_77099664.htm。

的视频时长虽然只有几分钟，甚至有的只有几十秒，但是在简短的视频中却呈现了普通人的暖心举动和暖心故事，通过简单的画面、温暖的故事，"暖心闻"以影像方式温暖人心。该栏目还公开有偿征集突发新闻、核心现场的视频线索，激发了用户参与内容生产的热情。

苏州广播电视总台推出的《共祝美好生活 苏城议事厅》时政访谈节目，旨在关注民生热点，回应百姓关切，推进社会治理，加强党委、政府和公众的沟通互动，打造畅通民意的表达渠道。针对不同话题，节目邀请相关学者、专业人员、政府工作人员等答疑解惑、建言献策。比如针对"古城区限行"的议题，节目组邀请了苏州市公安局交警支队副支队长、苏州市自然资源和规划局总规划师、市轨道集团有限公司总工程师、姑苏区平江街道城管处处长为市民答疑解惑；针对苏州"开放再出发"30条新政，节目组专门邀请苏州市发改委副主任等相关人员进行政策解读，栏目还推出了"开放再出发"人才政策专场，全面解读苏州的人才政策，为苏州招才引智提供助力。在抗击新冠疫情的过程中，苏州弛援湖北的医务人员奋战六十多天后安全归来，节目组适时邀请五位代表讲述了他们的战"疫"故事，诠释人间大爱。

（二）深度介入，多方协同，推动社会发展和进步

作为一种新闻理念的建设性新闻，它突破了传统新闻实践的边界，其目的不仅仅是报道新闻事件，还注重对社会问题的回应，提供问题解决方案，以推动社会发展，深度介入社会治理，从而充分发挥媒体在社会治理中的重要作用。在我国，建设性新闻实践不再局限于新闻传播这一单一领域，而是拓展到信息传播的各个方面，正在延伸为"媒体、政府、企业、公众等多元主体

共同参与的社会治理行动",有学者将其称为"建设性传播"。①

随着媒体融合的纵深发展,参与治理的形式和渠道日益多元。媒体可以通过设置建设性议题,唤起公众对该议题的关注,进而自发参与到社会行动中;可以主动联合社会组织、专家或明星发起活动,引导或动员社会各方广泛参与,推动社会问题的解决。

媒体拥有强大的社会影响力和组织力,凭借其丰富的信息资源、优质的传播内容、新颖的表达形式,主流媒体积极探索"媒体+"模式,拓展媒体的服务领域,实现信息资源的价值转化。"媒体+公益+直播"模式是主流媒体跨界合作探索的新形式,虽然主流媒体具有专业的采编和主持队伍及其他资源优势,但是缺少电商直播经验,而商业平台和知名主播拥有强大的粉丝资源和商业号召力,通过跨界合作,可以促进媒体用户与主播粉丝间的相互转化,进一步提高主流媒体的传播力、平台和主播的影响力,实现主流媒体、直播平台和主播的三方共赢。

2017年11月1日,中央电视台财经频道联合商务部、国务院扶贫办启动了"厉害了我的国·中国电商扶贫行动"。围绕电商扶贫,中央电视台财经频道携手国内知名电商平台、网络直播平台,通过新闻报道、网络直播、视频展播等方式向人们推荐国家级贫困县的农产品,助力贫困县农产品销售,鼓励网友为国家脱贫攻坚行动贡献一份力量。在为期十天的活动中,媒体还重点报道了该行动中的典型人物和案例。② 一方面,媒体通过这些有思想、有温度的新闻作品,传播正能量,凝心聚力,激发人们的

---

① 田园,宫承波:《从建设性新闻到建设性传播——关于我国当前传媒发展的一点洞见》,《当代传播》2020年第4期,第60—63页。
② 《"厉害了我的国·中国电商扶贫行动"11月1日启动》,央视网2017年10月31日,参见 http://jingji.cctv.com/2017/10/31/ARTI2jLs0OH0RFIF4TzY4usk171031.shtml。

积极行动；另一方面，通过具体扶贫活动、搭建平台等方式，媒体切实参与到解决社会问题的实践之中，并积极引导多元主体助力脱贫攻坚行动。

2020年7月，新华社客户端联合淘宝策划、发起了"家乡的宝藏 让电商大有可为"公益助农直播活动，该项目通过发挥新华社的影响力和淘宝的商业能力，携手地方政府、区域媒体、中小商家、知名主播、明星等共同为"家乡好货"代言，帮助贫困地区农民卖货，助力脱贫攻坚赢得最后胜利，同时也提高了当地政府和中小商家的影响力和数字化能力。在首场直播活动山东专场，章丘铁锅、周村烧饼、婴儿浴巾、玫瑰花茶、海带等当地商品深受网友喜爱。① 另外，《人民日报》新媒体联合淘宝开启了"决战脱贫攻坚"专场直播活动，邀请明星助阵，携手助农，四川凉山州的金阳青花椒油、云南文山州广南县的八宝贡米、甘肃陇南的特产西和粉条、新疆喀什的薄皮核桃等商品，掀起了网民的抢购风潮。② 以公益凝聚社会共识，激发了巨大的消费潜力，主流媒体积极践行其社会责任，助力脱贫攻坚、乡村振兴，促进经济发展。

---

① 秦川：《电商助力，让"家乡的宝藏"更有人气》，中国经济网2020年7月17日，参见 http://www.ce.cn/xwzx/gnsz/gdxw/202007/17/t20200717_35350714.shtml。

② 皮磊：《央媒扎堆淘宝直播公益带货，淘宝成助农第一平台》，《公益时报》2020年7月23日，参见 http://www.gongyishibao.com/html/gongyizixun/2020/07/15151.html。

第六章

变革与风险：智能时代的传播两面性

人工智能的发展为人类开启了一个全新的智能时代。作为新的社会形态，智能社会是一个全面智能化的社会，万物智能，万物互联，这将颠覆传统的社会发展模式，推动社会的全面变革。

智能机器人、算法推荐、AI合成主播等技术的运用使传媒业发生了重大变革，以往以人为主导的传播格局被打破。在新闻生产、传播模式和传播主体方面，机器成为重要的参与者，进一步拓展了传播学的研究领域。

在人们享受智能传播带来的便利时，学者们也开始注意到智能传播中的算法风险。算法技术伴随的隐私安全问题，人对算法过度依赖所带来的主体性异化问题，将机器人性别化、人格化背后的欺骗问题等，都需要人们提高警惕。

第一节 迈向智能社会

卢西亚诺·弗洛里迪（Luciano Floridi）提出，科学在"向外的"和"向内的"两个基本方面改变着我们的认识，"向外的"是对世界的认识，"向内的"是对自我的认识。人类已经经历的三次科学革命，改变了我们对世界的认识，也修正了我们对自我的认识，但这三次革命并没有撼动人类在信息圈的中心地位，人类依然坚信,在智力思考上,人类难逢敌手。而人类正在经历的第四次革命——图灵革命,使人们开始认识到,人类不再是逻辑推理、信息处理和智能行为领域的主导者,也不再是信息圈的主宰者,这消除了人类关于自己独一无二地位的错误观念。①

随着人工智能的发展,智能体开始在政治、经济、文化、社会等领域发挥出重要作用,并越来越多地承担着以往只有人类才能完成的任务,这将使社会的基本结构、组织方式、权力关系等发生重大变化,可以说,人工智能正在带领人类迈向一个全新的智能时代。

一、何为智能社会?

早在 1988 年,童天湘在《论智能革命——高技术发展的社会影响》一文中就提出,工业社会之后不是信息社会,而是智能社会,信息社会只不过是从工业社会转变到智能社会的一个过渡阶段。他认为,智能社会是"高智力结构的社会",新知识和高智力决定了智能社会的发展。② 1992 年,童天湘进一步明确地提出全面智能化的社会就是智能社会,其特点是"社会的高智力结构,智力密集型产业主导经济发展,由物力驱动的物质型经济转向以智力驱动的智能型经济,使智力代替财力成为'第一资本'"③。

进入 21 世纪,随着互联网、大数据、智能助理、智能机器

---

① 卢西亚诺·弗洛里迪:《第四次革命:人工智能如何重塑人类现实》,王文革译,杭州:浙江人民出版社,2016 年,第 99—107 页。
② 童天湘:《论智能革命——高技术发展的社会影响》,《中国社会科学》1988 年第 6 期,第 3—17 页。
③ 童天湘:《人工智能与社会发展》,《自然辩证法研究》1992 年增刊,第 61—66 页。

人、云计算等技术的发展,人工智能的应用越来越广泛,对社会的影响也越来越大。不管是学术界还是业界,都应当积极投入对智能社会的研究和探索中。

从社会学角度看,智能社会是"以智能劳动者为主体、以智能工具为主要手段、智能资源为主要劳动对象,以智能经济体为主要经济形态的,人机物融合发展的社会形态"[①]。它传承了农业社会、工业社会的基因,但在基本结构、组织和运行方式等方面都发生了深刻的变化。智能社会将现实社会与虚拟社会融为一体,使社会结构转型为扁平化、原子化、多样化和网络化,社会设置也出现重大变动。[②]

在智能社会中,行动者从单一的人类演变成人、机器人和人机一体的赛博格三类主体并存的局面,数据和算法构成了社会结构的基础,可能性和不确定性成为社会结构的内在构成因素,智能权力成为一种有广泛影响力的新型权力。[③] 智能社会"以智力平等和投资机会平等为基础,民主和自由深入经济的每根末梢神经。人类的主体任务是消费与享受,劳动的主体义务由智能机器承担。社会矛盾会因'不劳而获'程度的深入而逐渐化解"[④]。

目前,智能社会并没有统一的含义性界定,但学者们普遍认为,智能社会将会是一个全新的社会形态,是全面智能化的社会。

[①] 智能科技与产业研究课题组:《智能社会前瞻》,北京:中国科学技术出版社,2016年,第9—10页。

[②] 杨述明:《人类社会的前进方向:智能社会》,《江汉论坛》2020年第6期,第38—51页。

[③] 黄少华:《人工智能与智能社会学》,《甘肃社会科学》2019年第5期,第56—62页。

[④] 高金波:《智能社会:打造未来全新商业版图》,北京:中信出版社,2016年,第IX—X页。

二、人类正在迈向智能社会

互联网为人类营造了一个虚拟的网络社会。早期的互联网被称为赛博空间,随着互联网的发展,开始出现"虚拟社会"的概念,进入 Web2.0 时代,人们更多地以真实身份出现在网络空间中,社交平台更多呈现的是现实社交关系,因此,学者们开始越来越多地使用"网络社会"一词。① "网络社会"(cyber society)是基于互联网技术架构的网络空间,它是指"网络空间中存在的一种新的社会形式"②。也有学者提出,虽然人们在网络上接触的只是数字化的信息,但不能说网络社会就是虚拟社会,相反,它是"一个现实的社会",是"一种全新的社会存在方式"。③

在网络空间中,人们可以同时扮演多重角色与他人进行实时交流,而这种交流不再将人局限在一个特定的物理场所中。个体可以呈现其真实的年龄、性别、职业、姓名,也可以仅仅用一串字符或表情来标识自己的身份。人们既可以在网络空间中以真实身份延续现实关系,又可以以虚拟身份发展新的网络关系。人们不再"分身乏术",技术的便利性使人们"转场"更加便捷,在现实社会,人们的转场是地理空间意义上的,需要个体进行地理空间的位移;而在网络社会,人们只需动动手指便可实现轻松转场,进行不同的场景切换,甚至可以在多个社交平台的同时在场。

---

① 彭兰:《新媒体用户研究:节点化、媒介化、赛博格化的人》,北京:中国人民大学出版社,2020 年,第 10—12 页。
② 郑中玉,何明升:《"网络社会"的概念辨析》,《社会学研究》2004 年第 1 期,第 13—21 页。
③ 童星,罗军:《网络社会及其对经典社会学理论的挑战》,《南京大学学报》2001 年第 5 期,第 96—102 页。

如果说互联网空间中的网络社会是虚拟社会,那么智能社会将打破虚拟和现实的界限。随着技术的发展,人类正在"拥有从信息维度上'全景感知、精准把握、科学调控'物理维度中事物运动的能力,实现人类世界、虚拟世界和物理世界的大融合"①。

在智能社会,技术不仅是连接人与外部世界的中介,还将成为人们身体的一部分。在农业社会和工业社会人与人的协作中,机器始终是作为辅助性工具存在的;而在智能社会,技术的发展不仅改变了人与人的协作方式,而且改变了人与机器的协作方式。技术可以替代人类肢体或器官,成为人身体的一部分,从而超越身体的限制,甚至增强人体的特有功能。

人与机器人的互动越来越频繁,这也使得人与机器的界限更加模糊。目前,机器人已开始被运用到医学、家庭、救灾、传媒、教育、服务等诸多领域,成为人们的工作伙伴和倾诉对象,甚至成为人类的伴侣。2017年,机器人"索菲亚"(Sophia)被沙特政府授予人类国籍。2018年,一位36岁的日本男性与虚拟偶像初音未来举行婚礼,并向 Gatebox 技术公司申请了专门为二次元角色准备的"结婚证书"。这说明智能陪伴不仅为人们日常生活提供信息服务,而且还可以满足人类的娱乐和情感需求。

智能社会将实现万物皆媒、万物互联,人与人、人与物、物与物都将被连接在一起,人们的生活方式和生活场景将被重塑。在家庭生活中,机器人会为人类冲泡一杯香醇的咖啡,奉上美味的食物;无人驾驶汽车根据实时路况进行行车路线选择,将人们安全地送达目的地;回家途中,人们通过手机提前打开家中电器;智能手环实时监测人的心率;智能马桶可以分析人的身体健康状况并及时预警;医生可以借助人工智能进行远程手术操作;

---

① 智能科技与产业研究课题组:《智能社会前瞻》,北京:中国科学技术出版社,2016年,第2页。

具有自主学习能力的人工智能通过学习专业医学知识,可以不断提高医学诊断的准确性,甚至可以成为私人健康管家,根据个人体征数据提出针对性的健康管理方案。

如今,智能医疗、智能交通、智能厨房、智能生产、智能交往、智能教育等已开始成为现实,人工智能不仅走入家庭,极大地改变了人们的生活和生产方式,而且还进入农业、工业和服务业等诸多领域,为人类社会开启了一个新时代。

第二节　智能时代的传播变革

以往传播学研究把人类的传播行为分为人内传播、人际传播、群体传播、组织传播和大众传播五种主要类型,这几种传播形态有一个共同的前提,即人是传播的主体。不管是自言自语还是两个人的窃窃私语,不论是群体成员间的激烈争论还是坐在沙发上看电视,在这些传播行为中,人是传播者和受众,机器仅仅是工具或中介。

施拉姆认为:"要了解人类传播,我们必须了解人与人是如何建立联系的。"① 人工智能、5G、区块链等技术的发展,使机器不再只是传播的工具或渠道,而是以传播主体的身份进入传播角色中,因此,除了人与人之间借助新技术继续建立联系,人与机器之间也可以建立关系,甚至机器与机器之间也会建立关系,这颠覆了以往以人为主体的传播理念,拓展了传播的概念和传播学的研究领域。

---

① 威尔伯·施拉姆、威廉·波特:《传播学概论》,何道宽译,北京:中国人民大学出版社,2010年,第4页。

一、信息生产：人类生产内容与机器生产内容并存

人工智能、大数据等技术的发展使传媒业发生了深刻变革，新媒体形态不断涌现，极大地提高了新闻生产的效率和新闻报道的准确性，同时也颠覆了以往以人为主体的新闻生产和传播模式。

在以报纸、广播、电视为主的传统大众传播时代，传播者主要是从事信息生产的专业化组织，报社、广播台、电视台等媒体组织牢牢掌握着新闻生产和传播的主导权。随着传播技术的发展，各类社交平台不断涌现，传统生产主体和传播主体的边界被打破，受众不再是信息的被动接收者，而是开始主动参与到内容的生产和制作当中。

2015年9月，腾讯财经开发的新闻写作机器人Dreamwriter已经撰写有相当数量的新闻报道《8月CPI同比上涨2.0％国内创12个月新高》，引起了国内各大新闻媒体和科技公司的关注，拉开了国内机器人写作的序幕。如今，已经有相当数量的写稿机器人被用于新闻生产领域，如封面新闻的"小封机器人"、新华社的"快笔小新"、今日头条的Xiaomingbot（张小明）等。

机器运用算法对数据进行加工和处理，可以迅速生产出新闻文本。Xiaomingbot可以在2秒内完成新闻稿件并发布到今日头条客户端，几乎与电视直播同步。以往需要记者花费大量时间的体育赛事报道和财经信息，"快笔小新"可以通过数据的采集和加工准确而高效地生产出稿件，将记者从枯燥繁重的工作中解放了出来，使其能够将更多的时间和精力投入更具智慧和挑战的工作中。

2017年12月，新华社发布了我国第一个媒体人工智能平台——"媒体大脑"，该平台生产制作了我国第一条机器生产内

容（MGC）视频新闻——《新华社发布国内首条 MGC 视频新闻，媒体大脑来了!》，时长 2 分 08 秒，实时调用了 1000 台服务器，分析了一亿多个网页，而计算仅耗时 10.3 秒。在 2018 年的全国两会报道中，"媒体大脑"还生产发布了全球第一条有关两会内容的 MGC 视频新闻——《2018 两会 MGC 舆情热点》，只用 15 秒便从 5 亿网页中梳理出了两会的舆情热词。①

此外，机器还参与到新闻报道活动中。2018 年 11 月，新华社联合搜狗发布了全球首个合成新闻主播——"AI 合成主播"，它"是通过提取真人主播新闻播报视频中的声音、唇形、表情动作等特征，运用语音、唇形、表情合成以及深度学习等技术联合建模训练而成"，根据所输入的中英文文本，AI 合成主播可以自动生成相应的视频内容，这"在新闻领域开创了实时音视频与 AI 真人形象合成的先河"，给人们带来了全新的新闻资讯体验。② 2019 年 2 月，首个站立式 AI 合成主播发布，2019 年 3 月，全球首个 AI 合成女主播发布，并于两会期间正式上岗，参与全国两会期间的一系列新闻报道。2020 年 5 月，全球首位 3D 版 AI 合成主播亮相，她可以随时变换发型、更改服装，穿梭于演播室的不同虚拟场景中。

随着技术的发展，AI 合成主播的声音、图像越来越优化，其新闻播报更加真实、更具情感、更有感染力。从中文到英文，从坐着播新闻到站立式播报，AI 合成主播的肢体动作十分丰富、表情逼真、唇动效果十分自然。而且，AI 合成主播可以进行 24 小时不间断的新闻播报，新闻数据精准、高效，在突发事件中，

---

① 李仁虎，毛伟：《从"AI 合成主播"和"媒体大脑"看新华社融合创新发展》，《中国记者》2019 年第 8 期，第 36—39 页。
② 陈倩，程昊，朱涵：《全球首个"AI 合成主播"在新华社上岗》，新华网 2018 年 11 月 7 日，参见 http://www.xinhuanet.com/politics/2018－11/07/c-1123678126.htm。

能快速生成新闻视频，这极大降低了新闻生产的时间成本和人力成本，提高新闻传播的时效性。

二、传播模式：点对面传播与点对点个性化推荐模式并存

传统的大众传媒是以社会一般大众为对象进行的大面积信息传播，不论性别、年龄、职业、教育水平、兴趣爱好如何，受众只能在媒体提供的信息范围内进行选择，媒体只是为满足大多数人的普遍信息需求进行宽泛的大众传播。受技术的限制，传播者只能依靠定期或不定期的受众调查，用收视率、收听率、订阅量等指标来衡量媒体的传播效果，把握受众的总体特性。而受众主要通过热线电话、参与节目、读者来信等方式表达自己的需求。由于缺少及时有效的反馈途径，加上受众的分散性、广泛性、隐匿性、混杂性等特点，传播者很难及时了解受众的信息需求。

随着媒介的日益丰富和多元，传媒开始呈现分众传播的趋势，即基于不同受众的不同需求进行市场细分，从而进行有针对性的传播，满足受众多样化的信息需求，这就促进了专业媒体的产生。虽然专业媒体的受众范围较小，针对性更强，但是其满足的仍然是不同受众群体的不同需求。从个体角度来看，受众仍然具有隐匿性和模糊性。因此，无论是大众媒体还是专业媒体，其信息传播模式都是从点到面的传播。

媒介的发展使信息生产和传播以前所未有的速度进行，信息资源早已超出了人们的接受能力，信息爆炸的同时带来了信息过剩和信息匮乏的问题。互联网中充斥着各种重复的无用信息，这些信息不仅提高了人们获取有用信息的成本，而且提高了人们获取有用信息的难度。与此同时，真正有价值、对人们有用的信息变得更加匮乏，真正重要的信息被信息的汪洋所淹没。

算法的出现重塑了传统媒体的新闻生产和分化流程，使以往点对面的传播模式转变为点对点的传播模式。通过数据分析，算法技术根据用户画像进行分化，增强了信息传播的精准性和有效性，使纷繁复杂的信息变得更具针对性，降低了人们筛选信息的时间成本，提高了人们获取信息的效率。

尼古拉·尼葛洛庞帝（Nicholas Negroponte）在《数字化生存》一书中提出了《我的日报》（*The Daily Me*）的设想，这种报纸"每天只制作一个独一无二的版本"，是"专门为你编辑的"。[1] 随着人工智能的发展，《我的日报》开始变为现实。算法不仅可以根据用户标签进行精准化推送，而且可以根据用户的个性化需求直接越过记者和编辑将内容推送给个人。通过标注不感兴趣的信息，用户将不会再看到此类信息。可以说，大众传播的受众变为单独一人。

有学者预测，"未来的个人日报将是懒人版个人日报，用户将越来越毫不费力地获取新闻信息"[2]。基于社交机器人技术和算法推荐，对话式新闻推荐已经成为现实。美国的新闻客户端Quartz，虽然界面设计只有一个聊天窗口，但是全程只需进行对话交互就能完成新闻推送。[3]

在人工智能时代，传统的点对面传播模式依然存在。随着媒体融合的深入，新型主流媒体在坚守舆论主阵地的同时，更新传播观念，创新传播形式，打造出了一批影响力大、传播范围广的现象级融媒体产品，通过不断提升自身的影响力和传播力，继续

---

[1] 尼古拉·尼德洛庞帝：《数字化生存》，胡泳、范海燕译，北京：电子工业出版社，2017年，第150页。

[2] 王佳航：《人工智能与"个人日报"时代的到来》，《新闻与写作》2017年第11期，第10—13页。

[3] 冯怡：《从机器人小冰看〈钱江晚报〉人工智能＋新闻的创新探索》，《中国记者》2017年第6期，第48—50页。

发挥其舆论引导作用。

三、传播主体：人与机器人并存

人工智能的发展为人类带来了全新的交流对象，机器人的出现冲击了以往以人为中心的传播观念，改变了以人为主导的社交媒体传播模式。人们不再仅仅跟人类进行社会互动，还与机器人进行信息和情感交流。当机器开始扮演交流者的角色时，学者们开始重新思考机器在传播中的地位和作用，以及人与机器的关系。

2017年4月，新华社特约记者——机器人佳佳，通过网络与美国著名科技观察家凯文·凯利、人工智能专家巴特·塞尔曼进行对话，被认为是全球首次由高仿真智能机器人作为记者与人进行交互对话的案例。[①] 虽然目前机器人的采访能力、策划能力、问答能力还远远不如人类记者，但是随着技术的发展，机器人记者将对新闻采访活动产生重大影响。

研究者还发现社交机器人（Social Bots）[②] 已经开始被运用到新闻发布、议题讨论、信息扩散等诸多领域，成为网络空间内容生产、观念传播和意义表达的重要参与者。

人工智能的发展使人与机器的本体论分界越来越弱。无论是实体形象还是虚拟软件，机器人已经开始在人类信息传播活动中扮演重要角色，它不仅可以与真人进行交流，还能影响人类的情

---

① 郭爽，周畅，郭晨：《你喜欢我吗？——全球首次智能机器人记者的人机对话》，新华网 2017 年 4 月 25 日，参见 http://www.xinhuanet.com//tech/2017-04/25/c_1120871610.htm。

② 国内外有关社交机器人的研究中，Social Robots 和 Social Bots 有时都被翻译为社交机器人，但也有学者将 Social Robots 译为社会机器人。Social Bots 和 Social Robots 的区别在于 Social Bots 是无实体的虚拟 AI 形象，而 Social Robots 则是实体的机器人，两者的共同点是都具有社交性。

感和行为。机器不仅是人类传播活动的中介和工具，而且还成为信息的生产者和传播者，人与机器的差距在不断缩小。具有自主学习能力的智能机器已经展现出自主性和意向性，而这正是人类所特有的主体特征。

第三节 智能传播的算法风险

以大数据和深度学习算法为基础的人工智能，在自主学习过程中有可能脱离人的控制，其本身就存在着不确定性。在智能时代，人们的一切活动都可以被量化，人们随时处在"被监视"状态，当数据成为我们行为决策的重要依据时，也给社会带来了新的风险和挑战。

一、智能传播的隐私风险

有学者指出，"'以隐私让渡换取个性化推荐'是算法推荐的交易法则"[①]。算法推荐技术节省了用户获取信息的时间成本，提高了人们获取信息的效率，但是在享受这一便利的同时，用户要让渡一部分个人隐私，也就是说，用户必须允许平台记录自己的浏览轨迹、内容偏好、所在位置、消费记录等信息，这些信息为算法推送提供了大量的原始材料，但也存在隐私泄露的风险。但算法技术的复杂性和不透明性，使用户很难理解算法的推荐逻辑。

用户在网络空间中的各种行为都可以被转化成数据，数据越全面，算法通过数据分析勾勒出的用户画像就越完整，服务提

[①] 郭小平：《智能传播的算法风险及其治理路径》，《国家治理》2020年第22期，第40—45页。

者便可以更准确地以此反推用户的现实属性。可以说，个人的大量数据经过算法处理后能产生巨大的商业价值。然而，本属于用户的数据，其使用权和保存权却更多被掌握在平台手中，用户自身无法决定这些数据的使用方式和用途。用户无法对自身数据进行彻底的修改或删除，即使是用户删除数据，数据也有可能在平台后台持续保存并被继续利用。

以个人隐私换取服务和便利，不一定是用户自愿的，也有可能是不得已的。用户在各类平台留下大量的数字痕迹，在很多情况下，用户并不清楚自己的数据已经被收集和分析。在登录某一平台时，用户必须接受其相关的服务协议，但是多数用户并未真正理解协议的内容，甚至根本不会阅读协议内容，因为如果选择"不同意"，用户将无法使用该平台，在此过程中，对如何使用个人数据、数据能被使用到什么程度等问题，用户无法决定，而这些数据一旦泄露，将给用户的人身安全和财产安全造成潜在的威胁。

在人机传播中，由于社交机器人不具备真正的情感，不会真正地思考和形成自己的判断，因此人与社交机器人的信息交流不需要考虑社会评价，再加上社交机器人 24 小时在线、随叫随到的模式可能会让人们与机器人的交流更为轻松愉快，使人们更愿意与机器人进行互动，甚至倾诉秘密，从而获得一定的心理安慰。Birnbaum 等人的研究表明，人类实际上会将机器人视为安慰和安全感的来源。[①] 虽然机器人不具备真正的情感，但是人通过与社交机器人交流所产生的情感却是真实的，而且用户会将社交机器人拟人化，从而对机器人产生依恋，自愿向机器人说出自

[①] Birnbaum, G. E., Mizrahi, M., Hoffman, G., Reis, H. T., Finkel, E. J. & Sass, O. (2016). What Robots Can Teach Us About Intimacy: The Reassuring Effects of Robot Responsiveness To Human Disclosure. *Computers in Human Behavior*, 63, 416−423.

己的隐私信息。

根据隐私计算理论，人们的信息披露是基于成本和收益的计算的，只有当收益大于成本时个体才会进行信息披露。① 隐私计算理论假设用户披露个人信息的行为取决于感知收益和感知风险的计算结果，当人们感知到的收益超过潜在风险时，就会选择披露个人隐私信息；而当感知风险大于感知收益时，用户便不会进行信息披露。在人机传播研究中，Lutz 和 Tamó-Larrieux 发现，感知收益对社交机器人使用意愿有着显著的正向影响，而且在社交机器人的使用意愿中存在着明显的隐私悖论现象。②

社交机器人给用户带来的感知收益，容易让用户忽视其中可能存在的隐私风险。在网络空间，社交机器人不仅可以利用网络爬虫获取用户的公开信息，而且可以伪装成人类用户，与人类用户建立好友关系，在互动中获取更多个人信息。这种基于互动行为获取隐私信息的方式更为精准和隐蔽，对个人的信息安全影响也更大。

通过访谈，有学者发现，很少有参与者能够理解机器人的数据搜集能力，用户无法估计使用各种交互式移动技术的潜在风险。③ 实体机器人可以进行自由移动，不同于智能音响和手机，机器人甚至可以自主进入用户卧室或者浴室等私密空间，随时随地记录用户的对话和影像。由于家庭社交机器人与用户处在同一

---

① Culnan, M. J., Armstrong, P. K. (1999). Information Privacy Concerns, Procedural Fairness, and Impersonal Trust: An Empirical Investigation. *Organization Science*, 10 (1), 104—115.

② Lutz, C., Tamó-Larrieux, A. (2020). The Robot Privacy Paradox: Understanding How Privacy Concerns Shape Intentions to Use Social Robots. *Human-Machine Communication*, 1, 87—111.

③ Lee, M. K., Tang, K. P., Forlizzi, J., et al. (2011). Understanding Users' Perception of Privacy in Human-Robot Interaction. *In Proceedings of the 6th International Conference on Human-Robot Interaction* (pp. 181—182).

个物理空间中,机器人不仅可以随时记录主要用户的数据,甚至可能搜集进入这一空间中其他人的相关信息。这些数据相对来说更加私密,一旦出现信息泄露,将会对用户产生十分严重的侵害。

(二)智能时代的个人隐私保护

人工智能时代,对个人隐私安全的保障需要国家、社会、研发者、用户等多方的共同努力。

用户的个人隐私安全离不开法律法规的保障,但与人工智能相关的法律还有所欠缺。目前,"人工智能立法已经被各国提上了日程,相关的道德规范也被不断提出"[①]。有学者指出,相关"立法需要围绕'平衡产业发展利益和个人隐私权保护'这一目标,既促进信息流通,保护信息的公共价值,实现人工智能产业发展,又坚守底线思维,对人工智能传播环境下的隐私权保护重点领域进行规范和引导,明晰传播主体的权利和法律责任"[②]。

加强对个人隐私的法律保护,一方面需要增强企业、研发者和社交平台的社会责任,明确信息搜集者和使用者在保障用户信息安全方面应承担的义务,加大信息泄露的处罚力度;另一方面还须增强用户对个人数据的处理权利,如用户可以自主删除或更正个人信息,拒绝相关企业或平台访问个人数据,从而提高用户对个人数据的自主控制能力和防范权限。

此外,相关企业或平台须加大对隐私保护技术开发和应用的投资,完善应用,优化服务,并以公开透明的方式向用户传达其保护隐私的举措和努力。

---

① 高山冰,汪婧:《智能传播时代社交机器人的兴起、挑战与反思》,《现代传播》2020年第11期,第8—11,18页。
② 夏梦颖:《人工智能传播环境下隐私权的法律保护及完善》,《当代传播》2019年第5期,第88—91页。

"设计隐私"(privacy by design)被学者认为是解决隐私威胁的一种技术方案,隐私保护在机器人开发之初就应被考虑在内。① 从用户角度来看,设计隐私不一定能产生效果,因为在人与机器人的互动中,机器人是基于算法技术给予人类一定的回应的,其交流方式和对话内容更多的是由人类用户主导,也就是说,机器人是在与用户的互动中不断学习的。因此通过设计隐私这种预编程的方式保护用户隐私是完全不够的,用户要提高安全意识,自觉保护个人隐私。

二、智能传播的伦理问题

(一)算法偏见与歧视

算法的背后是人,体现的是人的价值观,因此算法不可能是中立的。而算法的不透明性和复杂性使人们很难察觉到算法中存在的偏见。

某些利益集团可以通过操纵算法程序而达到某种目的,散布虚假信息,影响舆论,误导公众,甚至影响政治选举。社交网络上的账户不仅只有人类用户,聊天机器人、政治机器人等社交机器人也已经参与到了网络信息的生产和传播活动中。目前,人们无法明确辨别社交平台账号的背后是人还是机器人。机器人账户的隐蔽性和可操控性成为利益集团实现政治意图、获取经济利益的重要方式。

政治机器人已被用于选举活动和政治动员活动,政治团体通

---

① Lutz, C., Schöttler, M., Hoffmann, C. P. (2019). The Privacy Implications of Social Robots: Scoping Review and Expert Interview. *Mobile Media & Communication*, 7 (3), 412 – 434.

过操控政治机器人,可以传播其政治主张,操纵舆论;政治机器人通过营造虚假人气、推送政治消息、传播虚假信息、制造烟雾遮蔽效应、塑造虚拟意见领袖等方式影响网络舆论,这在一定程度上影响了正常的公众舆论表达。① 学者们已经注意到社交机器人在传播虚假新闻、操纵政治活动中的负面影响,并认为机器人用于选举和政治干扰所带来的后果已经对一个国家的民主和法制产生了严重威胁。②

基于深度学习技术的社交机器人,可以在与用户的互动过程中不断学习,从某种程度上讲,社交机器人是由用户塑造的,因此,用户的偏见容易导致机器人产生偏见和歧视。2016 年,微软在 Twitter 上推出的聊天机器人 Tay 上线仅一天就被网友"教坏",不仅辱骂网友,还发表了涉及种族歧视等的不当言论,因此微软很快下线了 Tay 并发布道歉信。

在传媒业,算法解构了传统媒体建构的公共空间,而算法谋求的是共同性而非公共性,因此算法生成的聚合类信息平台并不能转化为公共空间;对消费者来说,算法给人们带来了"信息茧房"问题。③ 算法根据用户的原有立场和兴趣爱好进行信息分发,强化人们既有的认知偏见,影响人们对世界的全面认知,容易固化群体间的分歧,产生群体极化倾向,从而阻碍社会共识的达成,降低社会凝聚力。

当然,某一问题的出现,可能是由传播技术或传播内容导致的,也可能是由社会环境造成的,或者是由人类天性决定的。就

---

① 张洪忠,段泽宁,杨慧芸:《政治机器人在社交媒体空间的舆论干预分析》,《新闻界》2019 年第 9 期,第 17—25 页。
② 高山冰,汪婧:《智能传播时代社交机器人的兴起、挑战与反思》,《现代传播》2020 年第 11 期,第 8—11、18 页。
③ 喻国明,陈艳明,普文越:《智能算法与公共性:问题的误读与解题的关键》,《中国编辑》2020 年第 5 期,第 10—17 页。

信息茧房而言，到底是因为算法推荐带来了信息茧房，还是现实社会本身就存在信息茧房，信息推送算法只不过是将其进一步强化而已？算法推荐和信息茧房的因果关系很难通过对信息传播活动短期影响的考察来确定，而是需要从宏观上考察整个传播活动长期的、综合的效果，且不能忽略社会环境的影响。总之，我们既不能忽视社会发展中技术所发挥的作用，也不能过分夸大技术的影响力，更不能忽略其他社会因素的作用。

（二）主体性异化

有学者认为，技术与人的主体性冲突是智能传播伦理问题的根源所在，即原本服务于人的技术，由于人类的过度依赖而异化为控制人的工具。[①]

信息对人们的环境认知和行为决策具有重要影响，以往传统的大众传播媒介经过专业把关对信息加以筛选，为受众提供有价值的新闻信息，受众再基于自身的信息需求进行选择，为自己的决策提供参考依据。如今算法技术已经介入新闻生产和分化环节，可以根据数据库信息自动生成新闻，也可以根据用户数据提供个性化信息推荐，在这一过程中，传播者和受众将信息生产和选择的一部分权利交给了算法。

算法推荐技术根据用户的行为数据精准推送用户可能需要或喜欢的信息，用户信息获取的主导权让渡给了算法，用户从信息的主动获取者变成了被动接收者。由于"算法黑箱"的存在，用户无法了解算法的意图和目标，在被动接受信息推送的同时，用户的信息选择权也受到了限制。对传播者而言，这无疑加大了媒体舆论引导、凝聚共识的难度。算法技术更多是依据个人爱好、

---

① 宫承波，王玉风：《主体性异化与反异化视角的智能传播伦理困境及突围》，《当代传播》2020年第6期，第79—81页。

标签、所在位置等进行信息推送,算法关注的是相关性,以受众需求为导向获得流量效果,不能保证推送内容的质量,也不会考虑媒体应承担的社会责任。此外,人们在享受算法提供个性化服务的同时,也会在不知不觉中对其产生依赖,甚至心甘情愿被其麻痹。

在对待人工智能上,人们一开始就将其与人类之间的关系锁定成主仆关系。在人工智能发展早期,为了打消 IBM 内部员工对计算机威胁工作的顾虑,IBM 管理成员提出:计算机只能按照编好的程序工作。这一思想奠定了后来半个世纪里人类关于机器智能的思维定位,即机器只能按照人们的指令按部就班地完成任务,因此,这些"电子大脑"只能是人类顺从的仆人,无条件地听从人类的指挥。[①] 但随着人工智能的发展,人们正在将更多的选择和决定权交给算法,那么在未来,机器不一定一直扮演仆人的角色服从人类,人类也有可能在潜意识中无条件地听从机器的指挥。

选择本身是由人的自由意志决定的,但人们现在正在把选择和决定的权利交给算法,人们开始更多地受制于数据所给予的建议,以此调整自己的饮食、睡眠、出行时间和路线等,并开始以数据理解自我和认识他人。个体被分解成各种各样的数据:睡眠数据让人们了解自己的睡眠质量,消费数据帮助人们筛选应该购买的物品,饮食数据安排人们的饮食结构,运动数据提醒人们的运动方式,等等。以往人们根据现实的考量进行选择和判断,而现在却越来越依赖于数据提出的建议,人们不再是有独立个性和自主决策力的个体,而是变成了数据的提供者,其个人价值更多地体现在对数据处理的贡献上。

---

① 牟怡:《传播的进化:人工智能将如何重塑人类的交流》,北京:清华大学出版社,2017 年,第 213 页。

以色列学者尤瓦尔·赫拉利（Yuval Noah Harari）提出："到了 21 世纪，科技已经让外部算法有能力'比我更了解自己'。一旦如此，个人主义就即将崩溃，权威也将从个人转向有算法构成的网络。人类不会再认为自己是自主的个体，不再依据自己的期望度日，而是习惯把人类整体看作一种生化机制的集合体，由电子算法网络实施监测和指挥。"① 以往的人类是自主实体，是不可加以分割的个体，个体比别人更了解自身，因此可以做出更好、更准确的选择。而在智能时代，个体不过是许多不同算法的组合，而算法将比个体自身更了解自己，算法可以帮助其做出准确的选择，这就不得不让人重新思考技术的价值和意义。

（三）机器人背后的欺骗性

社交机器人的出现冲击了人类在传播领域中的唯一主体地位，与其他非生命体相比，社交机器人可以与人类进行实时互动和交流，并对人类的文字和语言信息给予回应，甚至根据人类信息中反映出的情绪状态给予安慰和鼓励。ELIZA 效应反映出即使机器无法理解自己的信息，人们也愿意与机器进行交流。

人们会赋予机器以人格属性。社交机器人的社会特征一方面是用户对机器人的拟人化，另一方面则是制造商或研发者在设计之初所赋予的。索菲亚、佳佳、微软小冰、小爱同学都被设计成女性。参与制定机器人五原则的专家温菲尔德认为，设计性别化机器人实际上是一种欺骗，有违"不能用欺骗性的方式来设计机器人，从而剥削易受伤害的使用者；相反，它们的机器属性应当透明化"② 的原则。

---

① 尤瓦尔·赫拉利：《未来简史》，北京：中信出版社，2017 年，第 296 页。
② 牟怡：《从诠释到他异：AI 媒体技术带来的社交与认知变革》，《上海师范大学学报（哲学社会科学版）》2020 年第 1 期，第 92—101 页。

·第六章 变革与风险：智能时代的传播两面性·

社交机器人基于算法技术给予人类回应，不是对自身信息的有意义表达，机器不能真正理解人类信息的含义，也并非真正倾听人类的心声。雪莉·特克尔坚持认为自己在实验室里看到的人类和机器人间的关系并不是真实的，经过设计的机器的"情感表达"，只是为了引发人类的某些情绪反应。虽然拟人化的机器人有利于促进人与机器之间的互动，但"机器人无法产生生物意义上的真实情感，进而其所表达的非真实情感就构成了欺骗"[①]。

社交机器人随时给予用户回应，根据用户状态予以"安慰"和"陪伴"，给用户营造出一种机器人能够理解自己的假象，而机器人的拟人化设计则进一步强化了这种假象。机器人不具有情感，也无法理解情感，但是机器人所引发的人类情感却是真实的。这种单向情感本身就是不对等的。

在未来，机器将会与人进行更多互动，在与社交机器人的交流中，人们仅仅把机器人当成一个镜子式的自我传播对象，将其视为智能化"树洞"，将自我投射到机器人上，凭借对机器人的想象来满足自我需求，还是确实将机器人视为交流主体？这有待学者们的进一步研究。在以人为中心的人机交流中，人占据了主动地位，是整个交流过程的主导者，如果人们更多地将机器人视作为自己服务的工具，那么这种交流方式有可能会泛化到现实中人与人间的交流，从而冲击人际交流的规则。此外，人机交流或许将成为人们逃避现实交往的一种方式，人与机器人交流的增多也有可能造成人与人交流的减少。过于关注自我表达，以个体为中心的互动，以规避现实交往为目的的人机交流，都可能对社会交往产生一定的负面影响。

---

① 王亮：《社交机器人"单向度情感"伦理风险问题刍议》，《自然辩证法研究》2020年第1期，第56—61页。

第二部分

文化

演进中的传播维度

第七章
大众文化：大众社会的文化盛宴

美国大众文化理论家约翰·费斯克（John Fiske）认为："传播与文化研究属于多学科交叉的领域，没有统一的'正宗的'（Orthodox）内容与术语。虽然变动不居，但它也是最具吸引力的研究领域之一。因为传播与文化研究发展了新的话语、新的理论、新的研究方法，甚至新的研究、辩论与分析的焦点（'错综复杂的问题群'［problematics］）。"① 以大众文化为切入点研究传播与文化对社会发展的影响，对解放文化生产力，促进文化生产与文化消费的协调发展和推动社会主义文化的繁荣具有重要意义。

第一节　大众社会：大众文化产生的具体语境

大众文化既是来自西方、具有西方人文传统的理论话题，又是一个在中国社会被高度语境化的现实话题。因而，研究大众文化必然要用语境化的方法进行解读。语境化是认识、分析、理解理论问题的起点，也是理论观照现实的出发点。认识和理解大众文化，首先要了解大众文化产生的具体语境——大众社会。

---

① 约翰·费斯克：《关键概念——传播与文化研究词典》（第二版），李彬译注，北京：新华出版社，2004年，前言第4页。

一、大众与大众社会

大众文化的产生需要具备一定的社会条件和物质基础，大众社会是大众文化产生发展的具体语境。

（一）大众社会的产生

大众社会是相较于传统社会而言的，伴随社会的工业化发展，"工厂系统和公司制度、官僚体制和科层组织、社会分层与社会分工、移民与杂居、契约与法制等现代社会结构的建立而兴起的"①。

大众社会伴随着政治、经济、社会、教育等诸多领域的发展而形成。在政治领域，随着资本主义民主化进程的推进，"天赋人权""自由""平等"等启蒙思想的传播，唤醒了社会大众的权利意识观念，选举权确保其权利的合法化，言论自由及出版自由则保障其能够发出声音、争取权益；在经济领域，随着资本主义的发展，社会分工进一步细化，社会成员间的社会分工更加明确，社会合作更加密切，大众具有可供自由支配的财产后，其精神文化需求也发展起来，文化生产卷入市场逻辑，按照市场规律运行；在社会领域，随着人口更多地涌向大中城市，城市中的人口流动速度和人口密度增加，文化交流与社会交往加速，城市文化蓬勃发展起来，并反哺文化的生产与创造；在教育领域，印刷术的发明和造纸术的改进，不仅降低了信息传播的成本，而且提升了信息流通的速度，知识的传播和思想的启蒙促进了大众的识字率和阅读率的提升，信息和教育的垄断局面被打破。

---

① 和磊：《文化研究论》，济南：山东人民出版社，2016年，第71页。

（二）大众社会中的"大众"

大众社会与传统社会的最大区别在于，个体与周围社会的结构关系。具体来说，表现在大众与大众及大众与精英之间的结构关系方面。在传统社会，由于政治结构的等级式特征和经济的非交往性特征，社会交往存在明显的依附关系，这种依附关系具有明显的血缘及地缘特点，表现为日常交往中个体与血亲、熟人、地缘等多种交往关系的杂糅。

在大众社会，个体与周围社会的关系发生了明显变化。随着城市化、工业化的发展，社会分工的专业化程度越来越高，个体与个体间具有紧密的合作关系，并没有形成一个有凝聚力的整体，而是出现大量"原子化"的大众，由于城市扩张及人口流动，个体与个体的关系更加疏离。美国社会学者 C. 赖特·米尔斯（Charles Wright Mills）认为："大众社会的概念暗示了一种权力精英的概念。"[①] 在大众社会，个体直接面对国家和社会精英，更容易受到国家和精英的操纵。美国政治学者罗伯特·帕特南（Robert D. Putnam）曾以"独自打保龄球"的现象概括美国社会的个体交往情况：一方面独自去打保龄球的人变多，结伴相约打保龄球的人减少；另一方面，即使相约去打保龄球，个体也倾向于在运动间隙观看电视影像，而不是和周围的人聊天。"独自打保龄球"的现象说明，大众社会中个体在心理上与他人是隔绝的疏离状态，个体间缺少紧密联系，各行其是，相互疏远。

大众社会聚集了大量异质、分散、原子化的个体。一方面，个体间缺乏传统、稳固的联系，他们直接面对国家和权力精英，容易受到影响和操控；另一方面，大众社会高度的个体化，使之

[①] C. 赖特·米尔斯：《权力精英》，尹宏毅、法磊译，北京：新华出版社，2017 年，第 276 页。

具有较强的民主性和平民化特征，体现了大众社会的两面性。①大众及大众社会的特点对大众文化具有较大影响。

二、大众社会与大众传播

"社会"是综合性的整体，"是存在的，我们仅从这个事实出发，就可以知道整个表现体系不仅超乎个体的感觉和意象，而且还具有某些奇妙的属性。借助这个体系，人们才能相互理解，智慧才能相互领会"②。传媒是社会的构成部分，是社会整体系统的微观子系统之一，传媒的存在和发展与其他子系统乃至整个社会有着密切的关系：以传媒为中介、面向大众的大众传播活动，成为理解社会、把握社会乃至进行社会实践的基点。

（一）大众社会中的大众传播

大众社会的突出特点是传播媒介大众化。北宋时期，毕昇发明活字印刷术，但是这一先进技术由于种种原因在当时未能得到普及。约在15世纪中叶，德国古登堡发明西方活字印刷术，成为新兴资产阶级进行思想交锋的工具，《圣经》通过印刷技术被广泛复制，教会的思想控制逐步瓦解，西方社会的思想启蒙和宗教改革运动开启了西方社会的近代化进程。

在这一历史转折时期，"大众"的概念出现了。他们聚集于大中城市，由于关系的疏离，而迫切希望通过信息流通掌握外部环境，大众传播随之出现。大众传播是"由一些机构和技术所构成，专业化群体凭借这些机构和技术，通过技术手段向为数众

---

① 王蕊：《虚拟的文化盛宴——当代大众文化解读》，北京：中国书籍出版社，2017年，第24页。
② 爱弥尔·涂尔干：《宗教生活的基本形式》，渠东、汲喆译，上海：上海人民出版社，1999年，第573页。

多、各不相同而又分布广泛的受众传播符号的内容"①。大众传播的出现,使大众的信息、文化需求得到满足。随着越来越多专业内容生产者加入大众传播内容生产环节,大众文化随之出现并蓬勃发展起来。

(二) 大众传播对大众社会的影响

加拿大传播学者麦克卢汉(Marshall McLuhan)提出"媒介即讯息"的观点,他指出:"所谓媒介即是讯息只不过是说:任何媒介对个人和社会的任何影响,都是由新的尺度产生的;我们任何一种延伸(或曰任何一种新技术),都要在我们的事务中引进一种新的尺度。"②他认为,对社会发展起决定作用的并非媒介传播的内容,而是媒介本身,即媒介技术及传播工具的性质将对社会发展产生重要影响,媒介自身的性质使人产生或形成与媒介相关的行为方式。每当出现一种新媒介,人类认知世界的方式及社会交往方式就会随之发生改变。

大众传播的出现,影响和改变了人类的交流方式和信息传播方式。关于大众传播的社会功能,已有多位传播学者对此进行详尽的论述,如拉斯韦尔的"三功能说",赖特的"四功能说",拉扎斯菲尔德和默顿的"功能观"等,本章在此不再赘述,仅举一个现实的例证。帕特南在《独自打保龄球》一书中分析美国社会社区参与度下降的原因时,认为原因在于代际差异及电视的影响。他认为电视占据了人们的稀缺时间,并产生抑制社会参与的心理影响,这与拉扎斯菲尔德和默顿大众传播的"麻醉功能"的思路不谋而合,关心社区生活的老人选择在电视上看新闻,而年

---

① 麦奎尔:《大众传播模式论》,祝建华、武伟译,上海:上海译文出版社,1987年,第7页。
② 马歇尔·麦克卢汉:《理解媒介》,何道宽译,北京:商务印书馆,2000年,第33页。

轻人更喜爱肥皂剧、脱口秀等娱乐节目,降低了他们对公共活动的参与热情。年轻人对娱乐节目的关注与观看,产生了更旺盛的娱乐内容需求,刺激娱乐内容的生产,大众文化由此获得不竭的发展动力。

第二节　大众传播与大众文化的互动

大众传媒既是信息传播、分享的媒介,又是文化交流、传承的工具。大众文化自诞生之日起,便与大众传媒携手并进——大众文化不仅通过大众传媒进行传播,而且很多文化形式和文化形态也由大众传媒制造。以大众文化为切入点,研究传播与文化对社会发展的影响,对解放文化生产力,促进文化生产与文化消费的协调发展,推动社会主义文化繁荣具有重要意义。

一、"文化"的概念梳理

文化是人类生活与交往的社会现象,具有极强的社会属性。从时间角度看,文化的源流可以追溯到人类社会活动的开始。在现代社会,文化已经成为社会的热点词汇,也是使用频率极高的词汇,如大众文化、流行文化、消费文化、粉丝文化、视觉文化、草根文化、本土文化、地方文化、校园文化、企业文化、鸡汤文化、丧文化等,似乎任何事物都可以跟文化产生联系,这说明文化的内涵极其丰富。学者从不同角度、不同方面,对文化的界定也各有侧重。文化在学术界的含义至今尚未达成定论,大众对文化的理解也千差万别。

在梳理"文化"这一概念时,学者们通常会提到英国文化人类学家爱德华·泰勒(E. B. Tylor)的表述:"文化,或文明,就其广泛的民族学意义来说,是包括全部的知识、信仰、艺术、德道、法律、风俗以及作为社会成员的人所掌握和接受的任何其他的才能和习惯的复合体。"① 泰勒的定义赋予了文化整体性的概念范畴，为后来的学者在研究文化现象时框定了基本范围。

美国文化人类学家阿尔弗雷德·克洛依伯（A. L. Krober）和克莱德·克勒克荷恩（C. Kluckhohn）在《文化：概念和定义评述》中梳理了160多种关于文化的定义，并将其概括为由一代代人创造的具有调节人类生存环境功能的各类知识，包括语言、人文、礼仪、习俗、道德和宗教等。②

文化是人类精神活动的产物，是人类对自我行为的诠释框架。"文化作为人的第二本性是人类社会的一种复杂存在，是一种极富生命力的宇宙活体。"③ 中外学者根据自身的学科背景及理论立场，围绕文化概念从不同角度进行富有特色的解读，为我们解读文化的内涵提供了丰富的注解。

二、传播与文化的关系

传播与文化之间相互依存、密不可分，既不存在无文化的传播，又不存在无传播的文化。人类历史上，传播过程与文化过程是相互影响、相互制约的。

文化既是传播的语境，又是传播的信源。当人们在某种文化环境或文化氛围中从事信息传播活动时，文化便是传播的语境。自汉武帝起，儒家文化成为中国封建社会的正统思想，儒家"五

---

① 爱德华·泰勒：《原始文化》，连树声译，上海：上海文艺出版社，1992年，第1页。
② A. Kroeber, et al. (1963). *Culture: A Critical Review of Concepts and Definitions*. New York: Vintage Book, 83.
③ 崔欣，孙瑞祥：《大众文化与传播研究》，天津：天津人民出版社，2005年，第5页。

常"——仁、义、礼、智、信，成为中国古代知识分子的道德准则和立身之本，儒家文化形塑了中国封建社会的传播语境。

当某种文化资源或文化传统需要传递、传承时，文化便成为传播的信息来源和信息本身，并通过传播活动扩大影响力。2004年起，我国在海外建设教授汉语、传播中华文化的非营利性公益文化交流机构——孔子学院。孔子学院成为各国人民学习汉语言文化、开展文化交流、了解当代中国的重要场所，中华文化成为沟通中外文化交流、增进文化合作的桥梁和纽带。文化不仅为传播提供交流的语境，而且提供意义表达及意义分享的舞台。

三、大众传播与大众文化的互动

大众传播是文化走向大众的传播载体，通过传播活动促进大众文化的丰富与繁荣，并为大众文化提供消费的对象。大众传播与大众文化的相互交融，带来了文化的媒介化和媒介文化现象。

（一）大众传播是文化走向大众的传播载体

大众传播促使文化作品通过多种方式进行传播。在平面媒体时代，报纸、杂志、书籍等印刷媒体的信息、广告能够传播到更远的范围；在广电媒体时代，广播、电视等大众媒体能将信息进行实时传播；在网络媒体时代，笔记本电脑、智能设备等移动媒体能使信息进行实时传播及互动。

大众传播拓宽了传播的时空维度，大众文化借由大众传播媒介进行更长时间、更远范围的传播；大众也能通过大众传播媒介浏览远方的信息、观看精彩的比赛、欣赏异国的风光等。以网络文学为例，网络文学不仅在国内拥有大量读者群体，而且依托互联网技术，经网络文学出版公司助推已走出国门、走向世界。《2020网络文学出海发展白皮书》显示，"截至2019年，中国国内向海外输出网络文学作品10000余部,覆盖40多个'一带一路'沿线国家和地区。2019年翻译网络文学作品3000余部",网络文学呈现"翻译规模扩大,原创全球开花,以及IP协同出海"①的趋势。根植于中国文化深厚土壤的网络文学,给世界带来了生机勃勃的文化产品,推动着全球文化及网络文学的交融。

(二)大众传播促进大众文化的丰富与繁荣

大众文化的发展、繁荣离不开报纸、广播、电视、网络等大众传播媒介——大众文化通过大众传播媒介,进行信息的批量复制、大规模传播;大众传播为大众文化提供了消费对象。大众传播的受众覆盖了大众文化的消费对象,大众文化不断借助大众传播培养、塑造自身的文化受众。

随着网络媒介的发展,社交媒体用户增多,表情包文化成为彰显个性、表达自我、进行社交的一种大众文化类型。表情包文化是一种极富表达个性、生动活泼的表达方式,它既满足了大众进行互动交流的需求,又节省了大众构思文字表达的时间,也是彰显个性、辅助交流的重要工具。每当出现新的网络流行语或是遇到重要时间节点,相应的表情包就会随之出现,并活跃在大众的日常网络交流中。表情包文化不仅是一种大众文化现象,而且已经发展成为一种文化产业类型。2016年里约奥运会期间,中国游泳选手傅园慧夸张的表情被网友制成表情包在网络广泛传播,并且引发了一系列衍生表情包的创作。百度贴吧在里约奥运期间推出奥运表情包活动,贴吧里与奥运会及运动员有关的表情

---

① 李佳佳:《中国网络文学出海:翻译规模扩大、原创全球开花、IP协同出海》,中国新闻网2020年11月16日,参见 https://www.chinanews.com/cul/2020/11-16/9339827.shtml。

大约有 92 万个,共有 386 万用户参与。① 可见,表情包文化已成为全民参与的一种大众文化样式。

(三) 大众传播与大众文化的交融导致文化的媒介化和媒介文化的出现

大众传播与大众文化的交融发展,导致文化出现媒介化的特征,"中国文化越来越体现出媒介化的文化特征,或者说,与改革开放以前的文化相比,媒介在中国文化中占有的地位越来越重要"②。传播学者将人类传播交流史划分为口语传播、文字传播、印刷传播、电子传播四个阶段,每一次人类文化及传播方式的变革均与技术的发展息息相关。人类文化发展史与人类交流方式的演进过程密不可分,由于文化与传播的关系如此紧密,文化媒介化的趋势在所难免。

随着大众传媒智能化、个性化、便捷化的发展,大众传媒不仅成为受众接触信息的首要选择,而且无形之中成为思想、价值、文化的引领者。受众身处媒介信息中,面对各种媒介传递的符号文化,或者说媒介化的符号。媒介在向受众传递信息的同时,也传递着有关价值、观念、文化的认同。大众传媒越来越多地影响着文化的内容和形态,使越来越多的学者开始关注"媒介文化"这一话题。道格拉斯·凯尔纳(D. Kellnel)认为:"媒体文化已经成了社会化的主导力量,它以图像和名流代替了家庭、学校和教堂作为趣味、价值和思维的仲裁者的地位,制造新的认

---

① 李静:《百度贴吧表情包,打开里约奥运年轻人观看新姿势》,《北京晨报》2016 年 8 月 24 日,参见 https://news.163.com/16/0824/02/BV6US31J00014AED.html。

② 周宪:《文化表征与文化研究》,上海:上海人民出版社,2015 年,第 258 页。

同榜样以及引人共鸣的风格、时尚和行为的形象等。"① 媒介文化成为塑造流行观念、形成文化认同的文化力量。

第三节　大众文化在当代中国的发展

随着大众社会的发展，工业化进程的加快，城市规模的扩大，大众传媒得以兴起，市民阶层开始形成，以市民大众为主要目标群体的大众文化也随之兴起。

一、大众文化的定义

"大众文化"（mass culture）的概念最早由西班牙哲学家加塞特（José Ortegay Gasset）在《民众的反抗》一书中提出，指一个国家、地区、社团中伴随历史延伸而来或新近涌现的，为大众所信奉、接受的文化。英国文化研究学者约翰·斯道雷（John Storey）的著作《文化理论与大众文化导论》是大众文化研究领域的重要作品之一，他梳理了六种有关大众文化的定义：被许多人喜欢的文化，除高雅文化之外的其他文化，商业文化，源于"人民"的文化，富含冲突的场所、统治阶层"收编"与被统治阶层"抵抗"的"均势妥协"、无高低区分的后现代文化。通过上述定义可以看出，不同研究者的研究立场和研究视角不同，对大众文化的理解也有所不同。

我国学者围绕大众文化的概念，也从不同角度对其加以界定。陶东风认为，大众文化是一个特定的范畴，主要指随着现代大众社会的兴起而形成的、与当代大工业生产密切相关，以大众

---

① 道格拉斯·凯尔纳：《媒体文化：介于现代与后现代之间的文化研究、认同性与政治》，丁宁译，北京：商务印书馆，2004年，第31页。

传媒为主要传播手段进行大批量文化生产的当代文化形态。① 金元浦认为："大众文化是一个特定的范畴，它主要是指兴起于都市的，与当代大工业密切相关的，以全球化的现代传媒（特别是电子传媒）为介质大批量生产的当代文化形态。"② 江华认为："大众文化是社会生活中最广大的社会成员所具有的共同的精神生活、审美规范和物质载体的总和。""在时间上，大众文化是在资本主义工业化和社会城市化以后出现的；在机制上，是在市场经济机制下的文化成为大批量复制的工业产品的消费文化。在手段上，是由大众传播媒介和现代信息技术作为传播手段。"③

上文仅列举有关大众文化概念的代表性观点，实际上不同学者从不同的研究立场出发，对大众文化的概念已经进行了多元、详尽的概括。根据本书研究实际，笔者将大众文化界定为：大众文化是伴随现代大众社会兴起而发展起来的以大众传媒为主要传播手段，进行大批量文化内容及产品生产的文化形态，包括娱乐影视、流行小说、流行音乐等形态。

二、大众文化的特征

大众文化是按照市场规律进行商业运作，被大众所接受、喜爱的文化形态。通过梳理大众文化的定义，我们可以看到大众文化具有以下特征。

---

① 陶东风：《大众文化教程》，桂林：广西师范大学出版社，2008年，第11页。
② 金元浦：《重新审视大众文化》，《当代作家评论》2001年第1期，第84页。
③ 江华：《文化哲学与文化建设》，北京：国家行政学院出版社，2015年，第72页。

（一）商业性

在消费社会，大众文化在本质上是商品，大众文化的发展符合商品经济的一般规律。随着经济水平的发展，层出不穷的文化产品被生产出来，既满足了大众对文化的消费需求，又促使文化产业蓬勃发展、成为国民经济的支柱性产业。根据"二次售卖理论"，媒体在第一次售卖中将媒体产品如新闻、资讯、节目等卖给受众，在第二次售卖中将受众的时间或注意力卖给广告商或广告主。因而媒体产品的发行量、收听率、收视率、点击率等指标成为各大媒体竞争的核心，媒体要想赢得广告主的青睐，就要想方设法吸引受众的注意力，向受众提供他们喜爱的内容资源。

以国内各大省级卫视的年末招商会为例，卫视招商会既是展示电视台下一年度项目资源的平台，又是检验媒体经营能力、市场开拓能力的试金石，省级卫视通过"影视IP剧+综N艺"的方式吸引广告投资。2021年多家卫视电视剧集资源多聚焦近年来能引发社会共鸣的话题，如亲子教育和家庭类题材、涉案类题材、都市情感题材、古装题材等，这也从侧面反映出当前影视剧题材的市场风向。①

（二）娱乐性

娱乐化是大众文化的重要特征之一，大众文化的娱乐属性使其在不同年龄层的受众中广受欢迎。现代社会的机器大生产和科学技术的迅速发展促使社会分工更加精细，个体的原子化趋势和社交疏离感进一步加深，个体迫切需要在繁重的工作之余获取娱乐、放松身心。因而，受众越需要娱乐信息，大众传媒就越是向

---

① 《聚焦五大卫视2021招商会 大剧市场风向哪儿吹?》，"犀牛娱乐"澎湃号2020年9月25日，参见 https://www.thepaper.cn/newsDetail_forward_9337775。

受众提供更加新奇有趣的消息；而大众传媒提供越多新奇有趣的娱乐内容，受众便越是能从媒介中接触娱乐、享受娱乐，更加离不开娱乐。美国媒体文化研究者尼尔·波兹曼（Neil Postman）在《娱乐至死》一书中揭示，随着媒体的发展，大众文化的广泛传播和大众的生活变得越来越娱乐化，一切公众话语都带有娱乐的烙印，一切文化内容都沦为娱乐的附庸。

（三）流行性

"大众文化"一词是从西方舶来的概念，对应的英文为"mass culture"或"popular culture"，有时也被翻译为"流行文化""通俗文化"。有学者辨析了两种不同英文词组的差别，认为"mass culture"表示大众文化是从群体角度考虑的，强调大多数人拥有的文化；"popular culture"表示大众文化是从流行的角度出发的，强调大众文化的通俗性、流行性。[①] 不可否认的是，大众文化具有流行性的特征，大众文化关注的对象是社会大众普遍关注的文化现象、文化符号，大众文化对娱乐内容、娱乐效果的追求，使大众文化始终呈现大众感兴趣的内容，设法调动大众参与的热情，运用多种方式激发大众的审美认同。大众文化通过对社会审美的塑造和传播，不仅追随流行，而且创造流行。

随着互联网的普及和社交媒体的发展，各种网络流行语层出不穷，而网络流行语一旦出现，便在社交媒体和青年用户中迅速传播开来，用户在网络虚拟交流中经常使用时新的网络流行语，在特定语境中表达特殊的含义。国家语言资源监测与研究中心发布的"2019年度十大网络用语"包括："不忘初心；道路千万条，安全第一条；柠檬精；好嗨哟；是个狼人；雨女无瓜；硬

[①] 曾一果：《西方媒介文化理论研究》，北京：学习出版社，2017年，第7页。

核;996;14亿护旗手;断舍离。"[1] 网络流行语既是一种网络热门的语言现象,又是一种语境化的网络社交行为。网络流行语的创作、使用、模仿,成了大众文化流行性特征的一个注脚。

(四)媒介化

大众传播与大众文化的交融导致了文化媒介化现象的出现。大众文化是通过大众传媒进行传播的一种文化形态,并以娱乐、通俗、轻松的内容吸引受众。大众文化以大众传媒为传播手段和载体,大众文化的媒介化现象难以避免。文化媒介化"改变了文化生产、流通和接受的形式,甚至也改变了文化产品的意义构成方式"[2]。一个热门的文化爆款产品,往往会被开发成多文本、多维度向大众全方位传播的产品,延伸出多种文化产业上下游产品,以书籍、广播、电视、电影、网络剧、广播剧、游戏,甚至是表情包的形式出现,通过大众传播的规模效应实现文化产品品牌的多级传播。

《仙剑奇侠传》作为一个经典的仙侠系列作品,在1995年诞生时是一款单机角色扮演游戏,游戏推出后受到很多年轻玩家的喜爱;上海唐人电影制作有限公司在2005年将其改编为电视剧《仙剑奇侠传》,在2009年推出电视剧《仙剑奇侠传3》,两部电视剧不仅引发了仙侠题材电视剧的讨论,而且捧红了一众主演;2012年《仙剑奇侠传》同名小说出版发行;2015年网络剧《仙剑客栈》在网络平台播出,同年《仙剑奇侠传》舞台剧在全国巡演。仙剑系列的游戏、电视剧等不仅提升了"仙剑"品牌的知名

---

[1] 《"2019年度十大网络用语"出炉 哪个是你最常用的?》,中国日报网2019年12月3日,参见 http://language.chinadaily.com.cn/a/201912/03/WS5de5f139a310cf3e3557ba6d-2.html。

[2] 周宪:《文化表征与文化研究》,上海:上海人民出版社,2015年,第258页。

度,而且培养了大量忠实粉丝,其衍生品涵盖游戏、影视剧、舞台剧、广播剧、漫画等。因此,大众文化产品以大众传媒为传播载体,通过大众传播的方式进行批量传播,而生产的媒介产品文本也成为大众文化现象的一个组成部分。

(五)工业化

大众文化是大众社会工业发展的产物,得益于现代工业机器大生产,文化的大规模批量生产复制成为可能。瓦尔特·本雅明(Walter Benjamin)在《机械复制时代的艺术作品》中指出,传统文化创作的即时即地性造就了其原真性,而机械复制技术拓展了视觉体验,快速、大规模的复制有利于艺术作品广泛地传播到世界各地;文化在复制技术的推动下得以大量复制及传播,一方面促进文化在大众中的普及,另一方面也导致传统文化"灵韵"的消失。

艺术及文化的生产是指许多人按照一定的流程进行创作,如影视剧、综艺节目等涉及导演、演员、制片、摄影、美工、录音等不同工种,以及拍摄、剪辑、特效等制作环节。当今电视荧屏上琳琅满目的综艺节目,如真人秀节目、选秀节目、旅游体验节目、相亲节目、配音节目等,一旦出现一款爆款综艺题材,与之类似的节目便会快速从节目制作流水线上被生产出来,争夺受众注意力。

(六)模式化

大众文化生产流程的工业化导致大众文化文本内容的模式化。电影、电视、小说等大众文化类型通过明确细致的分工,实现专业化运作。尤其是广播电视节目制作过程中的制播分离制度,更是体现了大众文化生产过程的模式化运作特点。制播分离制度将广播电视节目的生产制作与播出相分离,节目生产由社会专业化公司团队制作,电视台通过购买节目版权将其播出。电视荧屏中一档又一档的热门电视节目,基本上遵循着相同的制作模式,嘉宾的选取、主持人和嘉宾的服装和化妆、现场道具、音响、灯光、舞台、摄影、录音及节目各环节的衔接和设置等均体现出专业化、流程化、模式化的特点。

以浙江卫视音乐选秀节目《中国好声音》为例,该节目的制作和播出属于不同的机构,因而也被称为"一档真正制播分离的节目"。该节目由星空传媒旗下"灿星制作"打造,"灿星制作"通过引进荷兰 Talpa 公司的电视版权,并对节目进行制作、打包、宣传,由浙江卫视作为播出平台。此后,越来越多的电视节目及电视台采用制播分离的方式,节目制作更加模式化、流程化,节目生产流程快,制作效率高,但也由于模式化痕迹过重、缺乏新意而招致批评。

(七)技术化

大众文化具有技术化的特点,科学技术的发展促使大众文化的更新及发展,没有技术发展也就没有大众文化的普及。以流行音乐为例,过去几十年间,音乐载体经过数次技术迭代(20 世纪 30 年代的黑胶唱片,60 年代的磁带,70 年代的 CD 光碟,90 年代的 MP3,2000 年左右的在线数字音乐等)说明,技术革新推动音乐载体的革新和音乐制作流程的变革。时至今日,阿里音乐已经开始人工智能的音乐创作尝试,用户哼一段旋律或是念几句歌词,就可以通过人工智能进行配乐;区块链技术已经被用于数字音乐制作,以保护音乐版权归属;VR 技术在部分演唱会崭露头角,用户借助 VR 头盔可以体验超现实的音乐观感;数字虚拟偶像开始与真人同台演唱,并且登上电视舞台;智能音响成为音乐产业服务的重要终端进入家庭生活。

不断发展的媒介技术,一方面为音乐人提供了更多的音乐生产、制作工具，另一方面也为音乐用户提供了更真实、无损且美妙的音乐体验。数据显示，2017年音乐产业总规模达3470.94亿元，音乐产业日益成为拉动中国泛娱乐消费经济的重要力量。① 音乐产业的发展印证了技术革新对大众文化生产、传播、普及、消费的巨大影响。

三、大众文化在当代中国的发展

"大众文化"是从西方舶来的文化概念，是全球化背景下西方文化向全世界输出的内容。因而，当我们将研究视野转向当代中国大众文化发展时，必须以大众文化的当代中国语境为出发点，分析文化现象，研究文化问题，探寻适合中国国情的大众文化发展路径。

（一）中国大众文化的发展历程

中国大众文化扎根于中国传统民间通俗文化的深厚土壤，我国历史上丰富灿烂、灵活多样的民间文化和通俗文化，构筑了当代中国大众文化发展的现实资源。中国大众文化萌芽于20世纪30年代的文艺大众化运动时期，在40年代形成了中国大众文化的重要理论基础。"毛泽东提出的文化大众化理论对当代中国大众文化具有极其重要的影响，它在发展方向、服务对象、内容来源、指导思想、创作方法、立场态度等方面，为当代中国大众文化的发展指明了方向。"② 此后，文化界、文艺界创作了一些有

---

① 《2018中国音乐产业发展总报告发布 音乐产业版权保护环境持续改善》，光明网2018年12月20日，https://legal.gmw.cn/2018-12/20/content-32209077.htm。

② 金民卿：《文化全球化与中国大众文化》，北京：人民出版社，2004年，第207页。

思想、有内容的文艺大众化作品，由于当时特殊的创作背景和时代氛围，这些作品带有浓厚的意识形态色彩。

中国大众文化获得真正意义上的发展，主要受益于20世纪70年代末80年代初期的改革开放。我国开始实施改革开放的基本国策后，人民收入提高，生活水平提升，既为文化的发展繁荣奠定了物质基础，又对文化消费、精神消费提出了新的需求。与此同时，来自国外的文化形态、文化资本、文化资源、文化理论也开始进入我国，引发文化生产、文化流通及文化研究的交融与变化，西方文化价值观、生活方式、消费方式、审美体系等文化元素进入中国大众文化的话题系统，在传统文化与新兴文化、东方文化与西方文化的碰撞中，我国大众文化快速发展起来。

20世纪90年代市场经济体制得以确立，我国经济进入快速发展时期。随着国民收入的逐步提升，文化领域的消费升级也稳步推进，文化产品供应及文化企业随之发展起来，大众文化生产开始按照工业化、产业化、规模化的方式进行，流行音乐、港台影视剧、网络文学等大众文化形态随之发展起来。

当代中国大众文化的兴盛与文化产业的发展密不可分。2000年，党的十五届五中全会提出"文化产业"的概念，建议将公益性文化事业和经营性文化产业进行区分，为我国文化产业的发展指明方向；党的十六大提出"积极发展文化事业和文化产业"，将"文化事业""文化产业"作为两个并置的概念提出，奠定了文化产业在社会主义文化发展中的重要地位；2006年中共中央、国务院发出《关于深化文化体制改革的若干意见》，为我国文化体制改革、国有经营性文化单位的转企改制提出了明确的要求；2009年国务院审议通过《文化产业振兴规划》，标志着文化产业上升成为国家战略性产业。文化产业的振兴发展刺激了文化经济的发展，大众文化的生产、制作、传播、消费、反馈形成一条完整的文化产业制作链，成为拓宽消费途径、拉动经济增长的国民经济产业。

媒介技术和大众传媒的发展,尤其是互联网在中国的普及,为中国大众文化的传播提供了广阔的空间。中国大众文化以其世俗化、生活化的内容,融合国外大众文化的制作风格、包装手法,借助蓬勃发展的大众传媒,在中国社会得到发展。20世纪90年代,电视连续剧《渴望》将普通家庭的悲欢离合搬上电视屏幕,成为轰动一时、万人空巷的电视热播剧;中国内地第一部青春偶像剧《将爱情进行到底》参考日韩偶像剧的拍摄模式,展现了青年一代的大学校园生活和年轻人初入社会的艰辛。社交媒体的发展为大众文化的迅速传播提供了助力,例如明星粉丝通过社交媒体凝结成兼具开放性与排他性的粉丝社群,借助微博平台对偶像形象及作品进行传播与推广,社交媒体的粉丝文化成为当代中国大众文化的重要组成部分。

(二) 当代中国大众文化发展的原因分析

大众文化的发展与中国社会的经济结构、文化结构及大众生活方式、交往方式的变化息息相关。美国社会学家丹尼尔·贝尔(Daniel Bell)认为:"市场是社会结构和文化互相交汇的地方。整个文化的变革,特别是新生活方式的出现之所以成为可能,不但因为人的感觉方式发生了变化,而且因为社会结构本身也有所改变。"[①] 正是因为改革开放基本国策的实施和市场经济体制的确立,我国在经济取得快速发展的同时,也出现了大众迫切需要在工作之余获取娱乐、缓解精神压力的状况。因而,在大众文化需求和商业利益的驱动下,我国大众文化生产者加快了大众文化的生产和创作,逐渐丰富繁荣的大众文化为大众的精神生活提供

---

① 丹尼尔·贝尔:《资本主义文化矛盾》,赵一凡、蒲隆、任晓晋译,上海:生活·读书·新知三联书店,1989年,第136页。

了消遣娱乐，我国大众文化事业蓬勃发展起来。

当前中国的大众文化发展极为快速，一是得益于大众传播技术的发展，其促使文化生产加速、文化产业兴起，使文化产品和文化服务随之兴起，文化消费成为一项社会热潮；二是随着文化消费热潮的不断涌动，文化产业在国民经济中的比重越来越大，2020年文化产业成为国民经济支柱性产业；三是随着中国与世界联系的日益加深，文化市场对外开放能力增强，大量境外文化产品涌入国内市场，这既丰富了国内文化市场的产品类型，又给国内文化建设提出了更高的目标；四是文化是综合国力的重要组成部分，文化软实力对于丰富社会文化、增强民族凝聚力等均具有重要意义。

（三）全球化：当代中国大众文化发展的外部压力

在实施改革开放政策及加入世界贸易组织后，我国和世界的关系更加紧密。改革开放以来，港台流行文化产品如金庸武侠小说、琼瑶爱情小说等涌入内地，国外大众文化产品如好莱坞电影、欧美流行音乐、韩国家庭伦理剧、日本动漫等涌入中国，对中国文化带来巨大冲击。尤其是改革开放初期，中国国内文化市场尚不成熟，文化生产、创作、传播的思维相对保守，国内大众文化发展尚处于初级阶段。国外大众文化涌入国内后，因其轻松、娱乐化、新奇等特点迅速占领中国大众文化市场，掀起了大众文化的热潮，引发了我国对国外大众文化的学习、引进和模仿，使我国大众文化市场上充斥着来自海外的大众文化产品或仿制品。可以说，中国大众文化发展始终面临着外来大众文化的影响和渗透。

从全球范围看，20世纪80年代至90年代，随着知识经济的兴起，以知识的生产、传播和消费为主要内容的新兴服务业发展起来，文化产业在全球范围内兴起，经济全球化开始向文化全球化发展。随着经济全球化和文化全球化的发展,我国文化领域面临着三重冲击:一是以西方文化产品为代表的文化产品冲击;二是以国际文化企业、国际传媒巨头为代表的文化资本冲击;三是西方文化价值观对我国文化价值观的冲击。① 在经济全球化及文化全球化的过程中,以美国为代表的发达国家在推动文化全球化的过程中,将美国文化、好莱坞文化等打包向外输出。国外大众文化产品不断占领着我国大众文化市场,影响着国内受众的大众文化审美及文化生产者的文化创作取向,对我国大众文化的发展带来持续性的外部压力。

随着经济全球化和文化全球化的进一步加深,我国和世界其他国家的经济交往、文化交往、社会交往将会越来越频繁。如何应对外来大众文化的冲击,发展中国特色的大众文化,保持大众文化的活力,是社会各界应该深刻反思的问题。

四、坚定文化自信:发展中国特色社会主义先进文化

由于西方大众文化产品及审美标准在全球范围内的推行,中国大众文化在走出国门、参与国际化竞争中面临较大的阻碍。所以,发展中国特色社会主义先进文化,必须坚定文化自信。习近平总书记在党的十九大报告中指出:"文化是一个国家、一个民族的灵魂。文化兴国运兴,文化强民族强。没有高度的文化自信,没有文化的繁荣兴盛,就没有中华民族伟大复兴。"② 习近平总书记高屋建瓴地指出,文化自信对激发民族文化创造力、促进文化繁荣兴盛、实现中华民族伟大复兴、建设社会主义

---

① 张晓明:《中国文化产业发展之历程、现状与前瞻》,《山东社会科学》2017年第10期,第44—49页。

② 本书编写组:《开启新时代 踏上新征程》,北京:新华出版社,2017年,第178页。

文化强国具有重大作用。

　　什么是文化自信？文化自信是对"中国特色社会主义文化"的自信，这种文化源自"中华民族五千多年文明历史所孕育的中华优秀传统文化"及中国共产党领导人民在革命、建设、改革中创造的革命文化和社会主义先进文化。文化自信以自我文化或文化的自我性为根本，同时主张对话性的文化。文化自信的自我性须借助"他者"完成自身建构，"因而'文化自信'就必然涉及如何看待外国文化或异质文化以及因为他者的出现而如何重新打量和定位自身的问题"①。当代中国大众文化是中国特色社会主义的大众文化，它既带有中国传统文化的基因底色，又广泛吸收国外大众文化的精华，并在中外大众文化交流的现实语境中得到发展，在中国特色社会主义文化建设中不断更新。

　　"一个民族文化自信的现实生成，需要广泛的社会基础，需要造就基本的社会心理，营造良好的文化氛围。"② 改革开放四十多年来，我国在社会主义经济建设、文化建设方面取得了巨大成就，也越来越多地参与到世界文化的交流，并在与世界不同文化的交流与交往中展示自己的文化特色，形成自己的文化影响力。当代中国大众文化是中国文化的重要组成部分，具有商业性、娱乐性、流行性、模式化、技术化等特征，也是发挥中国文化在世界影响力、感召力的重要方式。通过发展中国大众文化，树立中国大众文化的形象，在世界文化市场上不断扩大自身影响力，形成文化品牌，有利于提升中国文化在世界文化体系中的地位。

　　我们反对任何形式的文化霸权和文化帝国主义，在中外文化

---

　　① 金惠敏：《文化自信与星丛共同体》，《哲学研究》2017年第4期，第121—128，131页。

　　② 邹广文：《改革开放以来的文化自信源自何处》，《人民论坛》2018年第34期，第23—25页。

交流日益密切的今天，只有坚定文化自信，增强中国大众文化的影响力，不断提升自身的文化号召力，更好地参与世界文化竞争，服务于世界文化建设，才能减少外来强势文化对本民族文化的影响，才能建设好中国特色的社会主义先进文化。

大众文化是一个复杂的社会现象，大众传播是一个开放的传播形态，大众文化与大众传播在互动中不断向前发展，并表现为传播活动中丰富、多元的文化现象。大众文化与大众传播的互动发展，使得学者对其产生浓厚兴趣，不断深入研究以期窥探两种主体间的互动规律。

第八章
消费文化：消费社会的文化景观

法国社会学家让·鲍德里亚（Jean Baudrillard）在《消费社会》一书中提出了著名的消费社会理论，他认为，资本主义社会生产力发展水平较高而造成生产的相对过剩，消费成为社会生产和生活的动力和目标。在消费社会，人们更关注商品和服务的符号价值、文化价值、审美价值。消费社会及消费社会弥漫的消费文化，改变着大众的消费观念和习惯，促进了日常生活中消费文化景观的形成。

第一节　消费社会视野中的符号消费

20世纪50年代以来，"消费社会"成为西方学界讨论和研究的重要话题。1978年12月党的十一届三中全会召开，我国开始实施改革开放政策，国内经济快速发展起来；20世纪90年代社会主义市场经济体制的确立，使消费对国民经济发展的拉动作用愈加凸显。经济学中把"投资、消费、出口"并称为拉动经济增长的"三驾马车"。党的十九大报告指出，"中国特色社会主义进入新时代，我国社会主要矛盾已经转化为人民日益增长的美好生活需要和不平衡不充分的发展之间的矛盾"，并且要"完善促进消费的体制机制，增强消费对经济发展的基础性作用"。我国的消费市场正在快速发展，消费作为促进经济增长及满足人民群众美好生活需要的手段，更加引人关注。

一、消费与消费社会

消费社会通常被理解为"消费"的"社会"，由于"社会"这一词语在大众理解中基本上算作一个默认词汇，因而要理解"消费社会"，首先要厘清"消费"的概念。

（一）消费的概念

"消费"这一词语对应的英文是动词"consume"和名词"consumption"。根据雷蒙·威廉斯的解释，早期英文用法中，"consume"指摧毁、耗尽、浪费、涌进，带有负面含义；从20世纪中叶开始，这一词汇从狭义的政治、经济用法转为较为广义的一般用法。结合西方资本主义社会发展阶段的分类，在14—18世纪，西方资本主义社会处于资本原始积累阶段，生产力水平尚不发达，因而人们对于消耗性的消费行为持负面态度；18—20世纪初，社会生产力水平提高，生产效率的提高促进物质产品的增多，人们开始重新审视消费对社会生产的积极意义；20世纪中后期，科学技术的进步促进了生产力的飞跃，物质生产相对过剩，这时消费开始取代生产成为促进社会发展的积极力量，物质的消费行为被赋予更多符号的意味。

经济学理论认为，消费是利用产品满足人们需要的过程，消费可分为生产消费和个人消费。其中，生产消费指物质资料生产过程中生产资料的使用和消耗；个人消费指人们把生产出来的物质资料和精神产品用于满足个人生活需要的行为。宏观经济学认为，消费是指一个国家或地区在一定时期内，居民个人或家庭部门为满足消费欲望,而用于购买消费品和劳务的所有支出。①

在鲍德里亚看来,人们从来不消费物的本身(使用价值)——人们总是把物(从广义的角度)用来当作能够突出消费者自身的符号,或让消费者自身加入视为理想的团体,或通过参考一个地位更高的团体来摆脱自身所属团体。②消费具有更多的符号意义,即消费不仅是对物的消耗,而且是对符号、意义的占有;消费是一种与意义相关的互动行为,通过消费行为实现对社会阶层的分类。

笔者所关注的消费,不是从经济学角度对消费行为的考量,而是从文化学、社会学、人类学视角对消费的观照。消费不仅是对商品或服务的选择、购买、使用过程,更是对商品背后符号价值、文化价值的占有过程。

(二)消费社会的概念

消费社会的兴起改变了人与人之间、人与物之间的关系,影响着人们的消费观念、文化观念和生活观念。学者们普遍认为,当今社会已经从以生产为主导的社会向以消费为主导的社会转变,但对于"消费社会"的含义,学者们尚未达成共识。

法兰克福学派代表学者赫伯特·马尔库塞(Herbert Marcuse)将第二次世界大战后的资本主义形态称作"消费社会",并从技术理性、工业文明、虚假需求等方面对消费社会进行批判,他认为消费社会既是富裕的社会,又是病态的社会,并对人们在消费社会中遭受的异化进行批判。"马尔库塞是最早分析消费主义、广告、大众文化和意识形态如何把个人整合进资本

---

① 高志文,方玲:《宏观经济学》,北京:北京理工大学出版社,2018年,第30页。
② 让·波德里亚:《消费社会》,刘成富、全志刚译,南京:南京大学出版社,2000年,第47页。

主义制度,并通过它们来巩固其制度,从而对消费社会进行分析的批判理论家之一。"① 英国社会学家齐格蒙特·鲍曼(Zygmunt Bauman)认为资本主义社会已经从生产者社会过渡到消费者社会,明确指出"我们的社会是一个消费社会"②,消费社会的特征是把消费者视为唯一的合格成员。美国批评理论家弗里德里克·詹明信将消费社会描述为一种新型的社会生活和新的经济秩序的出现,即现代化、后工业或消费社会、媒体或大观社会(spectacle),或跨国资本主义等。③

鲍德里亚认为消费社会是以商品消费为主导而建立的社会,他在《消费社会》一书中阐发了一整套有关消费社会的批判理论,使"消费社会"这一名词广为流传。

《消费经济学大辞典》指出,消费社会是"一些西方学者用以表明工业发达国家所达到的经济发展阶段的一个概念。一般地说,各个国家都是由生产社会发展到消费社会的,这也是社会发展的一般规律。只有一国的生产力水平发展到较高程度,生产的物质产品足够丰富,能满足人们的各种需求,这个国家才真正发展到消费社会,如日本的消费社会"④。

在现代社会,消费实际已超出对物的需求的满足,而是变成符号化的商品、符号化的服务中蕴含的"意义"的消费。消费在经济、文化、社会及日常生活中发挥着愈发重要的作用。

---

① Douglas Kellner (1991). *Introduction to the Second Edition*. In Herbert Marcuse. *One-Dimensional Man: Studies in The Ideology of Advanced Industrial Society*. London: Routledge, Beacon Press.
② 齐格蒙特·鲍曼:《全球化——人类的后果》,郭国良、徐建华译,北京:商务印书馆,2001年,第76页。
③ 詹明信:《晚期资本主义的文化逻辑》,张旭东编,陈清侨等译,北京:生活·读书·新知三联书店,1997年,第399页。
④ 林百鹏、臧旭恒主编:《消费经济学大辞典》,北京:经济科学出版社,2000年,第15—16页。

二、消费社会的特点

现代社会是一个消费社会,社会生产的极大发展促进了物质的丰裕,使大众的规模消费成为可能。消费成为影响生活、改造生活甚至是社会区分的标准。

(一)消费社会中物质产品的极大丰裕

鲍德里亚认为,当今社会人们被大量的非自然物包围,商品的过度丰裕是造成消费社会的主要原因,物品堆积式的摆放方式强调了物品丰盛的视觉冲击力。比如,当人们走进一家超市时,货架上拥挤地摆放着各式各样、琳琅满目的商品,不同品牌、包装、价格的商品等待着人们的选择;当人们打开一家电商网站,关于吃、穿、住、用、行等的商品应有尽有、数不胜数,甚至部分商品在确认下单后当天即可送达。物质产品的丰裕极大地满足了人们的购物选择,使人们在琳琅满目的商品中艰难地进行比较、选择和购买。

"物以全套或整套的形式组成"更是强调了物的丰裕的仪式感,某一物品代表的不再是物品本身,而是物品背后一整套的符号体系。人们不仅从单个物品、单一用途看待商品,更从系列化的角度考虑商品,尤其是面向女性的消费品。正如广告词"女人的衣橱总是少一件衣服"所说,尽管女性的衣橱里衣服已经爆满,有些衣服可能只穿过一两次,但这并不妨碍她们在换季和打折时继续购买很可能是相同款式、颜色的衣服;女性的护肤品、化妆品更是以套系的形式出现,不同品牌、套系、单品、功能的产品经常使女性消费者眼花缭乱;以口红这一女性彩妆单品来看,例如某品牌甚至设计了全套口红系列套装,有 50 个不同色号;此外,女性化妆品品牌还会推出圣诞节、情人节、新年等节日限定套装礼盒等限定款……因此，在商家"系列化""套系化""限定款"等不同词汇的包装下，人们不知不觉走进了现代社会关于消费的神话中。

(二) 消费社会使日常生活彻底地商业化

鲍德里亚认为，现代资本主义通过符号化的商业逻辑控制一切，支配着文化生产体系和社会关系体系，个体消费者不再像传统政治经济学认为的那样具有自主性。都市商场窗明几净的橱窗内摆放着各类流行商品；电影院门口的巨幅海报上展示着最新、最流行的院线电影；农场里新鲜的水果蔬菜被打上"体验经济"的烙印，成为一种新的体验消费方式。大众传媒的发展，信息和广告对产品符号的推销，煽动和制造着大众的需求。大众在无形中接受了广告信息对产品的宣传和推销，心甘情愿地变成消费者。这一切都揭示着大众的日常生活及休闲活动已经被打上了商业活动的烙印。

符号学认为，象征是在文化社群反复使用，意义累积而发生符用学变异的比喻。[①] 象征化的过程——比喻在社会的集体反复使用中，会积累理据性，最后可能发展成为意义深远的象征。例如，11月11日本身不具有任何特殊意义，而光棍节的说法起源于某高校大学生认为11月11日有四个数字"1"，故名"光棍节"，在这天既可以和朋友相约小聚，也可以向心仪的人表白，这是校园趣味文化的结果；"购物狂欢节"起源于"光棍节"，2009年11月11日，淘宝开始举行网络促销活动，之后每年11月11日京东、苏宁、当当等国内电商平台也开始在11月11日举办促销活动，"双十一"成为中国电商的年度盛事，线下门店

---

① 赵毅衡：《符号学：原理与推演（修订本）》，南京：南京大学出版社，2016年，201-202页。

也将"双十一"作为打折季,制定促销策略拉动销售,"双十一"成为打通线上线下渠道的"购物狂欢节"。报道显示,2020年天猫"双十一全球狂欢季"最终总成交额达4982亿人民币,有25万品牌和500万商家参与,折扣商品达到1600万款,近8亿用户参与购买,近3亿用户观看了淘宝直播,物流订单总量达23.21亿单。[①] 将一个平凡的日子打造成"购物狂欢节",电商在"双十一"和"购物""消费"之间建立起意义的联系,通过年复一年的宣传推广及节日前大量的宣传营销和低价策略、预售策略等煽动、制造着大众的消费需求。

(三)消费社会是社会生活被"塑造的社会"

鲍德里亚认为,在后现代社会,商品被消费时已不单是产品,而是包含着声誉、地位、声望的符号系统。消费不仅是一种经济行为,而且是一种社会行为,彰显着主体的身份、地位。"人们的消费,不仅仅是一个经济学意义上的、根据既定的收入总量来追求商品效用最大化的过程,而且是一个社会学意义上的、根据人们的社会身份来追求个人的社会评价和社会地位最大化的过程。"[②] 现代社会的一切事物都被打上了物质的烙印,甚至亲情、友情、爱情也都陷入物质消费的影响中。正如一句有关钻石产品的广告语所言"钻石恒久远,一颗永流传",将钻石与爱情、婚姻相关联,使钻石成为爱情的见证。

现代商业广告中充斥着对身体的消费,例如某化妆品广告中展示着年轻、美丽、性感的女性形象,暗示她们使用某款产品保

[①] 赵小燕:《2020天猫双11再创新纪录:总成交额4982亿元》,中国新闻网2020年11月12日,参见 https://www.chinanews.com/cj/2020/11-12/9336388.shtml。

[②] 王宁:《消费的欲望:中国城市消费文化的社会学解读》,广州:南方日报出版社,2005年,第51页。

养皮肤从而保持美丽，这无形中向受众传递出关于女性"身体美"的媒介形象，使女性消费者在购买化妆品时也寄希望于通过商品使用达到广告展示的产品效果。这一消费行为从表面上看是对化妆品的消费，从深层上看是对身体的消费，她们对于身体、容貌的保养表面上是出于自身的需求，实际是为了更好地向他者展示个人形象。商家通过产品广告宣传产品，更是宣传某种生活方式，塑造大众关于流行、审美的观念。

三、符号消费理论的发展

从凡勃伦"炫耀性消费"理念的提出，到西美尔关于"时尚"的判断，再到鲍德里亚对消费社会及符号消费的重要判断，以及布尔迪厄关于符号消费"区分"的论述，可以看出符号消费已成为现代社会的壮丽"景观"之一。在消费社会中，符号消费成为经济发展、文化转型的重要推动力。

（一）凡勃伦："炫耀性消费"

1899年，美国经济学家凡勃伦（Thorstein Veblen）在《有闲阶级论》一书中阐明："任何现代社会中的大部分人之所以要在消费上超过物质享受所需要的程度，其近因与其说是有意在外表的消费上争雄斗富，不如说是处于一种愿望——想在所消费的财富和数量与等级方面达到习惯的礼仪标准。"[①] 他认为现代社会存在部分"有闲阶级"，他们拥有足够的财富，能保证他们不参加生产劳动也能"有闲"，"有闲阶级"的消费重心不再停留于产品的实用功能，而是为了进一步满足其自尊心、荣誉及他人的

---

① 凡勃伦：《有闲阶级论——关于制度的经济研究》，蔡受百译，北京：商务印书馆，2017年，第79页。

尊重，追求对自身社会地位的彰显，凡勃伦将这种行为称为"炫耀性消费"。

在符号消费中，大众通过必要的奢侈消费来表现阶层的差异性，从而区别于其他阶层，对低于自身阶层的炫耀尤其是符号消费的重要原因。

（二）西美尔："时尚消费"

德国社会学家西美尔（Georg Simmel）提出"时尚消费"的概念，他认为货币及其制度化发展影响了人类的生活方式：理论上人人都可以使用货币购买商品，这容易导致生活的"无风格化"。但是社会群体的地位差异需要通过差异化的风格进行展示，大众渴望通过商品消费来展现自身独特的风格，这就构成了消费、风格、时尚三者的关系：大众通过商品消费、展示风格、形成时尚；由于社会时尚的变化，大众为保持风格，需要继续消费商品、更新商品；大众对风格的追求，导致了时尚短暂而频繁的流行与更替。旧有的符号价值如果被耗尽，新颖的符号价值又会被创造出来，社会在消费与流行的驱动下向前发展。西美尔认为，时尚消费具有社会等级，由"示同""示异"组成："示同"通过消费展现群体归属感，表达对某一阶层的认同；"示异"通过消费展示个体差异性，与其他阶层相区分，时尚消费使个体获得群体归属感。"时尚的本质存在于这样的事实中：时尚总是只被特定人群中的一部分人所运用，他们中的大多数只是在接受它的路上。一旦一种时尚被广泛接受，我们就不再把它叫做时尚了。"[①] 较低社会阶层希望通过消费行为模仿较高社会阶层的时尚，较高社会阶层则希望通过消费行为不断创造新时尚、主导新

---

① 西美尔：《时尚的哲学》，费勇、吴燕日译，北京：文化艺术出版社，2001年，第72—73页。

时尚。

在符号消费中，大众通过对商品符号意义的消费建构与个体社会形象，并寻求社会群体的认同。例如，近年来随着球鞋文化的流行，球鞋消费市场异常火爆，炒鞋现象盛行。球鞋具有一定的实用属性及时尚属性，球鞋的品牌、设计、穿搭、潮流、明星代言等因素构成了球鞋的时尚属性，一双球鞋经过层层倒卖、转手及溢价，成交价格早已超出其使用价值。2019年，"天猫发布了首份《95后玩家剁手力榜单》，榜单显示，手办、潮鞋、电竞、Cosplay和摄影成为95后年轻人中热度最高、也最'烧钱'的五大爱好"①。在这份榜单中，潮鞋"烧钱"指数位列第二。球鞋消费者根据自己的审美品位、消费水平购买球鞋，追求时尚潮流，寻求社会认同。

（三）鲍德里亚："消费社会"

法国学者鲍德里亚提出"消费社会"的概念，他指出，消费逻辑弥漫在整个社会的运作体系中，"消费世纪既然是资本符号操控下整个加速了的生产力进程的历史结果，那么它也是彻底异化的世纪。商品的逻辑得到了普及，如今不止支配着劳动进程和物质产品，而且支配着整个文化、性欲、人际关系，以致个体的幻想和冲动"②。现代社会已经由生产社会进入消费社会，消费社会的主要特征是符号消费。符号消费是对商品符号价值进行消费的社会行为，大众不再关注产品的物质特征、实用价值，而是更多地关注产品的符号价值、审美价值，由对产品的消费转变为

---

① 孔颖：《兴趣圈消费成新生代账单主流：95后跃升为淘宝第一大用户群体》，央广网2020年11月10日，参见http://china.cnr.cn/xwwgf/20201110/t20201110_525325515.shtml。

② 让·波德里亚：《消费社会》，刘成富、全志刚译，南京：南京大学出版社，2000年，第225页。

对产品蕴含的意义的消费。

鲍德里亚发展了传统政治经济学认为的商品只具有使用价值和交换价值的观点，他指出商品还有符号价值，当商品作为符号被消费时，其价值远高于其使用价值和交换价值之和。可以说，符号价值货币化是产品发展过程中鲜明的符号学特征。如上文所举的球鞋消费的例子，一双球鞋可能在非常规渠道被炒到上万元，此时球鞋的价格远高于其本身蕴含的使用价值和交换价值，其价格还包含了消费者愿意为产品背后蕴含的品牌、设计、审美、创意等符号意义的占有所花费的价格。此外，球鞋消费还体现为一种"情怀消费"，国内球鞋文化的兴起与 NBA 篮球比赛在国内的转播有关，部分受众对体育、篮球及球星的热爱，赋予了球鞋更丰富的符号意义，而球鞋品牌也将球迷对球星的偶像情怀物化到球鞋上，使球迷通过球鞋的购买及穿搭产生与球星偶像的关联。对意义的消费和占有能够给受众带来归属感和满足感，这也是近年来球鞋消费兴起的重要原因。

（四）布尔迪厄：符号消费"区分"

法国社会学家布尔迪厄（Pierre Bourdieu）提出三种资本形式，即经济资本、文化资本和社会资本，并将三者的合法形式称为符号资本，每一种资本都蕴含着符号价值。经济资本意味着财富的数量；文化资本既包括地位、声望、话语权等显性资本，也包含趣味、时尚、品味、观念等隐性资本；社会资本则由血缘、亲缘、工作、朋友等一系列关系组成。布尔迪厄在《区分：判断力的社会批判》一书中指出，在经济资本和文化资本的双重作用下，大众的消费活动和文化实践体现为品位和生活风格，符号消费区分了大众的社会阶级和社会地位。他认为，个体的消费由习性塑造的品位决定，而不是由收益和心理偏好决定，品位发挥着把阶级特征转化为需要和偏好的作用。产品的符号价值增加了产品的定价空间（产品的高定价即超出产品实用价值的价格增值部分），成为品牌消费者区分一般消费者的价格界限。大众通过购买、占有产品蕴含的符号价值，标出成为大众进行产品消费的目的。因此，一方面，大众通过符号消费展现个性，表达社会地位、审美品位和个体差异，将自身和其他人区分开；另一方面，大众通过对特定历史、文化、情感、记忆等文化元素的消费，寻求身份认同、情感认同与文化认同。

以上文提及的球鞋消费为例，基于运动消费的数据统计，从符号价值来看，消费者愿意为明星同款球鞋支付溢价，更多品牌选择当红明星代言，以提升销量；从文化价值来看，关注球鞋文化的消费者更注重球鞋的款式及其文化内涵；从代际角度来看，"90后"消费者成为运动鞋代际消费者中消费能力突出的一代人；从性别角度来看，女性消费者对潮流产品的消费更突出，且聚集在一二线城市。通常来说，潮流产品生产商面向不同类型的消费者制定不同的产品系列，如明星定制款、颜值升级款、日常实用款，使丰富的产品类型迎合不同消费者的购买需求；不同性别、年龄、收入的消费者通过对潮流产品的消费，达到树立自身形象、区隔他人的目的。

第二节　消费文化的产生与发展

伴随消费环节在推动经济社会发展中的重要作用，人们不再满足于单纯的物质消费，转而追求精神文化领域的消费，消费文化成为推动消费升级的重要手段。在大众传媒的助推下，消费文化成为一种形塑社会、影响大众消费意识的文化形态。对消费文化的研究，有利于我们客观考察消费文化的发展趋势。

一、消费文化的概念

伴随大众社会呈现的消费主义特征,大众的消费行为也开始具有消费文化的特点。在消费社会,大众不再关注商品的使用价值,而是更多关注商品的符号价值,消费行为更多表现为对商品符号价值的消费。

消费文化是伴随西方消费社会而兴起的文化形态,大众在日常消费活动中构建消费文化,消费文化又为大众的消费行为提供合理的解释。鲍德里亚(Jean Baudrilard)、西莉亚·卢瑞(Celia Lury)、迈克·费瑟斯通(Mike Featherstone)等学者长期关注消费文化,著述颇丰。鲍德里亚认为,在消费社会,大众通过消费商品背后的符号价值获得身份认同,符号消费是消费文化的核心。英国社会学家西莉亚·卢瑞在著作《消费文化》中指出,"消费文化是20世纪后半叶出现在欧美社会的物质文化的一种特殊形式"[①],在以社会等级、性别、种族和年龄划分的社会群体中,个人的地位对其参与消费文化的影响及社会群体归属方式具有重大影响,消费文化能够创造社会运行方式、塑造政治身份。英国消费文化理论家迈克·费瑟斯通认为:"消费文化,顾名思义,即指消费社会的文化。它基于这样一个假设,即认为大众消费运动伴随着的符号生产、日常体验和实践活动的重新组织。"[②] 费瑟斯通认为,消费文化是在消费活动中表现出的文化,消费文化生产贯穿始消费活动始终。

20世纪90年代以来,我国消费经济领域的学者开始关注消

---

① 西莉亚·卢瑞:《消费文化》,张萍译,南京:南京大学出版社,2003年,第1页。

② 迈克·费瑟斯通:《消费文化与后现代主义》,刘精明译,南京:译林出版社,2000年,第123页。

费文化现象。消费文化广义上是指"消费领域中人们创造的物质财富和精神财富的总和,是人们消费方面创造性的表现,是人们各种合理消费实践活动的升华和结晶"①;狭义上是指"消费在人们的观念形态上的反映。包括消费哲学、消费价值取向、消费道德、消费行为、消费品味、消费审美、消费心理等,这是人们在消费实践中形成的反映消费特点和理解的观念形态的总和"②。

作为意识形态领域的组成部分,消费文化是建立在一定经济基础之上并受上层建筑倡导或制约的一种社会文化现象。消费文化与大众生活密切相关,对大众的生活方式起到潜移默化的影响作用。

二、消费文化的产生语境

消费文化是一种在消费社会语境中产生,通过大众传媒的传播、扩散成为影响大众生活方式、交往方式、消费方式的文化类型。可以说,身处消费社会及被大众传媒包围的大众,无时无刻不在面对消费文化、受到消费文化的影响。

(一)消费社会催生消费文化

鲍德里亚认为,消费社会是被物质充分包围的社会,消费文化是消费社会的表征方式,"今天,在我们的周围,存在着一种由不断增长的物、服务和物质财富所构成的惊人的消费和丰盛现象。它构成了人类自然环境中的一种根本变化。恰当地说,富裕

---

① 尹世杰:《加强对消费文化的研究》,《光明日报》1995 年 04 月 30 日,参见尹世杰:《尹世杰选集(第 2 卷)》,长沙:湖南师范大学出版社,2002 年,第 474—476 页。

② 肖浩辉:《加强消费文化研究提高消费文明》,《消费经济》1994 年第 6 期,第 9—11 页。

的人们不再像过去那样受到人的包围,而是受到物的包围"①。由于经济的发展、物质的丰盛,大众的消费习惯和消费观念发生变化,不再仅仅满足于物质资料的生产与消费,而是更加关注精神领域、文化领域的生产与消费,文化消费的需求得到重视,消费文化逐渐发展起来。

消费社会为大众提供了丰盛、精美的产品,大众在消费中获得娱乐,一方面刺激文化生产者主动生产大量通俗流行文化,制造消费幻象;另一方面使大众更加沉溺于文化产品、流行文化、娱乐信息中。马尔库塞认为,消费社会通过对语言的控制,创造并传达给大众一种虚假的需求,大众通过消费获得短暂的快感,并为了不断满足虚假的需求而付出时间、劳动和金钱;大众文化以消费快感来抵消大众因单向付出而产生的怨怼情绪。

英国电视台曾推出系列迷你电视剧《黑镜》(*Black Mirror*),用以表现现代科技背景下,科技、媒介与人性之间的复杂故事。其中,第一季第二集《1500万的价值》中描述了这样一个故事:在电子屏幕包围的虚拟房间中,男主角每天的工作是蹬自行车赚取点数(点数相当于日常消费中需要的金币),每日买食品、玩游戏都需要消耗点数;男主角无意中听到女主角的歌声并为之打动,决定拿出自己全部的1500万点数来帮助女主角实现达人秀梦想,而女主角却在选秀比赛前被饮料扰乱心智,后沦为艳星。男主角悲愤之下努力地省吃俭用赚取点数,为自己购买达人秀入场券,随后他混入表演舞台并在台上宣泄自己的愤怒,控诉社会现实。然而令人意外的是,评委将他的批判及控诉当作"表演",甚至打算专门开设一档评论节目让他继续"表演"。男主角一夜成名,他再也不需要通过骑自行车来赚取点

---

① 让·波德里亚:《消费社会》,刘成富、全志刚译,南京:南京大学出版社,2000年,第1页。

数……在这一故事中,男主角在舞台上对现实的控诉及反抗,被认为是一种"表演",并且最终成为商品,成为大众消费的对象;当他在节目中按照节目设定持续控诉现实时,这种对现实的控诉也就成了按照大众需求制造的商品。这一故事透露出,在消费社会,任何事物都被打上了消费的烙印,甚至梦想、感情、抗争等抽象概念也可以被包装成为消费的对象,而大众也因沉溺于消费文化编织的盛宴而逐渐失去批判意识。

(二)大众传媒助推消费文化

消费文化在消费社会的土壤中,借助大众传媒的力量,通过赋予商品符号意义而控制大众,谋求自身存在的合法性。消费文化的盛行离不开大众传媒的助推,作为连接大众与消费文化的桥梁,大众传媒通过不同的媒介内容向消费者传递有关消费文化的信息。

在大众传媒中,最典型的消费文化推介方式是广告。对于大众传媒而言,广告收入是大众传媒盈利的主要方式之一。广告是以销售为目的向大众推销产品或服务的一种宣传形式。广告通过精美的画面、晓畅的语言,向大众宣扬有格调的消费方式和生活方式,引导大众通过消费过上想要的生活。广告将个人生活与商品或服务联系起来,例如女性化妆品广告通过柔美动听的用语,建立女性、化妆品、美丽等词汇的意义关联,如用"呵护自己,更爱自己""肌肤与你,越变越美""你本来就很美"等广告话语打动女性消费者,激发她们的购买欲;汽车广告通过磅礴大气的用语,将汽车与某种精神品质相联系,如"尽览人生,放怀天地""书写疯狂,需要大一点的背景""热情,从不会被铁笼束缚"等广告话语,通过宣扬对"自由"的追求,使消费者将汽车品牌与"自由""奔放""大气"等语境产生关联。广告通过口号式的宣传语向大众传递具有特定意义指向的符号,建立消费者、商品与品位、身份等象征符号之间的联系。大众传媒通过广告强化了消费文化,使消费文化无声无息地渗透到日常生活中,影响着大众消费观念和消费方式的变化。

大众传媒的广告及各种信息形态带有消费文化的烙印。大众传媒向大众传播关于流行歌曲、流行明星、热门电影、电视剧、旅游目的地的内容,向大众传达某种通俗流行的生活方式。消费文化被大众传媒包装成不同形态,通过多种渠道传递给大众。马尔库塞认为,大众传媒在信息传播时首先进行信息的筛选和把关,这一过程会屏蔽多样化的信息源。当大众长期处于媒体所提供的单向度信息时,就容易陷入媒体塑造的"拟态环境"中,失去批判思考能力,成为信息的接受者。"产品有灌输和操纵的作用;它们助长了一种虚假意识,而这种虚假意识又回避自己的虚假性。随着这些有益的产品在更多的社会阶层中为更多人所使用,它们所具有的灌输作用就不再是宣传,而成为了一种生活方式。"[①] 尽管消费文化因为宣扬某种生活方式、过度注重消费而经常招致批判,但不能否认的是,消费文化借助大众传媒的力量,已经成为影响大众生活方式及交往方式的文化形态。

第三节 "消费神话":广告中的消费文化

广告作为促成消费的一种宣传文本,是传播消费文化的载体。现代广告与消费文化互为依托,相互促进。

---

① 赫伯特·马尔库塞:《单向度的人》,张峰、吕世平译,重庆:重庆出版社,1987年,第11—12页。

一、广告与消费文化的互动

广告是消费文化的呈现载体,消费文化促进广告的发展。一方面,广告通过视觉、听觉符号构建消费文本,促进消费文化的传播;另一方面,消费文化反作用于广告发展,影响特定时间内广告的符号元素构成和风格表现。消费文化在大众传媒与广告的双重作用下,使大众心甘情愿地成为商品及其符号价值的消费者。

(一)广告内容反映消费文化的变迁

广告是宣传产品、促进消费的一种宣传文本,广告内容及其观念受到特定社会文化的影响,"从遣词造句到背景安排,可以真切感觉到所谓的'时代的烙印',而这个'烙印'是动态的、深刻的且带有情绪反映的,所以广告就是一部活生生的社会史"[1]。消费文化是特定历史时期的重要产物,作为消费文化表征方式的广告,伴随社会发展、文化变迁而发生变化。有学者分析了上海文化生活类杂志《生活》周刊刊登的药品广告及医疗服务广告,认为《生活》周刊刊登的医药广告不仅宣传了先进的医疗技术和药品,而且反映了近代上海医药行业的发展,推动了上海市民健康观念的变化:既促进了上海市民卫生观念、疫病预防意识的普及,又推动了以养生保健为主要内容的"身体消费"浪潮,同时也促进"女性健康"观念在社会上的传播。[2] 广告作为消费文化的表征方式,其内容的变化反映了消费文化的变迁。广

---

[1] 黄升民,陈素白:《社会意识的表皮与深层——中国受众广告态度意识考察》,《现代传播(中国传媒大学学报)》2006年第2期,第20—26页。
[2] 胡琼华,徐顺利:《〈生活〉周刊医药广告与上海市民健康观念的演化》,《中国出版史研究》2020年第4期,第118—125页。

告是社会风尚的引领者,广告内容不仅能记录和反映当时的消费文化,而且也可以促进新的社会风尚的形成。

广告通过鲜活的画面、流畅的语言、精美的包装促进商品的使用价值向符号价值的转化,大众在观看广告时下意识地将商品及其背后符号价值相联系。"广告不仅可以刺激消费者购买欲,而且也是某种幸福生活的象征,同时还可以推行某种生活方式。广告关注消费者个体的幻想,对现存的经济政治结构能够起到宣扬或者颠覆的作用。"① 广告随时随地向大众推销商品及品牌信息,同时将消费文化、符号价值编织在广告语境中,赋予商品及品牌特定的符号价值,使大众在观看广告时接受广告所编织的有关物质需求、文化需求及个体消费方式、生活方式的想象。广告一方面煽动大众的购买欲望、激发大众的购买行为;另一方面又为大众的购买及消费行为提供合理化解释。广告铺天盖地的宣传能促使大众通过占有商品而获得商品背后的符号价值,缩短个体关于日常生活与美好向往之间的距离。在广告语境中,某品牌汽车成为"自由""奔放""大气"的标志,使得该品牌消费者在购买汽车、使用汽车过程中获得意义的满足;麦当劳等西式快餐成为时尚、快捷、标准化生活的代言,受到年轻人的认可;某品牌口红成为精致女孩的必备单品,受到年轻女性的喜爱;奢侈品牌服装及化妆品更是时尚、品位的代名词,深受都市白领的青睐……各类广告中将商品与特定符号意义相结合的情形比比皆是,商品消费成为获取自我满足、身份认同的重要方式。

(二)消费文化促使广告视觉审美的发展

在物资相对匮乏的时期,广告宣传的重点是商品的使用价

---

① 杰克逊·李尔斯:《丰裕的寓言:美国广告文化史》,任海龙译,上海,上海人民出版社,2005年,第1页。

值；随着物质生产的极大丰富，大众被丰裕的物质包围，广告宣传的重点从商品的使用价值转移到符号价值。消费文化的兴起，促使广告更重视商品的符号编码。大众在消费商品时一方面占有物质，另一方面占有物质背后的符号意义，消费成为实现个人满足、展示身份地位的象征。消费文化促使广告不断建立起商品的符号价值体系，广告以符号编码者的身份借助艺术化、审美化的手段，实现商品与符号意义之间的关联，使大众建立起商品及其符号意义的联系。大众通过商品消费彰显个人品位，标记社会地位，建立个体与社会的联系。

视觉传达是商品符号编码的呈现形式，广告通常通过设计元素、象征符号等视觉传达手段进行消费文化的视觉表征。大众在购买商品时，不再单纯考虑商品的使用价值，符号价值、审美价值、艺术价值也同样为大众所考虑，因而广告中对商品的展示集中体现在广告的视觉传达方面。视觉传达成为引领、促进消费的有效手段，成为引导生活方式、塑造生活品位的载体。2020年春节期间，"百事可乐"推出鼠年新春限量生肖罐，将呆萌可爱的百事萌鼠"乐乐"形象与中华文化的吉瑞象征相结合，设计出了有不同寓意的"祥龙鼠""锦鲤鼠""瑞狮鼠"等形象。此外，其他公司也推出了新年限量款产品，通过艺术化设计将生肖鼠的形象印在产品外包装上，如"农夫山泉"推出"2020鼠年生肖瓶"，在瓶身上印制了金鼠一家的形象，烘托团圆美满的新春氛围；"江小白"在瓶身上印制了"鼠爷"形象，并以"金鼠来财、鼠来运转"为设计灵感，表达对"财""运"的期盼；"晨光文具"推出"非你莫鼠"系列文具；还有一些品牌服饰、化妆品公司等也推出了鼠年限量款产品等。这反映出厂家在特定生活场景及节日，会通过推出带有特定元素的限量款产品加以广告宣传，以刺激短时期的消费热潮，吸引消费者购买。实际上，限量款与常规款多数仅在产品外观设计方面有所差异，其目的主要是通过限定、限量的销售模式吸引更多消费者。

二、广告对消费神话的建构

广告综合运用文字、图像及其他符号建立了一套复杂的视觉修辞体系,"视觉成分可以表达观念、抽象事物、行动、隐语和修饰物,它们可以组成复杂的论辩方式"①,大众在广告观看时陷入广告方编织的拟像世界中,获得心灵的满足。

消费社会中大众更注重商品的符号价值。大卫·奥格威(David Ogilvy)认为:"品牌是一种错综复杂的象征,它是品牌的属性、名称、包装、价格、历史、声誉、广告风格的无形组合。品牌同时也因消费者对其使用的印象及自身的经验而有所界定。"② 奥格威认为,品牌不仅包含一系列要素,而且包含消费者对品牌的印象及感知。品牌也是象征,商品的商标原是具有理据性的符号,在被使用者反复使用时,其象征性增加,超过原先"意图定点"的意义。商品厂家通过长期的广告宣传,将品牌形象、品牌特征、品牌定位潜移默化地传递给大众,使大众接受有关商品及品牌的表意系统。商品品牌的建构过程,实际也是消费神话建构的过程。品牌符号自身携带的意义仅限于指向产品本身,品牌符号的象征意义从何而来?"这不仅仅是因为符号表意的'无限衍义'性,更多是因为发送者设定了一个'意图定点',也就是品牌的核心价值(如麦当劳的意图定点是快乐),将大部分接收者的解释落在了发送者的意图范围之内。品牌'意图定点'的实现,也就是品牌文本追求象征化,最终成为携带精神意

---

① 沃纳·赛佛林,小詹姆斯·坦卡德:《传播理论:起源、方法与运用(第四版)》,郭镇之等译,北京:华夏出版社,2000年,第84页。
② 黄静:《品牌管理(第二版)》,武汉:武汉大学出版社,2015年,第3页。

义的象征。"①

罗兰·巴特（Roland Barthes）指出："神话是一个神奇的系统，它从一个比它早存在的符号学链上被建构。它是一个第二秩序的符号学系统。那是在第一个系统中的一个符号，在第二个系统中变成一个能指。"②他认为神话能指具有双重性：在第一级系统中能指、所指形成完整的符号，在第二级系统中变成新的能指，而新的能指需要新的意指填充，神话的建构发生在第二级消费符号结构中。罗兰·巴特提出，"神话是一种言语"，神话二级系统被广泛地应用于商品品牌研究中，"从符号学角度说，品牌的本质是'符号意义'，是为企业所拥有，同时在传播中已获得部分消费者认同的符号"③。例如日本护肤品品牌SK-II的明星产品护肤精华露在香港上架后，由多位明星为其进行广告代言，使其"神仙水"的昵称被越来越多的消费者熟知，大众反而忽视了产品原先的名称。在该产品的官方网站介绍中，也将其称为"神仙水"，甚至将其注册为商标。在日常生活中"神仙"是超越日常体验的存在，"神仙水"作为一个被建构的符号，为大众搭建了对产品使用效果的美好想象。"神仙水"体现了现代社会"消费神话"的建构过程，在第一级系统中"SK-II"这一能指指向护肤精华露产品，共同构成第二级系统中新的能指，在第二级系统中通过广告的神话作用加入对"神仙"的功效描述，构成"神仙水"这一新的符号，久而久之，"神仙水"名称的知名度反而超越了产品的原有名称，甚至产品厂家也采用此名称作为

---

① 蒋诗萍：《符号修辞视域下的品牌表意机制研究》，《福建师范大学学报（哲学社会科学版）》2014年第5期，第61—66页。
② 罗兰·巴特：《神话——大众文化诠释》，上海：上海人民出版社，1999年，第171页。
③ 饶广祥：《象征与神话：品牌意义生成路径的梳理》，《重庆广播电视大学学报》2017年第6期，第3—7页。

"意图定点",通过广告的持续宣传,获得大众的认可。

商品品牌,尤其是奢侈品品牌塑造了大众向往的消费神话,并通过铺天盖地的广告宣传持续性地煽动大众的消费欲望,使大众通过消费的方式建立起个人的符号价值体系。

第九章
视觉文化：读图时代的视觉狂欢

马丁·海德格尔在《世界图像的时代》中指出："从本质上看来，世界图像并非意指一幅关于世界的图像，而是指世界被把握为图像了……世界图像并非从一个以前的中世纪的世界图像演变为一个现代的世界图像；毋宁说，根本上世界成为图像，这样一回事情标志着现代之本质。"① 海德格尔将视觉文化与现代性联系起来，认为现代文化是由视觉文化占据主体的文化。"视觉文化就是图像逐渐成为文化主因的（文化）形态。"② 在视觉文化占据主体地位的文化形态中，人们被图像所建构的世界包围，并且习惯于通过视觉图像展开对世界的认识及对意义的阐述。

第一节 读图时代的视觉文化转向

柏拉图在《理想国》中通过"洞穴比喻"的故事讲述了视觉之于认识的重要性：在一个封闭的地下洞穴中，有一群自小被捆绑在洞穴里、面向洞壁的囚徒，洞穴仅有一条通道连接外部世界，囚徒背后的洞口有一堆燃烧的火堆，一些来来往往的木偶通

---

① 马丁·海德格尔：《世界图像的时代》，见孙周兴选编《海德格尔选集》，上海：生活·读书·新知三联书店，1996 年，第 899 页。
② 周宪：《视觉文化的转向》，北京：北京大学出版社，2008 年，第 4 页。

过火堆的照映将影子投射在洞壁上,所以囚徒们一直以为影子是现实中的事物。直到其中一个囚徒摆脱束缚,转身看到曾经看到的事物只是木偶的影子,而当他走出洞口,看到太阳下的事物,才明白一切事物均需借助太阳光芒才能看见。柏拉图通过这个故事讲述了视觉在人类认知中的重要意义。

贝拉·巴拉杰在《视觉与人类》一书中指出了人类文化从视觉文化、读写文化到视觉文化的螺旋式发展过程。在人类认知体系中,视觉符号的发展源远流长,从远古时代的图像符号到以文字为媒介的纯文字表达,再从图文并茂的表达方式发展到以图说话、以图代文的阶段。可以说,图像至今仍在我们的话语体系中发挥着重要作用,甚至借助媒介技术的力量显露出越发旺盛的生命力,"一图胜千言"的读图时代已然到来。

一、读图时代的到来

作为一种文化形态,视觉文化的起源可以追溯到人类社会远古时期,人类通过视觉观察世界,通过图像描绘世界、表达意义。时至今日,我们通过记录在石壁、青铜器皿上的视觉符号了解数千年前人类的生活、思想和观念,他们遗留下来的视觉符号成了我们了解其生活方式、交往方式的途径。

传播介质的发展促使视觉符号的传播载体不断更新换代。远古时期,先人使用石壁、龟甲、兽骨、青铜器皿等载体作为视觉符号记录的载体。随着技术的发明与改进,视觉符号载体历经竹简、麻布、纸张等一系列变化,电影、电视、互联网等电子媒介的出现,使视觉符号载体更丰富多彩。不同于文字符号对受众识字水平、文化素养的要求,对于视觉符号,受众根据自己的社会生活经验即可大致识别、理解其传递的意义。同时视觉符号具备的审美元素更是成为受众喜闻乐见的一种接收方式。正如丹尼尔·贝尔所言："当代文化正在变成一种视觉文化，而不是一种印刷文化。"①

"读图"成为现代受众普遍的一种视觉方式，它既是受众接受图像文化的方式，又是受众理解世界、表达感受的言说方式。关于"读图"的含义，周宪从广义和狭义两方面进行阐释："从广义上说，一切视觉影像均属于这种'阅读'的对象，'读图时代'这一表述揭示了图像成为我们'阅读'的重要领域。从狭义上说，所谓'读图'，就是说印刷物本身的图像化趋向正在改变我们的阅读习惯，把我们从单纯、枯燥和抽象的文字阅读中'解救'出来，把目光转向种种替代或诠释文字的图像。"②"读图"既指受众阅读、浏览图像的行为，又包括受众通过图片认识世界、理解世界、阐释自身、表达自身的话语方式。

1990年，吴昌华在论文《新闻图片编辑研究》中提出"读图时代"的概念，但并未对此进行详细阐述；1998年，杨小彦、钟健夫为漫画丛书作序时引入"读图时代"的概念。"读图时代"这一词语从编辑出版领域延伸到社会生活领域，在新闻、广告、电影、电视等不同媒体产品的内容生产过程中均有所体现，作为视觉文化传播的热门词汇，大量以"读图时代"为背景或对象的研究成果相继出现，"读图时代"一词进入学术研究视野。

读图时代的到来，一方面打破了文字在传播中的主体地位，突显了图像在传播中的地位，另一方面促进了视觉文化的发展与繁荣，视觉符号成为吸引受众目光的重要手段，这引起了学术界的高度关注。视觉文化在蓬勃发展的同时，其负面影响也难以规避：受众在接触媒介时更多地关注图像及图像展示和营造的场

---

① 丹尼尔·贝尔：《资本主义文化矛盾》，赵一凡、蒲隆、任晓晋译，上海：生活·读书·新知三联书店，1989年，第156页。
② 周宪：《视觉文化的转向》，《学术研究》2004年第2期，第110—115页。

景,容易忽视文字传递的内容、忽略整体文本蕴含的意义,从而增加了对事件本质、细节失去思辨及质疑能力的风险。

二、读图时代的视觉文化转向

"图像"是一种伴随人类信息交流及文明传承而产生并发展起来的符号记录方式。图像既是我们认识世界的途径,又是传递信息、阐述意义的方式。依据《现代汉语词典(第7版)》,"图像"一词被定义为"画成、摄制或印制的形象",而本书则将"图像"视为通过媒介手段记录并展示的具体形象,包括相机、摄像机等数码设备记录或是通过计算机绘制、编辑制作的作品。图像以其生动、直观、鲜活的呈现方式引发受众的喜爱,由此,视觉图像在人类认知与传播中的作用愈加重要。

(一)"图像转向"的解读

美国艺术理论家米歇尔(W. J. T. Mitchell)在1992年发表的学术论文《图像转向》中提出"图像转向"(pictorial turn)一词,指出人文科学正进入仿真时代,信息交流更多地借助视觉技术完成,视觉化倾向有赖于新颖、恰当的分析与批评形式。他进一步解释道,文化研究中的"语言学转向"让位给"图像转向","图像转向是视觉图像作为视觉性、器具、体制、话语、身体和譬喻性之间复杂的相互作用的后语言学、后符号学的重新发现"[①]。在进一步列举视觉人工制品对艺术史及物质文明的重要贡献之后,他强调,艺术史论述必须接纳图像的独特属性,同时尽量避免使用由文学、文化、社会和潜意识发展而来的认知模式

[①] 黄鸣奋:《西方数码艺术理论史2:数码文本的艺术价值》,上海:学林出版社,2011年,第529页。

来解读图像。

米歇尔的"图像与文本"理论包括两方面内容：一是"'文本图像'，视觉形象作为语言内部差异的场所，具体体现为文字和印刷的物质性，视觉再现之语言再现的诗歌形式，以及描述在叙事中的奇异作用"[①]。二是"'图像文本'，语言在视觉领域的再现和（同样重要）压抑，具体体现为现代主义的抽象绘画、后现代的最小主义雕塑和20世纪的一系列摄影文本"[②]。关于文本与形象的关系，米歇尔在前人研究的基础上将文本与形象的关系置于社会大环境中加以分析，他认为无处不在的图像不仅会改变信息接收者与传播者，而且也影响着我们对世界的认知。

（二）读图时代的视觉文化转向

学界认为，图像转向的早期推动力量是电视，由于电视在家庭中的普及，将电视图像作为观看对象在家庭生活中随处可见，但是对电视图像的再加工工作却并非普通观众能够实现，而是需要借助专业化视频编辑设备。数字媒体技术的发展加速了视觉图像的文化实践，视觉图像被快速复制、传播至社会的各个角落。

改革开放以来，海外视觉文化涌进国内，此时期欧美电影中的个人英雄形象、日韩影视剧中的流行偶像通过多种媒介渠道进入国内，引发中西视觉文化及思想观念的激烈碰撞。20世纪90年代，市场经济的推行及新闻媒体的市场化改革，使我国传媒市场向商业化、产业化方向快速发展起来，为视觉文化的传播与繁荣创建了外部条件。借助数字媒体技术，视觉图像得以快速复制、传播、分享，视觉文化传播载体从早期的电影院、录像厅、

---

① W.J.T.米歇尔：《图像理论》，陈永国、胡文征译，北京：北京大学出版社，2006年，第95页。

② W.J.T.米歇尔：《图像理论》，陈永国、胡文征译，北京：北京大学出版社，2006年，第95页。

图像印刷品、电视机发展为今天的智能电视、移动智能终端设备等。无论是晦涩枯燥的数据抑或富有趣味的文化产品,都受到视觉文化实践的影响,被包装成形式新颖的数据新闻或外观炫酷新潮的产品,使受众身处被图像包裹的视觉文化景观中,甚至一些年代久远的艺术图像、影像作品也借助数字技术的复制功能得以进行二次内容创作和大规模传播。

视觉文化使人类文化延伸出一个新的样态,如何看待以图像为基础的视觉文化,成为我们今天思考图像、认识世界、理解与世界关系的根本问题。

(三)视觉文化概念辨析

从某种意义上说,当今人们生活在一个由图像符号构成的世界,图像成长为一种强大的视觉符号的话语霸权,渗透进人们的物质生活与精神生活中。无论何时,当人们打开书籍、报刊、电视乃至电脑,当人们行走于城市的街头巷尾,无论把目光投向哪里,都难以逃脱视觉图像的规制,视觉图像在日常生活中已无处不在。

"视觉文化"一词由匈牙利电影理论家贝拉·巴拉兹(Herbert Balázs)于1913年提出。巴拉兹认为:"随着电影的出现,一种新的视觉文化将取代印刷文化。"[①] 20世纪30年代,海德格尔提出"世界被把握为图像"[②],指出我们认知、理解世界的方式逐渐呈现出图像化、视觉化的特征。本雅明认为,机械复制技术实现对某种对象的批量生产,并导致艺术品数量的提升及"灵韵"的消失,"复制技术把所复制的东西从传统领域解脱了出

[①] 贝拉·巴拉兹:《电影美学》,何力译,北京:中国电影出版社,1978年,第20—27页。

[②] 马丁·海德格尔:《世界图像的时代》,孙周兴选编,《海德格尔选集》,上海:生活·读书·新知三联书店,1996年,第899页。

来，由于它制作了许许多多的复制品,因而它就用众多的复制物取代了独一无二的存在"①,机械复制技术使艺术品从"膜拜价值"转向"展示价值",帮助大众占有一件实物的酷似物、摹本或占有它的复制品,从而实现占有对象的愿望。法国思想家居依·德波（Guy Debord）预言"景观社会"的到来,他指出,当代社会呈现为一种巨大的景观堆积,"一、世界转化成形象,就是把人的主动性的活动转化为被动的行为；二、在景象社会中,视觉具有优先性和至上性,它压倒了其他感觉,现代人完全变成了观者；三、景象避开了人的活动而转向景象的观看,从根本上说,景象就是独裁和暴力,它不允许对话；四、景象的表征是自律自足的,它不断扩大自身,复制自身"②。鲍德里亚从拟像理论视角出发,认为"拟像"经历了仿造、生产、仿真三个序列,媒介展现的景象成为比真实更真实的超真实,这种超真实是通过仿真和拟像实现的,"超真实世界具有如下特征：第一,在符码统治时代,一切都是由符码预先决定的,我们只能通过提问/回答的方式来应对符码,它排除了沉思的可能性,我们只能直观地在符码所创造出来的语境内回答问题。第二,在符码时代,现实不再是原初物及其关系结构意义上的现实,而是经过符码中介出现的模拟物,物与物之间的系列关系,使物与其指涉的现实关系消失了"③。丹尼尔·贝尔认为,当代文化正在变成一种视觉文化,因为视觉图像比语言文字更加生动、直观,"目前居统治地位的是视觉观念,声音和景象,尤其是后者,组织了美

---

① 瓦尔特·本雅明：《机械复制时代的艺术作品》,王才勇译,北京：中国城市出版社,2002年,第10页。
② 居伊·德波：《景象的社会》,陶东风、金元浦、高丙中主编,《文化研究（第3辑）》,天津：天津社会科学院出版社,2002年,第61页。
③ 仰海峰：《后生产时代、符号的造反与激进批判理论——鲍德里亚〈象征交换与死亡〉解读》,《南京大学学报（哲学·人文科学·社会科学版）》2004年第2期,第12—18页。

学,统率了观众"①。美国学者弗雷德里克·詹姆逊(Fredric Jameson)认为,图像具有形象、生动、直观的特点,其不必然诉诸人类理性,形象被物化成为日常生活中的消费品,并大量复制,取代现实本身,人们通常先从商品形象(如广告)入手展开对商品(实物)的认知。

通过上述关于视觉文化的梳理,我们可以看出,"视觉文化"不单指狭义的图像艺术,而是指与图像有关的文化实践,强调我们用以认知世界、解释世界的方式日趋呈现图像化的特点,"它涵盖的范围远远超过了图像研究,其真正意义是要用视觉文化瓦解和挑战任何想以纯粹的语言方式来界定文化的企图"②。视觉文化是指"文化脱离了以语言为中心的理性主义形态,日益转向以形象为中心,特别是以影像为中心的感性主义形态"③。视觉文化不仅体现为一种文化形态,更体现为人类思维方式的转变。

三、视觉文化传播的动因分析

我们生活在一个被图像包裹的时空中:琳琅满目的商品包装、五彩斑斓的广告图片、耸动的新闻图像等时时刻刻出现在我们的视线范围内,形成我们眼中色彩艳丽的缤纷世界。整个世界呈现出各种奇观不断积聚的效应;周围的图像已经演变成某种强大的物质性力量,就像人们口中所提及的经济和政治力量那样。④ 视觉文化在当代的繁荣,与科学技术发展、消费主义盛行

---

① 丹尼尔·贝尔:《资本主义文化矛盾》,赵一凡、蒲隆、任晓晋译,上海:生活·读书·新知三联书店,1989年,第154—155页。
② 尼古拉·米尔佐夫:《什么是视觉文化》,陶东风、金元浦、高丙中主编,《文化研究(第3辑)》,天津:天津社会科学院出版社,2002年,第4页。
③ 周宪:《读图,身体,意识形态》,陶东风、金元浦、高丙中主编,《文化研究(第3辑)》,天津:天津社会科学院出版社,2002年,第72页。
④ 周宪:《重建阅读文化》,《学术月刊》2007年第5期,第5—9页。

及视觉图像的直观特性息息相关。

(一)科学技术为视觉文化发展提供助推力量

科学技术的发展加速了电子时代的到来,电报、电话、广播、电影、电视、网络、手机等传播媒介的产生,尤其是电影、电视、网络、手机等的出现,延伸了人类的视角,丰富了人类的视线。数字技术、网络技术、移动通信技术的发明,使数字产品的拷贝、复制、传播、分享更加便捷,使图像的数量呈现几何倍增态势。

科技的发展不仅推动了图像的快速传播、复制,而且加速了图像的制作、合成。专业化的动画制作软件、游戏制作软件为专业视频编辑从业者、游戏制作从业者提供了工作便利,而操作简易的图像、影像编辑软件如美图秀秀、Photoshop、绘声绘影等工具极大满足了普通大众的图像、影像处理需求。

(二)消费社会为视觉消费流行提供外部环境

消费社会造就了大量的消费人群,为"视觉消费"提供了外部环境。周宪指出,在消费社会,消费者通过视觉进行多样化的消费活动,商品或服务形象是消费活动的中介,形象需要依托大众传媒进行传播,形成消费者与商品、服务之间错综复杂的关系。[1] 消费者对于商品或服务的视觉观看及出于视觉审美的目的购买商品或服务,带有体验式消费的特征。

在消费社会,大众对于应接不暇的图像景观早已习以为常。不管是琳琅满目的商品,还是五彩斑斓的广告,都旨在通过精美的造型或绚丽的图像吸引大众的眼球。报刊新闻中巨幅的新闻图

---

[1] 周宪:《视觉文化的转向》,北京:北京大学出版社,2008年,第108-109页。

片往往比新闻内容更吸引读者,电视广告精心包装的生活方式营造着大众关于未来生活的想象,好莱坞电影通过 3D 视觉效果吸引大众的观看,时尚杂志通过妆容完美的时装模特引领时尚潮流的发展,外观精美的商品包装甚至会影响消费者的消费决策……大众的生活无时无刻处在视觉图像的包裹中,使大众在对商品或服务的观看与凝视中,获得视觉消费的快感、自我身份的认同及消费心理的满足。

(三)视觉图像直观形象的特点更符合大众的阅读趣味和需求

视觉图像具有直观、形象的特点,是传递信息的一种重要方式。一项心理学研究表明,人类接触信息时,83%的信息源于视觉,11%的信息源于听觉,6%的信息源于嗅觉、味觉和触觉。视觉图像在人类的信息认知和接收中占据重要地位。大众通过文字符号进行信息接收时,文字的阅读不仅需要大众具备一定的知识文化水平,而且需要调动大众的理性思维能力对文字描述的内容进行联想和想象,一些深奥晦涩的文字表述甚至会造成读者理解的偏差。图像则以其直观、形象、生动的特点,通过图形、大小、色彩的排列组合,向大众传递信息。对于大部分图像的阅读者而言,通常只需联系自己的生活经验便能予以理解。

此外,图像还能跨越空间的限制,冲破不同国家、民族的语言障碍,成为一种世界通用的"视觉语言"。在"麦当劳经典广告——婴儿摇篮篇"中,一个婴儿在背景音乐中随着摇篮而晃动,奇怪的是当摇篮晃动到接近镜头时婴儿会露出快乐的表情,而摇篮远离镜头时婴儿又会露出悲伤的表情,随后画面转向窗外,原来窗外有一个巨型的麦当劳符号"M"的标识,观众于是恍然大悟:原来婴儿看到"M"标识时快乐、看不到时难过。

科学技术为视觉文化发展提供助推力量,消费社会为视觉消费的流行提供外部环境，视觉图像直观形象的特点也因十分符合大众的阅读趣味和需求而广为流行。多方力量的推动促进了视觉文化在当代的传播。

四、新闻可视化：融合新闻的视觉符号应用

随着科学技术的发展，更多媒介技术手段被应用于新闻生产过程中，使新闻生产的采编、制作流程发生巨大变革，数据新闻、融合新闻、传感器新闻、VR新闻、机器人新闻等新型新闻产品形式层出不穷。新闻图像作为新闻内容的一种呈现方式，日益成为新闻报道中不可或缺的视觉语言。

（一）数据新闻：新闻报道的数据可视化

基于大数据技术，数据新闻采用"获取数据（getting data）—分析数据（analysis data）—数据可视化（visualizating data）"[①]的生产流程，通过文字、图片、图表、视频、音频等多媒体表现方式，以数据化、可视化、交互性的特点，突出数据新闻的准确性和客观性，给用户带来更新鲜的新闻阅读及视听体验，成为用户获取信息的重要选择。

数据新闻强调数据的获取、分析及可视化，它对大量官方或行业协会、专业调查公司发布的数据进行分析，一方面拓宽了新闻报道的领域，因为一些具有敏锐数据意识的记者往往能从数据的分析、加工中发掘出更有报道价值的选题；另一方面数据新闻没有固定的表达程式，其呈现方法多种多样，数据新闻中数据、图像、图表往往占据较大篇幅，文字常作为图像辅助说明而出

---

① 郎劲松，杨海：《数据新闻：大数据时代新闻可视化传播的创新路径》，《现代传播（中国传媒大学学报）》2014年第3期，第32—36页。

现,这改变了传统新闻报道以文字为中心的格局,突显了图像在数据新闻中的中心地位。在数据新闻中,"作为文本的世界已经被作为图像的世界所取代"①。

(二)融合新闻:新闻报道的视觉符号使用

视觉符号作为对信息或文字的诠释,以其直观、形象、生动的特点为受众所欢迎。新闻报道中的图片报道以其清晰直观的视觉效果,加深了受众对新闻报道的认识,往往起到"一图胜千言""有图有真相"的传播效果。

随着媒介融合的纵深发展,融合新闻成为新闻媒体改进新闻生产流程、丰富报道形式的重要手段。融合新闻是以图片、图像、图表等视觉符号为基础,这些视觉符号具有视觉修辞的表意特征。视觉符号将表意系统蕴含于符号文本中,通过符号文本的传递完成意义建构的合理化和正当化过程。美国艺术评论家苏珊·桑塔格(Susan Sontag)认为:"照片不只是存在的事物的证明,而且是一个人眼中所见到的事物的证明,不只是对世界的记录,而且是对世界的评价。"② 机械复制时代的新闻图片摄影通过对瞬间的抓取完成意义的建构并成为集体回忆的象征。"摄影于瞬间把运动的生活世界凝固成静态的视觉形象,把流动的时间冻结为永恒的空间画面,同时把历史记忆变成可供多元解释、难辨真伪的形象语言。"③

第二十九届中国新闻奖媒体融合奖项一等奖作品《父亲·我们·时代》,由照片《父亲》中父亲凝望的眼神说起,接着以一

---

① 尼古拉斯·米尔佐夫:《视觉文化导论》,倪伟译,南京:江苏人民出版社,2006年,第7页。

② 苏珊·桑塔格:《论摄影》,黄灿然译,上海:上海译文出版社,2018年,第147页。

③ 陈永国:《视觉文化研究读本》,北京:北京大学出版社,2009年,第6页。

幅幅历史照片的形式呈现改革开放四十年来父辈们服务、奉献于改革开放和社会建设的故事；同时以红色相框的组图方式呈现四十年今昔对比的面貌，最后将视线聚焦于当代社会图景，通过矗立在祖国山川湖海的巨型红色相框，隐喻当今现代化建设与实践成果也将成为后世回忆纪念的参照物，呼应"与时代同框"的新闻主题。

第二节　网络传播中的视觉文化狂欢

科学技术的发展促进了电子媒介的发明及普及，而电子媒介的广泛应用则加快了视觉文化的传播速度。在网络传播中，数字技术、网络技术、移动通信技术使视觉图像的生产、传播、消费呈现几何倍增趋势。网络传播综合使用文字、图像、图片、图表、音频、视频等符号元素，图像传播速度更快，传播范围更广，互动性、即时性更强，有利于引发大众的参与热情，形成视觉文化的狂欢景象。

狂欢理论由苏联文艺理论家巴赫金提出，他将狂欢作为研究对象并将狂欢现象理论化，认为狂欢式的节庆生活在民众生活中占据重要地位，各种等级身份的民众打破日常生活的等级界限，不顾限制及宗教禁忌，化装游行，滑稽表演，吃喝玩乐，尽情宣泄。狂欢具有全民性、仪式性和颠覆性：全民性狂欢经常表现为一种全民性演出，没有表演者和观赏者之分；仪式性狂欢指人们在戏谑的氛围中，用笑谑的方式推选节日庆典的"国王"，这种仪式不停转换，在不同时期贯穿仪式化的节日庆典；颠覆性狂欢则能够打破日常生活的等级秩序，使人们暂时性地从现实关系中脱离出来。

在网络空间，传受双方的身份更加多元化，传受双方互为内容生产者、传播者、分享者、接收者等，产生"一种特殊的交往,自由自在,不拘形迹的广场式交往"①。网络发展赋予普通人表达的权利,任何人在任何时间、任何地点只要拥有一台智能设备便能接入互联网发表自己的看法。网络的低门槛化为普通人发表意见、表达观点提供便利条件;网络的匿名化使普通用户能够暂时抛却现实生活中的身份、地位束缚,充分网络虚拟化的角色,在虚拟世界畅所欲言;网络的即时互动性使所有用户能够享受即时传播、即时互动带来的快感。通过网络意见领袖的话题接力,以戏谑的方式不断上演"国王"的加冕与脱冕仪式。网络语言摆脱"规则与等级的束缚以及一般语言的种种清规戒律,而变成一种仿佛是特殊的语言,一种针对官方语言的黑话"②,用户在网络互动中以戏谑的语言和解构严肃的话语方式表达对现实生活的态度。社交媒体的出现加速了视觉文化的盛行,用户在虚拟聊天中对视觉符号的应用和推广,加速了网络传播中视觉文化的狂欢景象。

二、网络传播中身体的视觉狂欢

在网络传播中,身体被物化、商品化,身体带来的视觉狂欢成为网络视觉文化传播中的重要现象。

(一)关于"身体"的属性

《现代汉语词典(第7版)》对"身体"的定义为:"一个人或一个动物的生理组织的整体,有时专指躯干和四肢。"在生物学中,身体指人或生物的生理组织,包括皮肤、器官、骨骼、肌

---

① 钱中文:《巴赫金全集 第五卷》,白春仁、顾亚铃译,石家庄:河北教育出版社,1998年,第242页。
② 钱中文:《巴赫金全集 第六卷》,李兆林、夏忠宪译,石家庄:河北教育出版社,1998年,第184页。

肉等。在社会科学中，身体成为人类或生物从事活动、交往的物质载体，也是思维意识的载体。

身体不仅是物质的载体，而且承载着丰富的社会文化内涵，具有文化属性、符号属性和社会属性。从文化属性来看，身体受到其所处时代文化观念的影响和制约，古人称"环肥燕瘦，各有千秋"，说明对身体的审美深受其所处时代的影响。从符号属性来看，"身体在相对于他者的身体的对话中获得自身，它不仅被动地获得意义，还主动地发送意义，同时身体的直观呈现还是一个完整的符号文本，参与表意"①。身体成为消费对象，人的长相、身高、身材、神态及其附带的地位、身份、声誉、品位等成为大众的符号消费对象。从社会属性来看，福柯将身体称为"被驯服的身体"，即身体是被权力话语（如美/丑、胖/瘦、健康/疾病等）支配的场所，自然属性的身体借助外在方式如服饰、妆容、整容等手段以期更接近社会标准。

"当代大众文化基本上是一种围绕身体建构的文化，其主题是欲望，其价值是身体性愉悦，其实践是按照美的规律对人体进行技术再造和改装。"②商品广告、影视剧、潮流杂志无不流露出社会对个体身体美、外形美的要求。从明星、偶像到普通大众，都在按照社会对个体身体美、外形美的要求改造自身，以期更符合社会要求。小红书 App 以"标记我的生活"为口号，大量用户以图片、视频的方式分享美妆笔记、实用好物等心得，截至 2019 年 10 月，"小红书"月活跃用户数过亿，70% 的新增用户为"90 后"。类似的美妆分享软件在青年群体中具有较高的渗透率，体现出青年人对身体美的重视。

---

① 朱林：《身体与符号：一个符号现象学的思考》，《淮阴师范学院学报（哲学社会科学版）》2016 年第 2 期，第 217-221 页。

② 刘成纪：《身体美学的一个当代案例》，《中州学刊》2005 年第 3 期，第 247-248 页。

（二）网络选秀：对"身体"的凝视与规训

福柯认为，身体受权力和文化、经济的建构，并将身体称为"被驯服的身体"，身体成为权力拥有者改造的对象与目标，通过操纵、改造、规训的方式迫使身体配合与服从统治者的意志。① 一方面，网络传播为个体提供了展示身体形象和塑造自我形象的渠道，任何人都可以借助网络展现自我；另一方面，网络传播中个人身体图像依然难以摆脱大众对个体乃至性别话语的刻板印象制约。在网络视觉文化中，身体被作为艺术生产和创作的对象，成为大众观看、凝视乃至讨论的对象。

近年来，网络选秀节目如《创造101》《偶像练习生》《青春有你》《以团之名》《创造营》等呈现井喷式发展，身体是网络选秀节目展示的重点和话题制造点。网络选秀节目，指选手以"练习生"的身份参与公开选拔，知名艺人、明星作为"评委""导师"，通过对参赛选手在唱歌、跳舞、说唱等方面的表演进行层层选拔考核，从而择优成团的节目活动。该节目的核心在于选手个人通过明星导师的指导及个人的努力练习，在考核舞台中获得好的成绩和排名，组成偶像团体出道。网络选秀节目中，粉丝往往具有较大的话语权和选择权，依靠粉丝流量经济的选秀节目也逐渐出现过度煽情的问题。

网络选秀节目尤其是"女团"类节目中，女性的身体、长相、衣着一再被作为展示和讨论的对象，女性的身体经过媒介建构被局部放大，她们一出场便成为大众凝视的对象。女性主义电影理论家劳拉·穆尔维（Laura Mulvey）认为："在一个由性的不平衡所安排的世界中，看的快感分裂为主动的/男性的和被动

---

① 马藜：《视觉文化下的女性身体叙事》，成都：四川大学出版社，2009年，第41页。

的/女性的。"① 女性被当作观察和凝视的对象,而男性则扮演着观察者和评判者的角色,这导致相较而言女性更加追求外在美,以期在被观察时获得较好的评价。由于男性掌握着身体评价的权力,基于男性视角的身体评价在无形中被女性所内化,成为女性不断观察、检视自身的标准。

网络选秀节目中,选手的身体既是镜头拍摄的重点,又是影视化包装的重点。参加选秀节目的选手,几乎全部是具有姣好面庞、完美身材、妆容精致的年轻女性,选手在节目中犹如置身于"全景敞式监狱",一出场便被置于评委和摄像机的注视下,成为大众观看与凝视的对象,哪怕是选手在后台进行训练或交谈,都处于镜头的拍摄中。经过层层唱跳选拔比拼而成团出道的选手,大多数是符合大众审美标准、符合大众审美趣味的甜美可爱、青春可人、性感动人的女性形象;而那些不符合大众审美标准的选手则可能无缘成团的机会。

(三)"美颜自拍":个人容貌的网络自我呈现

在网络传播中,用户自拍图像的网络呈现成为视觉文化中的一道亮丽的图像奇观。美颜修图软件对自拍照的效果修饰,是一场有意识、有预谋的视觉形象生产行动,帮助用户从已有的身体特征中,人为地、虚构性地编织出一套关于"完美容颜"的虚假视觉表征,通过在社交媒体中对"完美容颜"的追求和突显,营造出一幅自我"完美理想"的视觉假象,刺激视觉感官,并引发大众对完美容颜、完美身材的时尚消费追求。用户自拍照的社交媒体实践,同时也是用户自我形象的网络呈现,经由美颜软件修饰的自拍照网络分享行为,成为用户"完美理想"自我形象的网

---

① 吴颖:《"看"与被看的女性——论影视凝视的性别意识及女性主义表达的困境》,《浙江社会科学》2012年第5期,第145-148,160页。

络表演与展示载体。用户是表演者,在展示完美理想容貌时,幻想着来自观看者的认同与赞美,在与观看者进行评论互动时,完成"完美理想"形象的虚拟建构及自我认同。观看者在浏览被美化的个人自拍照时,往往也会参与评论互动,表达对自拍者容貌、外形的肯定与赞美。

关于"自拍",可以追溯到1839年美国摄影师罗伯特·科尼利厄斯拍摄的第一张自拍照,但由于当时照相机并未普及,"自拍"这一行为只能在少数人群中流行。1900年柯达公司推出了价格低廉的照相机,使照相机在普通人群中逐渐普及,"自拍"这一行为也日渐流行起来。2013年《牛津词典》将"(selfie)"(自拍)作为年度热词,对其意义的解释为,人们为自己拍摄照片,通常指人们用智能手机或电脑摄像头拍摄,然后上传到社交网站上的照片。

21世纪,依托面部识别、图像分割、图像增强、图像生成等技术,智能化的美颜软件为用户提供了多样化的自拍美化工具。用户仅需对准智能手机的前置摄像头,轻按快门,再通过图像滤镜、美化、上妆等特效处理方法,消除原始照片呈现的瑕疵,选择较为满意的自拍照效果图进行保存,实现对个人形象的个性化自我呈现。随后用户将经过"美颜效果"修饰的自拍照上传至社交媒体进行分享,等待来自他者的肯定及赞美,完成自拍照的社交分享行为。

借助美颜软件,用户能够根据软件提供的美颜效果,遮蔽自身的容貌瑕疵,通过滤镜效果、图像风格的选择,达到改造身体、改善容貌的效果。例如某款热门美颜软件能为用户提供"一键美颜""瘦脸瘦身""磨皮匀肤""智能去皱""面部微雕""祛斑祛痘""五官立体""眼睛放大""去黑眼圈""亮眼""牙齿美白"等十余种美颜效果。用户根据自拍照及自身容貌特点,有针对性地使用这些美颜效果,使自我形象呈现更加理想化、完美化,把现实生活中不完美、有瑕疵的"真实自我"包装成社交媒体中经过美颜修饰的"想象自我"。用户通过自拍分享,展示个人理想容貌及最新生活动态;通过美颜图像的展示,更容易引起他人关注,产生"我拍故我在""我秀图故我在"的图像在场感。

三、网络传播中虚拟形象的视觉狂欢

虚拟形象指现实社会中不存在,借助数字化手段,经过构思、设计、加工等环节制作而成的造型与形象。网络传播中虚拟形象的应用与呈现,深受用户个体和影视创作、品牌推广方等的欢迎。

(一)虚拟形象的界定与应用

网络传播中数字虚拟形象无处不在,从社交虚拟时装秀到用户自我虚拟形象塑造,从动画形象到影视造型,从商品广告到品牌推广,虚拟形象随处可见。经由计算机软件特效制作的虚拟形象能有效弥补现实形象的不足,达到更好的视觉传达效果。虚拟形象常以卡通或动漫的形态出现,给人留下亲切、可爱的印象。

从用户个体角度来看,用户可以通过计算机软件以较低成本虚拟自我形象,并根据个人喜好选择不同的穿搭风格,创造出现实生活中难以呈现的自我形象,既满足自我形象的想象,又展示独特的个性。从影视创作角度看,应用数字化手段创造的虚拟人物、动物形象,能够有效弥补现实创作手段的不足,给予影视创作团队更大的发挥空间;从品牌推广角度来看,品牌虚拟形象通过拟人化的创作方法,将品牌形象具象化、实体化,如天猫商城的黑猫 logo 形象、京东商城的小狗 logo 形象等,通过赋予虚拟形象积极正面的符号象征,及品牌方对虚拟形象的反复使用,使品牌形象更具吸引力和亲和力。

(二) 从 QQ 秀到 ZEPETO：网络个人虚拟形象的视觉狂欢

用户通过网络空间选择典型元素的完美外貌或是经典穿搭的服饰风格，建构了个人虚拟形象，通过拼贴和戏仿形成新的个人虚拟形象和新的意义空间。拼贴即通过基本元素的即兴拼凑组合、无限延伸，产生新的意义。[①] 个人虚拟形象作为一种象征符号，或通过不同元素的拼贴，如用户选择不同的外貌、五官、身材及服饰，给人带来不同的视觉感受；或通过对经典穿搭服饰风格的解构及戏仿，拼接成新的虚拟形象。个人虚拟形象建构既是一种对"想象自我"的塑造，又能以较低成本体验不同的服饰风格，实现现实自我与想象自我的连接。

美国社会学家乔治·米德提出了符号互动论，认为人们从日常生活的社会互动中形成自我的认知。他将"自我"分为"主我""客我"两方面，"主我"通过个体围绕活动对象从活动行为中具体现出来，是真实自我的表现；"客我"是个体对自己或他人的评价，是社会评价和期待的体现。网络用户在虚拟社交中既希望表达真实的个人形象，又希望避免过度真实的形象，因而网络个人虚拟形象这种既源于现实形象，又高度梦幻、完美的虚拟形象，模糊了真实形象与想象形象的边界，满足了用户虚拟形象的个性化表达需求。用户通过软件提供的风格、模板以较为简易的方式建立个人虚拟形象，既传达自我形象的认知，又在他者中塑造了与众不同的个人形象，成为个人形象建构的符号。

QQ 秀是腾讯公司 2003 年为用户提供的一款个人虚拟形象设计产品，用户在虚拟聊天时可以在聊天窗口展示个人 QQ 秀，可以自主选择服饰风格、类型、特征、颜色及适用场景等。以服

[①] 迪克·赫伯迪克：《亚文化风格的意义》，陆道夫译，北京：北京大学出版社，2009 年，第 128 页。

饰风格为例，可选择的风格包括：可爱、酷帅、梦幻、简约、非主流、复古、插画、漫画、卡通动漫、古典/中国风、校园、职场、搞怪等，如果开通"QQ红钻"虚拟权益，则可以享受更多虚拟特权及独特造型。从技术角度来看，QQ秀采用Flash技术，通过画面绘制及效果渲染使虚拟外貌、服饰更加逼真。作为腾讯公司一款红极一时的虚拟产品，QQ秀随着互联网及社交聊天工具的推广而深受一代人的喜爱，其发展在于2008年达到顶峰，随着移动互联网及微信的普及，2011年QQ秀由盛转衰，2016年腾讯不再更新QQ秀商城，红钻会员也淡出公众视野。2016年腾讯公司为适应移动互联网发展，推出适用于手机QQ的"厘米秀"，"厘米秀"具备换装、表情、聊天、互动等功能。2018年腾讯公司推出3D虚拟形象社交产品卡噗App，用户通过QQ账号或微信账号登录，通过捏脸、换装、制作头像、合照等功能打造个人3D虚拟形象，还可以设计专属虚拟形象的梦想小屋。与此同时，各类虚拟形象设计软件不断涌现。2013年魔漫相机App出现，它可根据用户面部特征绘制专属漫画形象，通过调整脸型、发型、眼睛、眉毛等元素来获取用户满意的专属漫画形象；2014年个人卡通形象设计软件脸萌悄然爆红，用户可以根据自身形象，自主选择脸型、五官、发型、身材等元素拼接个人卡通漫画形象；2018年ZEPETO进入中国市场，用户可以用它设计个人3D虚拟形象，并进行聊天、社交等。

从QQ秀、厘米秀、卡噗、脸萌到ZEPETO，彰显着技术的迭代和审美水平变化，个人虚拟形象产品层出不穷，有的红极一时引发用户争相使用，有的由盛而衰被用户抛弃。但大众对于个人虚拟形象设计与呈现的热情并没有消退，未来仍会有大量个人虚拟形象设计产品问世。当下，个人虚拟形象设计产品常匹配多元场景，使用户能以微小的成本，根据时尚潮流和个人喜好变换虚拟的外貌、服饰形象，并且搭配多元的适用场景，使个人虚拟形象在网络传播和虚拟社交中的作用更加独特。

（三）"完美偶像"：数字虚拟偶像的视觉狂欢

数字技术的发展，使大众的日常生活被各种符号化形象包围。视觉建构是一种意指实践，形象的视觉通过意指和表征进行运作。基于数字技术与智能技术的发展，数字虚拟偶像问世并广受欢迎。"数字虚拟偶像"指的是通过绘画、动画、CG（计算机绘画）等技术，制作具有歌唱、游戏等功能的人物形象。数字虚拟偶像通过符号化、拟像化操作，建构出符合大众审美期待、具有符号意义的视觉形象，突出视觉符号的审美体验。用户通过观看虚拟偶像，体验到既源于现实又脱离现实的高度艺术化、审美化形象。虚拟偶像使大众感受到虚拟的快感，虚拟偶像的视觉化呈现为大众提供了可供消费的符号体系。虚拟偶像成为深受大众追捧、喜爱的客体，也为大众营造了虚拟、幻想、奇观的虚拟世界。

随着技术发展，虚拟偶像逐渐从幻想变为现实，从网络世界走进现实世界，并在网络虚拟场景或现实场景进行唱歌、舞蹈、交谈等活动。虚拟偶像具有接近真人的表情、动作，在外貌、身材等方面却更完美，并具有可爱、萌等性格特点。虚拟偶像在"二次元"爱好者和大众中拥有较高人气和粉丝量。粉丝认为，虚拟偶像的声音及形象能够抚慰内心、陪伴成长，这即是使他们产生情感投射和社交依赖的主要原因。得益于声库技术、3D建模技术、全息影像技术、虚拟现实技术的发展，虚拟偶像已经从虚拟走向现实，2020年9月，爱奇艺推出首档虚拟偶像竞演节目《跨次元新星》，邀请多家公司的虚拟偶像同台竞技，引发了广泛的媒体和用户关注。

诞生于2012年的"虚拟歌姬"洛天依本质即是一个"会唱歌的程序"，她是一个基于语音合成技术、具有中文声库的虚拟偶像，是国内较早的"二次元"虚拟偶像。洛天依是一个灰发、绿瞳，以碧玉为发饰，以中国结为腰坠的年约 15 岁的少女形象。她不仅具有性别、造型、形象等特征，而且有歌曲作品、广告代言，甚至还开过演唱会，参加过直播带货。2016 年，洛天依登上卫视跨年演唱会，与真人歌手共同登台献唱；2017 年，洛天依在上海举办线下演唱会，现场采用全息影像方式展示洛天依的个人形象；2020 年，洛天依进行直播带货，在线观看人数接近 300 万，约 200 万人参与打赏互动。作为出道数年的虚拟偶像，洛天依微博粉丝数达 474 万，哔哩哔哩网站粉丝数达 219 万，拥有庞大而活跃的粉丝群体（数据截至 2021 年 1 月）。

第三节 表情包：网络表情符号的传播实践

随着移动社交媒体的发展，很多用户已然习惯在发送信息时附带表情，或是直接以表情符号替代文字表达。2015 年腾讯公司发布的《中国网民表情报告》显示，超过 90% 的用户在聊天时使用过表情。[1] 2021 年抖音发布的《2020 抖音数据报告》显示，各个年龄段群体使用表情包的类型有所差异：以 Emoji 为例，"00 后"最爱使用表情包"笑哭"，"90 后"最爱"捂脸"，"80 后"最爱"呲牙"，"70 后"最爱"赞"，"60 后"最爱"玫瑰"。[2] 表情符号已成为网络世界的一种通用语言，被广泛使用于虚拟社交场景，成为一种全球化社交现象。

---

[1]《〈中国网民表情报告〉出炉，你为什么喜欢发表情？》，界面新闻 2015 年 4 月 27 日，参见 https://www.jiemian.com/article/270489.html。

[2]《抖音发布 2020 数据报告，70 后最爱发表情包》，凤凰网 2021 年 1 月 6 日，参见 https://finance.ifeng.com/c/82nzvLym16p。

一、表情包的由来与发展

表情包是一种通过"图片＋文字"的形式表达信息、传递意义的图像符号。2015 年,《牛津词典》将喜极而泣的笑脸符号（Face with Tears of Joy）作为年度词汇,这是《牛津词典》首次将表情符号作为年度词汇,原因是这一表情符号最能代表"2015 年的社会精神特质、气氛和关注事件"。

关于表情包的发展,可以追溯到 1982 年 9 月,美国卡耐基梅隆大学的斯科特·法尔曼（Scott Fahlman）教授在学校 BBS 发送了一个类似笑脸的符号":-)",呼吁同事们平时在论坛开玩笑时加上它,以免大家误解——这是人类所使用的第一个网络表情。20 世纪 90 年代末,日本软件工程师专门为手机设计了简单的小图标代替日语文字,以使短信表达更加有趣,这即是 Emoji 表情符号,之后风靡全球。"绘文字"是日本民众在无线通信时所使用的视觉符号,"绘"指图画,"文字"指字符。Emoji 表情被大多数现代计算机系统所兼容的 Unicode 编码采纳,因而在网络社交中被广泛使用。2014 年《牛津词典》在线版将 Emoji 添加为新词汇,这意味着 Emoji 已经成为一个正式语汇。语言和数字化通讯专家维维安·埃文斯在新书《Emoji 密码》中认为:"全球约有 90％的在线用户频繁使用 emoji,每天有 60 亿个 emoji 表情符号被传送。"①

时至今日,以 Emoji 为代表的表情包已经在全球范围内被广泛使用,使用者认为表情包能够反映自己的情绪,表达自己的看

---

① 杨瑛:《全球每天传送 60 亿个 Emoji 数字化时代的表达方式》,人民网 2018 年 8 月 19 日,参见 http://media.people.com.cn/n1/2018/0819/c40606-30236793.html。

法,在虚拟聊天时表情包有时还能打破不知道该说些什么的尴尬。表情包作为一种网络表情符号,已经超越国家、语言的界限,成为全球互联网用户的通用视觉符号。

二、表情包的意义生产

作为网络社会交往及情感表达符号的表情包,是传统字符在读图时代的新发展。

(一)表情包的文本符号

作为表达面部表情的符号,表情包使用中最明显的特点是物的像似性。表情包最早由字符表情发展而来,字符表情是由文字、标点、字符串组合而成的表情符号。如1982年,美国卡耐基梅隆大学的斯科特·法尔曼发送的类似笑脸的符号":－)"被赋予"微笑"的含义。":－)"通过文本符号的本体与喻体,通过符号的像似性建立联系,成为一种情感表达的符号。例如在搜狗输入法中,"(﹡ˆ▽ˆ﹡)"表示开心、"o(╥﹏╥)o"表示伤心、"(ΩдΩ)"表示震惊等。这些字符表情以人类表情特征为基础,使不同情绪中人的面部表情特点得以放大、形象地表现出来。

任何物都是"物－符号"双联体。① 符号载体可以失去携带的意义,此时只有"纯物性";可以因为携带的意义增加,成为"纯符号"。表情包作为"物－符号"双联体,也在"物－符号"之间进行滑动。

---

① 赵毅衡:《符号学:原理与推演(修订本)》,南京:南京大学出版社,2016年,第27页。

(二) 表情包的图像符号

文字符号的使用需要传受双方具备相同的语义空间，才能顺利地传递信息。图像符号在符号化的过程中对符号源进行片面化感知，"不是符号在'说话'，而是符号的媒介在'说话'"①。Emoji 表情以人类面部表情为基础，在制作与生成过程中，首先需要将各种表情、场景进行平面化处理，其次为适应在对话框中输入且不致影响文字行距，Emoji 表情必须控制在 12×12 的像素内，这使得 Emoji 表情必须删去某些细节，在明显特征上能够使使用者快速识别即可。普遍来说，大量的 Emoji 人脸没有眉毛，没有头发，使解释者将注意力快速聚焦于五官中识别表情最明显的区域。

除 Emoji 表情外，网络上还有大量并配以少量文字制作而成的表情包。这些表情包素材往往源于影视剧、动漫作品乃至娱乐新闻中的人物形象，经由网友加工制作而成。随着热门影视剧或热点社会事件的不断涌现，新颖的表情包也层出不穷。

三、表情包的传播功能

作为网络社交活动的一种交往方式，表情包以生动有趣的图片、简要精炼的文字，为用户进行网络社交提供了极为丰富的素材，丰富了网络交往的语言，甚至有人戏称："网络聊天，一言不合就'斗图'。"

---

① 唐小林：《媒介：作为符号叙述学的基础》，《中国比较文学》2016 年第 2 期，第 13—26 页。

(一) 信息传递

美国传播学者 R. Rose 认为,人们在传播活动中所得到的信息总量,只有 35% 由语言符号传播,65% 由非语言符号传播,在非语言符号传播中,人的面部表情传递的信息占 55%。[①] 表情包作为网络虚拟信息交流的工具,表达了特定社交语境中传受双方的意见、看法,节省了人们在网络社交时文字符号构思、编辑的时间,提高了互动的频率及社交效率。然而需要注意的是,表情包作为一种象征符号,其"编码""解码"会根据传受双方对图像信息的理解差异而发生一定程度的"错位",例如 Emoji 的微笑表情,官方原是使用这一表情表示微笑、愉悦的意思,青年群体使用这一表情时多表达"无语""呵呵"的嘲弄情绪,而老年群体则用这一表情传达"礼貌、开心"的情绪。诸如此类,不同群体、代际的人群在使用表情包进行交流时,这种表达与理解的偏差时有发生。

(二) 情感表达

人们在现实交往中,可以通过声音、声调、语速、表情等感知对方的情感,然而网络聊天时仅使用文字符号难以直接表达和感知情感,表情包具有"图像+文字"的特点,在网络聊天时使用表情包能够传递出使用者的情绪。例如人们使用 Emoji 表情表达相关情绪,如使用微笑、眨眼等表情表示快乐,使用流泪表情表示悲伤难过,甚至在表达强烈的情绪时,可以采用表情连发的形式。在网络聊天时使用表情包,可将丰富的情感感受传递给对方,使情感表达更富感染力。百度贴吧面向"95 后"网民的一

[①] 韩璐:《从省力原则的角度探讨颜文字"囧"在传媒中的广泛使用》,《海外英语》2011 年第 3 期,第 200—201,203 页。

项调查显示,57%的南方吧友喜欢萌系表情包,这与南方网民性格相对温和细腻有关,而 69%的北方吧友喜欢搞怪系表情包,这与北方网友性格直白有关。①

(三) 娱乐宣泄

表情包多来自热门影视剧、动漫作品及娱乐新闻的人物形象,经由网友二次加工,解构了原有图像的内涵,并进行了娱乐化的解读。表情包成为人们网络聊天时娱乐狂欢的宣泄口。Emoji 能够成为互联网上风靡全球的交流符号,很大原因是 Emoji 本身的符码特征在于"只可意会不可言传",如同道士画符,"不求甚解"。一旦双方采用 Emoji 方式对话甚至在聊天中"斗图",那么这种语意的暧昧性就成为聊天的主要乐趣,沟通效率反而不那么重要了。

(四) 个性彰显

表情包成为各个年龄群体进行网络信息交流的重要工具,尤其对青年人群而言,表情包生动有趣、活泼跳跃,在网络聊天时选择自己爱好或感兴趣的表情包作为辅助聊天工具,既能够在聊天时彰显个性、标榜与众不同,又有利于形成自我认同。网络表情包制作往往具有低门槛化特征,如网友通过"图片+文字"的形式便可生成自定义表情包,还可以使用制作工具定制个人专属表情包,所以青年群体更乐意使用自定义表情彰显鲜明的个性。

---

① 《95 后网民使用原创表情比系统表情多两倍》,网易新闻 2016 年 8 月 23 日,参见 https://news.163.com/16/0823/18/BV62TIF400014AEF.html。

四、表情包的实践反思

作为一种网络社交的辅助表达方式,表情包已广泛应用于人们的虚拟聊天中。人们使用表情包节省了交流的成本,提高了表达的效率,增加了社交的趣味性。需要注意的是,表情包的使用也在一定程度上弱化了人们的文字表达能力,"一言不合就斗图"的方式减少了人们在网络空间的交流深度,甚至部分表情包的侵犯他人的肖像权,暗含淫秽、色情、暴力内容等,污染网络环境,触犯法律,这是值是警惕的。

(一)文字表达弱化

在传统语言聊天环境中,传受双方需要经过完整的思考、语言的组织及修饰,才能有效开展信息交流。读图时代,图像的使用改变了以往信息传播中文字表达的中心地位,图像在信息传播中的地位逐步提升。人们在网络传播中更倾向使用表情包省时省力地表达个人看法。表情包的使用降低了人与人之间交流的深度,并成为人们语言交流缺失的盾牌。"当图像表达逐渐成为网络传播与互动的主流时,传统语言的表达艺术和表达逻辑都会被忽略。"[①]

"斗图"成为青年群体虚拟社交中常使用的一种表达方式,它缓解了人们虚拟聊天时不知该说些什么的尴尬境地,通过频繁的图片接龙构筑了人们参与视觉狂欢的景象。实际上,虚拟聊天中频繁的图片使用降低了人们表达的有效性。

[①] 靖鸣:《颜文字:读图时代的表情符号与文化表征》,《西南民族大学学报(人文社会科学版)》2020年第11期,第149-155页。

（二）过度娱乐化

尼尔·波兹曼在《娱乐至死》中指出："一切公众话语日渐以娱乐的方式出现，并成为一种文化精神。我们的政治、宗教、新闻、体育、教育和商业都心甘情愿地成为娱乐的附庸，毫无怨言，甚至无声无息，其结果是我们成了一个娱乐至死的物种。"① 表情包作为网络虚拟聊天的工具，其"图片＋文字"的方式具有明显的娱乐性，甚至依托热门影视剧、社会热点事件而不断推陈出新。表情包以恶搞、反讽的方式，依托社会热点话题制造新鲜感，随着新鲜感的逝去，网友又开始沉溺于下一轮热点话题的表情包狂欢之中，以戏谑的方式进行自我调侃和表达。泛滥的表情包体现出一种"万物皆可娱乐"的潮流，人们利用表情包的形式调侃社会热点，消解了面对社会热点事件的理性精神。

2015年，某汽车品牌在其官网上发布了一条完全由Emoji表情写成的新闻稿，声称只有这些可爱的小表情才能传达出这款新车的激动人心之处。该文一经发布，立即引起了网友的热切回应，大家纷纷拿出自己的Emoji"绝学"，试译这份"晦涩"的公关稿。随后，该公司公布文字版原文，实际上原文并无甚特别之处，但恰恰因为其别具一格的文本形式，才获得人们的高度关注。表情包的使用已成为一场全民参与的符号狂欢。

（三）侵权行为

作为一种图文结合的表达方式，表情包成为网络传播中深受用户喜爱的方式，无论是影视明星、动漫卡通、影视片段、萌宠等都被网友制作成表情包用于网络聊天中。然而，表情包的使用

---

① 尼尔·波兹曼：《娱乐至死》，章艳译，桂林：广西师范大学出版社，2004年，第203页。

并非毫无限制。法律专家表示,以商业性为目的,使用明星或他人形象制作表情包,涉嫌侵犯他人肖像权,如表情包中有故意歪曲、丑化他人的行为,涉嫌侵犯他人名誉权、人格权。

演员葛优在《我爱我家》一剧中饰演性格散漫的纪春生一角,其躺在沙发上、目视空中的影视片段截图被网友制成表情包并广泛传播,还被冠以"葛优躺"的称呼。2019年,某汽车销售服务有限公司与葛优肖像权纠纷案审理终结。判决书显示,该公司在微信公众号发布的文章中使用了多张含有葛优肖像的配图,属于公司经营行为,在未经葛优本人同意的前提下,借助"葛优躺"的网络热度吸引公众阅读,侵犯了当事人的肖像权,应承担停止侵害、赔礼道歉、赔偿损失的侵权责任。①

---

① 栾雨石:《怎能一言不合就"斗图"》,《人民日报》(海外版)2019年8月23日,第08版。

第四部分

媒介

技术变迁中的传播维度

第十章

媒介研究的兴起与发展

目前，媒介研究处于传播学领域最为繁忙的十字路口，哲学、社会学、历史学、政治学等多个学科的学者在此交错穿行。20世纪以来，马丁·海德格尔、刘易斯·芒福德、赫伯特·马尔库塞、尤尔根·哈贝马斯、哈罗德·伊尼斯、马歇尔·麦克卢汉、曼纽尔·卡斯特等从技术批判、技术与文明、技术与环境的关系等多个维度出发展开媒介研究，形成了媒介环境学派、媒介学、文化技艺、媒介化学派等多个分支。正如格拉汉姆·哈曼所言，"哲学最终可能只不过是媒介理论而已"①。这些分支彼此勾连，为传播研究提供了继效果研究和文化研究之后的第三种研究进路。本章将讨论媒介的技术特性及演化逻辑，并梳理出媒介研究的几个主流分支。

---

① 格拉汉姆·哈曼：《铃与哨：更思辨的实在论》，黄芙蓉译，重庆：西南师范大学出版社，2018年，第219页。

第一节 媒介技术的本质与演化逻辑

一、技术的本质

技术是一个人们日常生活中再熟悉不过的词语,但它的本质是什么?从何而来,又将去向何方?它的演化逻辑为何?这些问题引发了一代又一代学者的思考与讨论。总体来看,不管各家理论具体如何,学者们都没有将技术视为社会中一个单纯的自变量,而是视为一种文化现象,认为技术对社会有着革命性的作用。

目前,对技术与人和社会的理解通常有三条路径,分别源自工程学传统、人文主义以及两者的结合。其中,工程学传统对技术的理解与反思以恩斯特·卡普、彼得·恩格迈尔等人为代表,恩斯特·卡普提出了"器官延长说",认为工具或机械装置是人肢体的延伸[1],麦克卢汉将媒介视为人的延伸就受到了这一学说的影响;工程学传统对技术的理解往往从人类中心主义这一基点出发,以具体的技术物质性为重点,重视对技术的过程和结果进行描述,有浓厚的功能主义色彩。人文主义传统的典型代表有马丁·海德格尔、雅克·埃吕尔等哲学家。海德格尔指出:"技术是一种解蔽方式。技术乃是在解蔽和无蔽状态的发生领域中,在无蔽即真理的发生领域中成其本质的。"[2] 技术高效率地组织人和事物,但也导致了对人"逼索性"。显然,马丁·海德格尔是

---

[1] 孙恩慧,王伯鲁:《机器技术哲学的第三条进路探析——兼论马克思与芒福德的机器技术哲学》,《科学经济社会》2020年第1期,第6—12页。
[2] 马丁·海德格尔:《演讲和论文集》,孙周兴译,北京:生活·读书·新知三联书店,2005年,第12页。

一位技术决定论者,他的思想也影响了基特勒的媒介研究。雅克·埃吕尔认为技术是人类生存的环境,是构成人的要件之一。① 受他影响,媒介环境学派将媒介视为一种可感知的环境,哈贝马斯则更为激进,他直接将技术视为取得了统治地位的意识形态。② 人文主义传统的技术反思虽然弥补了工程学传统的功能主义取向之不足,但由于他们大多从一种形而上的角度来立论,过于强调技术对人的异化作用,以至于落入人-技术二元对立的悲观论断中。

马克思的技术哲学观念则汲取了工程学传统和人文主义传统两家之长。马克思明确了技术对生产力及对整个社会的促进作用,肯定了技术尊严的传统,认为技术进步是工业革命的核心。③ 与马克思持类同观点的还有刘易斯·芒福德,他将人的主体性从人与技术的二元对立中解放出来,认为技术的作用取决于人和社会的需求及对其的运用,从个体层面对技术展开了文化学的研究。刘易斯·芒福德认为,技术既是一种涵盖了知识、技能、技巧等多方面的综合体,也是这个综合体与人类文明、社会组织之间的关系体现。④

20世纪末,随着信息技术革命的快速发展,以艾尔伯特·鲍尔格曼为代表的技术哲学家在承袭前人理论基础上提出了"设备范式"(device paradigm)的观念,即技术是个人在追求可用

---

① Ellul, J., Wilkinson, J., Merton, R. K. (1964). *The Technological Society* (Vol. 303). New York: Vintage books, 58.

② Jurgen Harbermas. (1968). *Toward Rational Society*. Boston: Beacon Press, 38.

③ 卡尔·米切姆:《工程与哲学——历史的、哲学的和批判的视角》,王前等译,北京:人民出版社,2013年,第86页。

④ 刘易斯·芒福德:《技术与文明》,陈允明等译,北京:建筑工业出版社,2009年,第12页。

性的前提下用来改变自己的行动准则和生活方式的事物。① 他认为现代技术是手段和目的的分离，具有"卸负"和"可用"两个特质。鲍尔格曼指出："设备在卸除物的与境和人的负担的同时，为人提供了美好的前景，即为人提供了用品（可用性）。这些由设备的手段（机械）部分生产出来的可用性具有即时性、普存性、安全性和容易性的特征。"② 由此可见，鲍尔格曼强调了人-技术二元关系中人的主体能动性，人既不是被物所"座架"的绝对他者，技术也不仅是促进人类社会进步与解放的绝对积极价值物，人与技术是一种相互构建的间性关系。

综上所述，在技术-人二元关系中，技术是人类认识、理解世界、改造世界的工具，会对人类社会的社会关系、社会范畴产生结构性的影响。正如雅斯贝尔斯所言："技术是一个科学的人类控制自然的过程。技术又形成各条历史基线中的一条，通过这种方式，人类的工作方式、工作组织和环境发展改变了人类自身。"③ 用海德格尔的话来总结，技术作为一种行动为人类社会带来了巨大的福祉，"人类把最大的距离抛在后面，从而以最小的距离把一切都带到自己面前"④。同时，他还认为："这种对一切距离的匆忙消除并不带来任何切近，因为切近并不在于距离的微小。在路程上离我们最近的东西，通过电影的图像，通过收音机的声响，也可能离我们最远。在路程上十分疏远的东西，也可

---

① 董晓菊，邱慧：《焦点技术观是本质主义技术观吗?》，《自然辩证法通讯》2015年第6期，第147—152。

② 顾世春，文成伟：《鲍尔格曼和海德格尔技术思想的分岔口》，《自然辩证法研究》2013年第1期，第40—43页。

③ 卡尔·雅斯贝尔斯：《历史的起源和目标》，魏楚雄、俞新天译，北京：华夏出版社，1989年，第113页。

④ 海德格尔：《海德格尔选集》，孙周兴译，上海：上海三联出版社，1996年，第1165—1166页。

能离我们最近。"[①]

二、媒介的技术特性

在媒介研究中大部分学者并没有严格区别媒介与技术这一对概念,他们通常将具有中介作用,能够传播信息的技术、载体和渠道都视为媒介。雷蒙德·威廉斯曾梳理过媒介(media)的三种意涵:中介机构或中间物;技术层面的媒介,如声音、视觉、印刷术等;资本主义兴起后有计划的传播组织机构,如报纸、广电事业。[②] 在第一种意涵中,媒介是人类感知、表达所必需的中介物,有一种实践性的特征;第二种意涵指出媒介有两个面向,分别是物质形式和符号系统;第三种意涵则隐约指向技术的社会化表现机构,更接近于新闻传播学中提及的"传媒"这一概念,有着明显的组织色彩。从雷蒙德·威廉斯对媒介概念的梳理可以看出,人类的感知、表达若要跨越一定的时空距离,就必须依赖于某种技术,而媒介的物质形式就是某种技术的具体体现,当媒介已经能够成为一种社会化的传播系统和组织机构后,就意味着其背后支撑的技术已经具备了广泛的可用性。所以,技术的发展不一定直接等同于媒介的演化,但媒介的演化必然不能脱离技术进步。

古今中外,信息传播一直是人们日常生活的主要实践形式之一。早在古希腊时代,西塞罗就在莎草纸上写下了这样一段关于媒介与技术的论述:"其他人也会给我写信,很多人会向我提供

[①] 马丁·海德格尔:《演讲和论文集》,孙周兴译,北京:生活·读书·新知三联书店,2011年,第172页。
[②] 雷蒙德·威廉斯:《关键词:文化与社会的词汇》,刘建基译,北京:生活·读书·新知三联书店,2005年,第300—304页。

新闻,哪怕是谣言,我也能从中听到不少消息。"① 苏轼也曾写道:"坐观邸报谈迂叟,闲说滁山忆醉翁。"库利指出:"媒介技术包括了表情、态度、姿态、声音的语调、词语、作品、印刷、铁路、电话和一切可以成功征服空间与时间的技术。"② 所以,具有媒介意义的技术既不是纯粹的目的,也不是单纯的手段,而是一种具有中介作用的物和符号综合体。抽象的观念要进行跨时空的"存料"就必须依赖于传播,"与其他技术不同的是,媒介技术具有创造想象环境的能力"③。人类是不可能脱离媒介创造的拟态环境生存的,不可能与实在世界直接发生关系。

不管沿着哪一种传统来考察,我们都不得不承认,任何一种媒介技术都意味着一种新的社会权力诞生,同时也实现了某些自由。技术不只具有物质性,还与媒介所呈现出的"在场方式"以及与周围世界的关联模式有关,包括媒介选择让哪些在场,又导致哪些离场。当我们在阅读报纸或杂志时,主要依靠眼睛,这促使人们养成了一种逐字逐行的线性思维模式。由于这种线性阅读方式对人的专注度有较高要求,人们很难同时使用其他媒介。与之相反,人们听广播时主要是耳朵在场,而听觉是一种伴随性感官,所以人们对广播等进行媒介消费时往往伴随着其他任务的进行,具有多媒介、多平台、多终端同时在场的特点。

由此可见,媒介技术是组织人们生活场域的基础元件,而人们对媒介的使用方式又反过来影响了媒介技术可能的指向,日常生活据此展开,文化由此生成与传承,社会得以型构。正如雷蒙德·威廉斯所言:"我们怎么去使用电视,事实上也就突显了我

---

① 汤姆·斯丹迪奇:《从莎草纸到互联网:社交媒体 2000 年》,林华译,北京:中信出版社,2015 年,第 4 页。

② Cooley, C. H. (1983). *Social Organization*. Transaction Publishers, 61.

③ Best, K. (2010). Redefining the Technology of Media: Actor, World, Relation. *Techné: Research in Philosophy and Technology*, 14 (2), 140−157.

们现有的某些社会秩序，某种人性；而这些社会秩序与人性，又另由其他因素决定。这一组的论点是，即使没有电视的发明，我们还是免不了要被摆布，免不了地要茫无所知地度过我们的娱乐生活，没有电视，也许只不过是这种受摆布与茫然的状态，要轻微一些罢了。"① 考察当下人们的家庭生活状态，尤其是城市居民，他们已经甚少使用电视来获取信息。但每逢闲暇时间，家人们在客厅聚在一起时还是会打开电视。此时电视已不再是一种传播信息的主要工具，而是作为一种伴随性的媒介，映衬着家庭聚会的仪式感。正如千百年前我们的老祖宗围炉谈话一般，今日的人们则是"围屏闲谈"。由此可见，媒介技术不是社会结构中单一不变的某个分支领域，而是会反作用于社会的一种结构对象。②

三、媒介技术的演进逻辑

不同学者对媒介演进逻辑的理解不同，归纳起来大致有以下三种：以麦克卢汉为代表的媒介延伸作用演进论，社会动力论，传播目的实践论。

"媒介是人体的延伸"通常被视为是麦克卢汉的经典，但麦克卢汉并非这一观点的原创者。除了前文提及的恩斯特·卡普，马克思也指出机器、商品都是劳动力的转换或延伸，弗洛伊德也有类似的论述，他认为人类运用技术完善了自己的感官，并突破了肉身的限制。麦克卢汉认为："我们的神经系统已经延伸而成一个全方位的信息环境；在一定程度上，是进化的延伸。进化不

---

① 雷蒙德·威廉斯：《电视：科技与文化形式》，冯建三译，台北：远流出版事业股份有限公司，1992年，第24页。
② 安德鲁·芬伯格：《可选择的现代性》，陆俊等译，北京：中国社会科学出版社，2003年，第2页。

再是千万年来生物学意义上的延伸,而是过去几十年那种信息环境的延伸。"① 虽然他并未阐明媒介演化的具体逻辑,但从他一系列的著作中我们可以看出,他受到弗洛伊德的影响,认为媒介技术是按提升身体感知能力的逻辑来演化的。印刷术的出现提升了人的视觉能力,广电媒体则提升了人的视觉和听觉能力,VR设备、可穿戴设备丰富了人的神经网络。借用布莱恩·阿瑟的观点:"结构中包含某种程度的自相似组件,也就是说,技术是由不同等级的技术建构而成的。"② 媒介的演化逻辑也是一种递归性逻辑。

社会动力论则认为媒介技术的演化受社会发展需求驱动。自然环境和科学发展为媒介演化提供了可供性,但无论是模仿律、创新扩散理论还是"玩具-镜子-艺术"三阶段论都指出了社会选择对媒介技术的重要性。与社会需求吻合度愈高的技术,就越有可能成为真正意义上被广泛大众所使用的媒介技术。以宋代为例,由于宋朝"与士大夫共治天下"的传统使得政治权力实际上出现了两极中心,信息就会在这两极中心间扩散,邸报的出现实际上就满足了这一信息需求。随着宋代市民生活和商品经济的进一步发展,除了士大夫之外的其他阶层也有了较高的信息需求,小报逐渐兴起。因此,媒介的演化逻辑固然受到发明者的约束,但最终呈现的效果却能够接近更多人的理想面貌(至少在某一层面上接近理想状态)。尽管人们都诟病手机等移动终端导致的碎片化、割裂化的经验世界,但不能否认其为人类生活和社会发展所提供的便利与进步。

传播目的实践论认为,媒介技术的演化是为了强化人类的信

---

① 马歇尔·麦克卢汉:《麦克卢汉如是说》,何道宽译,北京:中国人民大学出版社,2006年,第104页。

② 布莱恩·阿瑟:《技术的本质》,曹东溟、王健译,杭州:浙江人民出版社,2014年,第37页。

息交流与沟通传播能力。人类和社会发展都离不开沟通，这也是人作为社会关系总和的具体表征，媒介技术的演化是为了能够更好地服务于人类的传播实践，更好地帮助人们达到传播的目的。传播学的先驱罗伯特·帕克通过研究移民报刊指出，媒介技术能够有效实现对社会的控制与管理。同样地，摄影术使得"过去"被凝结在照片中成为"现在"，移动终端使即时通信愈发便利，形成了交互式的不在场的人际传播。

总体而言，媒介技术的演化既受到技术本身特性的约束，又需满足社会和人的需求。无论是哪一种演进逻辑，都指出了媒介技术的革新是对人类时空感知的重构，改变了人类交往实践和人与社会时空的互构关系，这种关系反过来又影响了媒介技术的形态。媒介技术是人类需求的产物，也是一种本身有一定目的的"焦点物"。在整个新闻传播研究中，要么将媒介技术视为"弗兰肯斯坦式"的怪物，大肆批驳其对人的异化，要么将之视为通往乌托邦的大道。由此，我们必须要回到媒介本身去思考到底什么是媒介，才能防止媒介技术在演化中成为权力控制的工具和商业牟利的渠道，让媒介技术演化回应一开始的初衷，克服技术的危机性，使人类得以实现"诗意地栖居"。

第二节 媒介环境学派

为了回答上一节留下的疑问，即媒介是什么，那我们就必须进入当前媒介研究的几大流派中寻找答案，即媒介环境学派、媒介学、德国媒介技术学等。这些媒介研究的学派不论从何起源，都曾与麦克卢汉相遇。提及媒介研究，最为熟知的莫过于媒介环境学派，故本节首先介绍媒介环境学派。1991年何道宽将《人的延伸——媒介通论》这一媒介学派宗师麦克卢汉之作引进国内，标志着媒介环境学派正式进入中国新闻传播研究的论域，而后伊尼斯、麦克卢汉父子、梅罗维茨、波兹曼、林文刚等人的著作纷纷进入国内,媒介环境学派一时成为显学。近几年来,随着其他媒介研究理论的引介,媒介环境学派稍显有些陈词滥调,但它所抛出的许多命题仍不断被讨论着。本节从范式的角度来梳理媒介环境学派的学术谱系和代表人物的主要思想,并讨论它作为一个研究范式比起它的"竞争对手"的优势在哪里,又有哪些"漏洞"是媒介环境学派的范式所无法弥补的,以此为后来者提供"学术革命"的可能。

一、媒介环境学派的研究范式

"范式"自《科学革命的结构》一书提出后就成了社会科学引用频次最高的一个概念。然而,作者托马斯·库恩并未对范式给出一个清晰明确的定义,以至于其延伸出来 21 种用法①。尽管"范式"存在着被滥用、误读的可能,但它总体可被理解为一种研究的问题域和方法论,讨论媒介学派的研究范式即是讨论媒介环境学派研究什么,它的本体论为何?它为何要这样研究这些问题,其认识论为何?它的组织建制又是怎样?

媒介环境学派受刘易斯·芒福德等人的影响,其核心问题是思考媒介-人-环境之间的关系。实际上,他们并不像经验学派那样科层严谨,这些学者大多来自不同的学科,有着不同的学术背景,就连"媒介环境学"一词的使用过程都几经波折。伊尼斯早在 1949 年就开启了对"媒介"与"新闻"区隔之研究,但媒介环境学直到 1968 年才在波兹曼的演讲中被正式提出,他提出

---

① I. 哈金、胡新和:《〈科学革命的结构〉第四版导读》,《世界哲学》2013 年第 1 期,第 86—103 页。

媒介环境学就是"将媒介作为环境的研究"[①]。在中国内地，自20世纪90年代引进后，其名称确定也经历了多番波折，曾被先后命名为"媒介生态学"，即"Media Ecology"的直译，或是多伦多学派、纽约学派等。但实际上多伦多学派和纽约学派基本上可视为一脉同宗的不同地区分舵，"媒介生态学"这一用法又与邵培仁、崔保国等国内学者提出的"媒介生态学"的概念能指相同，容易造成歧义。最终，以何道宽为代表的国内学者定名为媒介环境学派，既是为了强调该学派关注的是人与媒介的关系，又暗指媒介环境的三重内涵，即"作为符号的媒介、作为感知的媒介和作为社会的媒介"[②]，并突出媒介研究的思辨性和人文关怀，以应对当时经验主义范式的流弊。从伊尼斯到梅罗维茨，他们对媒介及媒介与人和社会的关系态度各有不同，但媒介环境学派总体是将媒介作为社会底层要件来研究媒介的内涵、本质及演化规律，探讨媒介对人、社会的影响和三者间的关系。

尽管媒介环境学派的观点在当下已为人熟知，但回归到20世纪下半叶，其从本体论维度上革命性地拓展了研究对象。当时北美地区的传播学主要关注传播内容和传播效果，聚焦于报纸、广播、电视等媒体机构组织。这一取向为政府和企业等组织机构的传播行为提供了可咨操作的实践策略及超越具体对象的理论范式，却对社会的宏观现象和历史变革缺乏解释力。经验学派将传播学本体论定义为媒介内容的效果，这无疑限制了传播学的阐释力。媒介环境学派则扩宽了媒介的含义，将语言、文字、影像等载体和莎草纸、皮肤、汽车等物体都视为媒介。换言之，经验学派的本体论聚焦于媒体，抑或媒介的内容，而媒介环境学派既聚

[①] 李明伟：《知媒者生存：媒介环境学》，北京，北京大学出版社，2010年，第50页。

[②] 何道宽：《异军突起的第三学派——媒介环境学评论之一》，《深圳大学学报（人文社会科学）》2006年第6期，第104—108页。

焦媒介的内容,又强调媒介的技术形式。一言以蔽之,媒介环境学派将媒介视为一种环境,凡是可以起到环境作用的技术、物体、组织机构等都可以称为媒介。梅罗维茨将电子媒介定义为一种获取信息的模式,人们通过电子媒介既能获取新闻等资讯,也能进行社会关系的互动,电子媒介是社会收发信息的中介。梅罗维茨进一步指出,当人类社会进入电子媒介所形成的"信息系统"时,物理空间和电子媒介就构成了人类交往模式和社会信息传播模式的共同部分。[1] 从媒介环境学派对媒介的考察来看,他们已经逐渐重视媒介物质性特征对信息传播、社会交往和行为模式的影响。但是,他们并未完全将媒介所承载的内容与媒介本身完全割裂,而是视之为一体。

　　媒介环境学派采用了一种历史研究的视角,即考察较长社会周期内媒介对社会结构和个人认知的影响。首先,媒介环境学派运用了"宏观识别"的观察式思辨视角,对于诸如"内爆""地球村"等关键概念,并没有给出一个清晰的定义,而是依靠逻辑推演、隐喻来阐释这些关键词。麦克卢汉对"内爆"的解释仅有一句:"凭借着分解切割的、机械的技术,西方世界取得了三千年的爆炸性增长,现在它正经历着内向的爆炸(impolsion)。"[2] 其次,媒介环境学派将媒介置于辩证矛盾的视角下来分析。伊尼斯关注媒介的时空矛盾,他在《传播的偏向》一书中写道,"口头传统强调的是记忆和训练,造成了灵活的文明,但是这个文明不可能纪律严明,达不到有效的政治统一"[3]。"一个倚重书写的

---

[1] 约书亚·梅罗维茨:《消失的地域:电子媒介对社会行为的影响》,肖志军译,北京:清华大学出版社,2002年,第34页。

[2] 马歇尔·麦克卢汉:《理解媒介》,何道宽译,北京:商务印书馆,2000年,第20页。

[3] 哈罗德·伊尼斯:《传播的偏向》,何道宽译,北京:中国人民大学出版社,2003年,第7页。

时代基本上是自我取向的时代……希伯来字母表之类的相当固化的字母表和有限的传播工具,使教育局限在一个训练有素的小圈子或特殊阶级手里。"① 通过对媒介时空矛盾的分析,伊尼斯推断出政治制度变化的原因。麦克卢汉则关注媒介的冷热矛盾和感官矛盾,显然,麦克卢汉继承了伊尼斯对媒介时空偏向的划分,按照信息承载密度对媒介进行划分。但"冷"与"热"的二元对立却很难找到一个可以恒定的绝对值,究竟多少的信息密度才算"冷",多大量的信息才算"热"呢?譬如前文所言的石头,如果仅仅是刻了一句警句格言,那显然信息密度较低;如果是像罗塞塔石碑一样,或者是《红楼梦》开篇提到的石头一样,刻有一个详尽完整的故事,那应该算作"热媒介"。因此,与其说"冷""热"媒介是按信息密度的大小来划分,倒不如说是按人与媒介的互动程度进行区分,这体现了麦克卢汉对人与媒介主体间性的思考。梅罗维茨与伊尼斯的观点有着异曲同工之处,同样关注媒介的时空矛盾。不过,梅罗维茨的视角更微观,他关注的是电子媒介对空间的消弭作用,以及由此引发"前台""后台"的模糊,并引介符号学家苏珊·朗格的理论,用抽象/表象矛盾来分析媒介。在梅罗维茨看来,印刷媒介具有"前区偏向"的特点,传递的是抽象的信息,电子媒介具有"后区偏向"的特点,它所传播的信息除了抽象符号外还有大量的表象信息。② 总体而言,媒介环境学派关注作为环境的媒介对社会的长期影响,他们往往采用一种历史的、比较的宏观思辨模式,强调媒介在时空、感官上的矛盾。对此,梅罗维茨总结道:"媒介环境学派的结论不像内容研究那样,难以通过社会科学的方法证实……大部分媒介环境学

---

① 哈罗德·伊尼斯:《传播的偏向》,何道宽译,北京:中国人民大学出版社,2003年,第7—10页。

② 约书亚·梅罗维茨:《消失的地域:电子媒介对社会行为的影响》,肖志军译,北京:清华大学出版社,2002年,第88—90页。

派的理论主要依靠思辨、历史分析和宏大模式的识别。"[①]

在组织建制方面，媒介环境学派主要依靠一所、一研究中心、一博士点，分别是20世纪60年代由麦克卢汉在多伦多大学成立的"文化与技术研究所"，20世纪70年代福德姆大学的媒介研究教学系和理解媒介中心，以及1970年波兹曼在纽约大学创办的媒介环境学博士点。20世纪90年代，媒介环境学在欧美学界的地位急速上升，1998年媒介环境学会（MEA）成立，并有了主要的学术传播阵地，分别是丛刊《探索：文化与传播研究》、季刊《媒介环境学探索》《媒介环境学会通讯》等。至此，媒介环境学派的培养、研究和传播建制都业已完备，也标志着它作为一个学派的真正成熟。

二、媒介环境学派代表人物思想梳理

媒介环境学派经过三代人的努力，再加上以何道宽为代表的学者的引介，其在国内已经已成为一门"显学"。学界普遍认为，其第一代学者为"多伦多双子星"，即开创者伊尼斯和举旗者麦克卢汉；波兹曼和沃尔特·翁是第二代学者；第三代是保罗·莱文森和约书亚·梅罗维茨，下文将分别简要介绍这六人的思想。

作为开宗立派的始祖，伊尼斯凭借其经济学的学科背景，从规范研究的路径出发，对传播系统与媒介两个概念作出了区分。他将莎草纸、语言等当时未被纳入传播学关注视域的传播渠道作为考察对象，提出了传播偏倚论，认为"一种新媒介的长处，将

[①] 李明伟：《作为一个研究范式的媒介环境学派》，《国际新闻界》2008年第1期，转引 Joshua Meyrowitz．（1994）．"Medium Theory"，*Communication Theory Today*，Edited by David Crowley and David Mitchel，Polity Press，70．

导致一种新文明的产生"①。这种媒介与政治制度关系的思考启发了后来无数学者对媒介之于社会历史意义的思考,后来的德布雷、基特勒、夏瓦等人的学术脉络或多或少都受到他的影响。

　　伊尼斯的同事麦克卢汉受其启发,成了一个"改变传播学所在的领域的人"。在他看来,媒介本身即是社会变迁的动因。②麦克卢汉在伊尼斯的基础上将媒介进一步泛化,服装、住宅、货币等都被纳入了媒介的范畴。他描述了个体如何被媒介技术所改变,以一种乐观积极的态度认为媒介是人具身性的一部分。在此处,他又与拉图尔交汇,其"媒介是人的延伸"这一论点与拉图尔的"混合行动者"含义接近,即他们都隐含着媒介是以人的具身实践为基础的观点,中介各种关系的物质技术。然而,麦克卢汉亦是一位备受争议的学者,他那些零散、碎片化的论述以及对冷热媒介含混的区分都存在着概念模糊、逻辑不一致的问题。他曾言道:"在电子时代,我们身披全人类,人类就是我们的肌肤。"③ 其实,麦克卢汉这样乐观的态度与他对媒介的理解有关,他将媒介技术的微观力量放大到社会系统中,却没有像社会学学者那样仔细考证历史、求证现实,所以他并未聚焦于媒介技术本身的价值取向。而关于这个问题的讨论则由波兹曼接力,他对媒介技术进行了深刻的反思。

　　在麦克卢汉之后扛起媒介环境学派大旗的是尼尔·波兹曼。他的"媒介批判三部曲"(《童年的消逝》和《娱乐至死》《技术垄断》)自2004年被引进国内后屡次再版重印,其影响力可见一

---

① 哈罗德·伊尼斯:《传播的偏向》,何道宽译,北京:中国人民大学出版社,2003年,第28页。
② 马歇尔·麦克卢汉:《理解媒介》,何道宽译,北京:商务印书馆,2000年,第82页。
③ 马歇尔·麦克卢汉:《理解媒介》,何道宽译,北京:商务印书馆,2000年,第82页。

斑。波兹曼不仅提出一系列振聋发聩的论断,而且还通过确定媒介环境学派之名和创办媒介环境学博士点推动学派走向建制化。波兹曼提出"媒介即隐喻",将人类文明史分为工具使用文化、技术统治文化和技术垄断文化,严厉挞伐技术垄断对人类社会文化造成的伤害。波兹曼之所以使用"隐喻"一词,是因为在他看来,媒介在用一种隐蔽的、潜移默化的方式来定义我们的生活世界。波兹曼实际上采用了一种现象学的观察方法,悬置媒介技术的操作对象(如信息、文化),以物喻物,突出强调媒介在影响社会文化、思维方式等方面的重要作用。[①]他尤为关注电子媒介的"隐喻",认为电视用碎片化的影像流替代了阅读的线性文字排列,使人逐渐溺于感知形象的思维模式中。在电视作为"元媒介"的社会中,除了娱乐行业外不再有其他行业。[②]他写道:"掩藏在电视新闻节目超现实外壳下的是反交流的理论,这种理论以一种抛弃逻辑、理性和秩序的话语为特点。"[③]处于今天的媒介化社会中,我们再思波兹曼"媒介即隐喻"的论断,不难发现"万物泛媒"导致的媒介过载确实影响了个体的专注度,技术的演进绝不是人们通向乌托邦的心灵之路。过去,人们需要媒介以进行社会关系的互动,而当下人们则审慎地思考何种媒介适合于何种关系的互动,这种跨媒介的多任务处理方式反而在一定程度上增加了人们使用媒介的认知负荷,比如,朋友圈分组和可见本意是保护使用者的隐私,但其复杂的操作过程使得有些用户直接放弃了对朋友圈的使用。由于泛媒介的事实,人们将媒介等同

---

① 吴晓恩:《逃离电子文化的陷阱——尼尔·波兹曼媒介学思想研究》,北京:北京大学出版社,2015年,第71页。

② 尼尔·波兹曼:《娱乐至死·童年的消逝》,章艳、吴燕莛译,桂林:广西师范大学出版社,2009年,第85页。

③ 尼尔·波兹曼:《娱乐至死·童年的消逝》,章艳、吴燕莛译,桂林:广西师范大学出版社,2009年,第91页。

于信息和事实。"小红书"App 的使用者虽然不会真的认为"人均别墅豪车爱马仕",但它的确在一定程度上营造了消费主义的幻象,以至于损害了个体的审美情趣。

沃尔特·翁是麦克卢汉的学生,其代表作是《口语文化与书面文化》。翁将人类文明史置于口语和书面两极此消彼长的视野下进行考察,创造性地提出了口语文化与书面文化的两极性理论(polarities of orality and literacy),并区分了原生性口语文化与次生性口语文化这一概念。翁的思路与伊尼斯基本一致,"毫无文字或印刷术浸染"的前文字时代中,主要的意识形态框架运作基于原生口语文化[1];以印刷术普及为标志的书面文化的到来则改变了原生口语文化的样态和实践形式;电子媒介时代则使口语文化以不同于前文字时代的面貌复兴,以一种言语-视觉-声觉结合的虚拟仿真会话形成了次生口语文化(second orality)。"原生口语文化是文字和印刷术的前身,次生口语文化则是文字和印刷术的产物,且依靠文字和印刷术。"[2] 翁的最大贡献就是强调了口语的主体性地位。的确,人类历史上出现过无数种语言,而绝大多数都并未形成文字,遗失在漫长的历史长河中。《格萨尔王》《荷马史诗》《诗经》最初都是以口口相传的方式保留下来,后来才以文字形式保存。沿着沃尔特·翁的语言与文字两极性差异的思路来探索当下的媒介环境,语言-文字-影像三者存在一种三级性差异的关系。影像可以被理解为一种结合语言和文字的新型语言,它要遵循一定的技术规则,将语言、表情、姿势和文字等进行套语式聚合。为便于观者理解,影像必须把素材按照可见性的方式加以组织,并符合载体的技术规则。所以,我们逐渐

---

[1] 沃尔特·翁:《口语文化与书面文化》,北京:北京大学出版社,2008年,第31页。
[2] 沃尔特·翁:《口语文化与书面文化》,北京:北京大学出版社,2008年,第168页。

进入了竖屏时代,只需要拇指动一动就可以切换屏幕,正是因为这种组织方式的可见性更高。

约书亚·梅罗维茨作为媒介环境学派第三代传人,将伊尼斯和麦克卢汉的观点与戈夫曼的情境理论相连接。梅洛维茨认为,戈夫曼虽指出了行为受特定场景和场景互动关系的影响,但他忽略了角色和社会秩序对行为的影响。麦克卢汉虽然指明了电子媒介对社会角色的影响,却没有阐释电子媒介的影响是如何具体发挥作用的。因此,梅罗维茨提出了媒介情境论,以补足麦克卢汉和戈夫曼的学说,考察媒介、场景和行为三者间的关系为何,又是如何形成的。梅罗维茨认为,处于不同场景中的同一个人或同一个群体的角色、行为是不一样的,场景既由墙体、街道等物理空间形塑,也包含着媒介所创造的"信息场景"[1]。对于同一个现象——"童年的消逝",波兹曼认为这是电视使得成人和儿童具有同样的媒介技能所致(而儿童本不应该具备这一技能),梅洛维茨则认为:"电视打破了印刷媒介所塑造出来的专门的、互不相通的信息系统,现在各不相同的人群共享着更多的信息"[2],由于信息系统的共享造成了成人与儿童行为的模糊。梅罗维茨的理论主要针对的媒介是电视,对互联网的阐释不多,但他所提供的场景-行为-媒介-社会的研究理论在当下仍有着旺盛的生命力。

相较于前面几位,保罗·莱文森则是媒介化学派中所受评价较为褒贬不一的学者。他是波兹曼的学生,其最主要的贡献是对麦克卢汉的观点进行了阐释与传播,且持有技术乐观的态度。在纽约大学攻读媒介环境学博士期间,莱文森提出了媒介演化三阶

---

[1] 约书亚·梅罗维茨:《消失的地域:电子媒介对社会行为的影响》,北京:清华大学出版社,2002年,第4页。

[2] 约书亚·梅罗维茨:《消失的地域:电子媒介对社会行为的影响》,北京:清华大学出版社,2002年,第73页。

段论,并在博士论文《人类历程回放:媒介进化理论》中提出了媒介"人性化"趋势和"补救性媒介"理论。所谓的媒介人性化即"人是积极驾驭媒介的主人……人们拥有空前的自主选择能力"①。在《数字麦克卢汉》一书中,莱文森对麦克卢汉的观点进行了修正。他认为:"不仅过去的一切媒介是互联网的内容,而且使用互联网的人也是其内容。因为网上的人和其他媒介消费者不一样,无论他们在网上做什么,他们都是在创造内容。"②认同莱文森的人将其奉为"数字时代的麦克卢汉",而批驳他的人则认为莱文森不过是抛出了一些响亮的口号,为了研究媒介而研究媒介,为了得到理论而创建理论,不过是一次媒介环境学派行将就木前对范式的修补。

三、媒介环境学派媒介观评析

德布雷、基特勒等媒介研究的大家都在他们的著作中与麦克卢汉进行过或直接或间接的学术对话,虽然他们对麦氏的观点不一定完全认同。因此,我们有必要对媒介环境学派的媒介观进行总结,才能认识到其价值与漏洞,以及它如何启发后来者的媒介研究。

首先,媒介环境学派奠定了传播研究的"物质转向",将媒介视为一种特殊的技术。无论是伊尼斯、麦克卢汉,还是梅罗维茨等人,他们都重视考察媒介技术。在媒介环境学派看来,媒介即技术,技术即媒介,或是说,媒介即一种特殊的技术。正如黄旦所言:"应将媒介确定为传播学研究的重要入射角,这不仅仅

---

① 保罗·莱文森:《数字麦克卢汉:信息化新千纪指南》,何道宽译,北京:北京师范大学出版社,2014年,第40—41页。

② 保罗·莱文森:《数字麦克卢汉:信息化新千纪指南》,何道宽译,北京:北京师范大学出版社,2014年,第39页。

是为了纠正传播研究重内容、重效果而忽视媒介的偏向,更重要的是,我们认为从媒介入手最能抓住传播研究的根本,显示其独有的光彩。"① 媒介环境学派的物质性转向修正了功能主义影响下美国实证传播研究的偏差。功能主义将传播视为是一种获取、传送符号文本的行为,传播必然会产生诸如整合社会系统、实现社会控制等的效用,然而这种观念遮蔽了人际交流、口头对话等日常生活中传播活动的意义。即使是以批判性著称的法兰克福学派也将传播视为从 A 到 B 的单向控制过程,与实证传播研究的观念一样有功能主义之嫌。法兰克福学派所得出的结论是传播导致了社会主体性的消解,实际上这可被视作传播的一种负面效果,只不过他们认为只要将传播的控制权重新交回给知识精英,这种单向度的异化问题就可以得到解决。而媒介环境学派则推开了"房间里的大象",认为媒介技术不是沉默的、中介的渠道,它本身是一种具有偏向性的传播主体。从媒介环境学派开始,技术和内容被剥离开,"电光是一种不带讯息的媒介,这个传播媒介之所以未引起人们的注意,正是因为它没有'内容'"②。促使泛媒介观念逐步形成,使得整个媒介研究都可以在此基础上拓展研究视野,丰富研究向度。正是因为这种技术与内容剥离的泛媒介观,使麦克卢汉能够在《理解媒介》中考察约三十种媒介。

既然媒介不是中立沉默的渠道,而是具有偏向性的组织方式,那媒介必然会影响社会文化实践形式和个体感知模式、角色行为。因此,伊尼斯认为,媒介发展导致了帝国的扩张,麦克卢汉认为媒介影响了人的感官结构,波兹曼认为媒介消解了童年,梅罗维茨则认为媒介导致男性气质与女性气质的边界模糊。这些

---

① 杰弗里·温斯洛普-扬:《基特勒论媒介》,张昱辰译,北京:中国传媒大学出版社,2019年,第13页。
② 马歇尔·麦克卢汉:《理解媒介:论人的延伸》,何道宽译,北京:商务印书馆,2000年,第34—35页。

逻辑中隐含着一种宏观与微观混淆的风险，导致媒介环境学派的许多关键概念都自相矛盾。当伊尼斯谈到媒介对文明或时间或空间的偏向时，他很明显指的是宏观层面的媒介，即社会当前主要的媒介形式。① 可如何去理解当前社会的主要媒介形式呢？在这个关键的问题上，媒介环境学派的学者们大多语焉不详。即使是在媒介技术不如今日发达的 20 世纪 60 年代，当时社会中"主要传播媒介"到底是报纸、广播还是电视呢？恐怕不同的视角会得出不同的答案，这就很难按伊尼斯的逻辑去推论当时社会的偏向到底基于视觉还是听觉。

其次，媒介环境学派在阐释媒介时采用了一种形而上的隐喻手法，他们把媒介隐喻为环境，故而麦克卢汉可以说"媒介是人的延伸""媒介即讯息"。但在具体的推论过程中，媒介环境学派又往往是针对某个单一媒介而言的，这种逻辑上的不统一很难让读者理解他们是如何完成整个严密论证过程的。麦克卢汉认为，时装是肌肤的延伸，住宅是外貌和观念的延伸，游戏也是人的延伸。诚然，服饰在社会结构中起到了身份认同的作用，这一点其他的学者也讨论过，比如凡勃伦就指出人们对服装的消费既是为了迎合社会现行文化传统的要求，也是为了大众赞赏和身份标出，② 但服装所起到的"肌肤延伸"作用不过是服装社会功效的附带品。这种隐喻的手法使得他们在概念操作化过程中难以明确具体研究对象，以至于将一些本来不是以中介或传播为主要目的的对象也纳入了讨论范围。这样一来，媒介环境学派研究就转向了考察单个作为环境的媒介，而无论是"环境"还是"生态"，本质上都要求人们从整体主义上来认识它们。所以，这也导致了

---

① 哈罗德·伊尼斯：《传播的偏向》，何道宽译，北京：中国人民大学出版社，2003 年，第 28 页。
② 托斯丹·邦德·凡勃伦：《有闲阶级论：关于制度的经济研究》，李华夏译，北京：中央编译社，2012 年，第 126 页。

媒介环境学派在讨论具体的社会现象时总是浅尝辄止。

从宏观上看，任何一种学术研究无非是能认识、改造世界，媒介环境学派很明显意在前者，即为人们提供了一个新的认识世界的理路。同样是认识世界的一种模式，它和法兰克福学派一样在进行媒介批评，为什么法兰克福学派的观点更多是在知识精英内部流传，而媒介环境学派却打破了所谓的"次元壁"，《纽约先驱论坛报》《花花公子》《连线》等媒体纷纷报道媒介环境学派的成果，将麦克卢汉的观点奉为圭臬。要寻求这一答案，还需要把媒介环境学派的"发迹"置于社会环境下去理解。

麦克卢汉的思想首先在20世纪六七十年代的青年学生中流行起来。其时的美国社会由于冷战和核战争的威慑而盛行乌托邦思潮，学生运动蓬勃爆发，嬉皮士运动形成一股浪潮。麦克卢汉反叛传统的学术思想受到了嬉皮士的欢迎，这是媒介环境学派的第一次"出圈"。到了20世纪90年代，数字化和网络技术的迅速发展促使硅谷精英在政治、社会上谋求新技术的合法性，他们赋予网络"平等""自由""去中心化"的正义性，而媒介环境学派的论调正好从理论上给予了支持。无论是麦克卢汉"地球村""重回部落化"的预言，还是莱文森的人对媒介拥有高度自主驾驭的能力①的看法，都为普罗大众描绘了一个美好的互联网经济愿景。自然，媒介环境学派再一次迈入"庙堂"。无独有偶，媒介环境学派在国内异军突起的现象也是如此。20世纪80年代后，随着实证研究的著作和欧洲新马克思主义著作的大量引进，来自这两个学派的理论自然被视为传播学的全部内容。到了20世纪90年代，中国快速步入互联网时代。国内互联网公司的迅速发展，使人们几乎与欧美社会同步享受了信息革命的果实，经

---

① 保罗·莱文森：《数字麦克卢汉：信息化新千纪指南》，何道宽译，北京：北京师范大学出版社，2014年，第40—41页。

验学派和批判学派的论调面对媒介技术的更新迭代现实都显得有些缺乏解释力。进入 21 世纪，中国学者开始积极进行媒介研究，一大批媒介环境学派的著作被引入国内。由此可见，媒介环境学派的大受欢迎实际上与媒介技术的迅速发展，尤其是互联网技术与人类社会全面接入的现况密切相关。

近两年来，学界也在不断反思媒介环境学派的理论。从前文分析来看，媒介环境学派该往何处去，需从以下几个方面着手：其一，重拾对媒介的整体性理解，回归到技术哲学的源头中。媒介环境学派源于技术哲学，但在其具体研究中却在整体性和个别性案例中，用整体主义的思维去分析单一媒介。回归技术哲学可以使媒介环境学派从整体主义上升到整体媒介的层面来思索媒介与人和社会权力结构的关系，形成一种真正意义上的哲学追索。其二，弥补其忽视内容的弊端，既然麦克卢汉已经指出了每一种媒介的符号文本是不同的，那自然媒介的形式与内容不可分割，故完全可以从技术角度来分析传播的生产与内容，找到与现实世界具体媒介实践对话的着力点。

总体而言，媒介环境学派修正了实证学派对媒介长期影响阐释力不足的问题，把传播学的研究视野从传播者、传播内容、传播效果的窠臼中解放出来，破除了实用主义的功利性，恢复了传播学的人文关怀和道德关怀。此外，媒介环境学派虽然没有直接提出媒介是社会构成的要件之一的观点，但其学说中隐含的这一论调为其他媒介研究学派提供了逻辑前提。

第三节　德布雷：意识形态批判的媒介学

德布雷同样认为媒介技术位于社会的中心或者上游，但他所提出的媒介学更关注技术与文化的互动，以研究符号、话语如何成为一种影响社会的观念。德布雷的学术实践与他的生平经历密切相关，20世纪50年代末，他前往古巴追随切·格瓦拉，并发展了切·格瓦拉的"游击中心论"；60年代，德布雷被玻利维亚当局逮捕并判处三十年徒刑，服刑三年后回到法国；80年代，德布雷活跃于法国政坛，担任过密特朗的顾问，协助其处理国际事务；90年代后，他回归学界，并于1993年向索邦大学提交了自己的博士论文《影像的生与死》（被收录于《媒介学宣言》一书中）。作为一名左派知识分子，德布雷受到其政治立场和革命经历的影响，关注媒介传递意识形态并黏合团体的过程。就德布雷本人而言，他从来不认为自己是一名传播学者，至少不是传统意义上的传播学者。然而，我们也不能否认媒介学（mediologie）对我们思考当下数字革命和整个人类文明传承的重要价值。因此，本节从德布雷学术体系的几个关键概念——传承、媒介、媒介行为出发，并结合其学术渊源，来理解媒介学为当下传播研究所提供的思想资源。

一、德布雷学术思想脉络

由于德布雷在青年时期就曾与阿尔都塞、萨特等人的思想有接触，他所提出的媒介学也继承了欧洲马克思主义学者的批判意识。阿尔都塞从结构主义出发阐释了马克思的意识形态理论，德布雷受其影响关注到了意识形态的物质性问题，这一点奠定了他整个媒介学理论的逻辑起点。"只有摆脱认识（episteme）的语义学范畴，并以实践（praxis）的语义学范畴为中心，才能弄清'意识形态'一词的含义。"[①] 但是，德布雷本人并不认可结构主义语言学影响下的符号学方法论价值，他曾经批评符号学将符号

---

① 雷吉斯·德布雷：《媒介学宣言》，黄春柳译，南京：南京大学出版社，2016年，第3—4页。

作为先验产物来考察文本的生产、内容和结构,忽视了符号编码、解码、传递所依赖的技术环境也会影响符号本身。在《媒介学宣言》中,他借用瓦莱里的语言来讽刺符号学泛滥的理智主义,"桥墩上的俯视图遮盖了意义的物质层面——人们过度地把世界解释成符号,因而忘了下面还有别的,忘了文字本身也有身体"[①]。既然结构主义的进路是不完全可取的(至少德布雷是这样认为的),那应当怎样去看待意识形态呢?这就是德布雷开创媒介学意在回答的问题。意识形态是一种组织手段,而这个组织手段的主轴就是媒介行为。由此,德布雷从阿尔都塞的结构主义出发,自然而然地转向了媒介学研究。

二、媒介学的关键学术概念

(一)传承(transmission)

为了区别于传统传播学研究,德布雷首先辨析了communiquer(传播)和transmission(传承)两个概念。他写道:"传播是长期过程中的瞬间(moment)和广泛集合体中的片断(fragment);传承则指向了文化沉淀和集体记忆凝结,是在时间中……在不同的时空范围内进行的。"[②] 换言之,传播是社会某一横截面中的信息扩散;传承则意味着通过媒介技术载体所形成的制度化结构来延续社会和文明。这也是理解德布雷思想的要旨所在,即他所关注的是技术与文化的互动。传播是用来理解传者和受者二元关系的词语,而传承则有一种历史的时间沉淀和

[①] 雷吉斯·德布雷:《媒介学宣言》,黄春柳译,南京:南京大学出版社,2016年,第52页。
[②] 雷吉斯·德布雷:《媒介学引论》,刘文玲、陈卫星译,北京:中国传媒大学出版社,2014年,第5页。

社会的集体功用性色彩。

虽然甚少有人谈及这一点,但不难看出德布雷的"传承"与杜威对传播的理解和詹姆斯·凯瑞的"传播的仪式观"有一定的趋同性。"社会不仅因传递(transmission)与传播(communication)而存在,更确切地说,它就存在于传递与传播中。"①詹姆斯·凯瑞在杜威的理论基础上进一步指出了传播也具有凝聚共同体和维系社会秩序的作用,传播研究也应囊括"各种有意义的符号形态被创造、理解和使用这一实实在在的社会过程"②。但是,杜威和凯瑞更关注传播行为在空间层面的文化意义,并没有特别强调传播的介质——即媒介的作用,认为媒介仅仅是一个中立的、沉默的工具,且凯瑞主要考察的媒介还是大众传媒。同时,杜威和凯瑞都提到了"transmission"(传递)一词,但他们的所指更类同于德布雷所言的"传播"。至于德布雷笔下的"transmission",《媒介学引论》中将其翻译为"传承",《普通媒介学教程》中将其译为"传递"。德布雷思想在国内的主要引介者陈卫星教授自己解释道,传承侧重于接受和继承之义,传递更强调抵触和接触:"传承包含基于技术平台的物质性流动过程,而且强调思维主体和物质客体的平等关系,打破思维主体在上,物质客体在下的二元论。"③由此可见,德布雷、杜威和凯瑞三人都注意到了传播的文化意义,认为传播行为具有一种对社会团体的黏合作用,只不过德布雷更进一步指出了这种黏合中媒介的作用。

---

① 詹姆斯·W. 凯瑞:《作为文化的传播》,丁末译,北京:华夏出版社,2005年,第3页。
② 詹姆斯·W. 凯瑞:《作为文化的传播》,丁末译,北京:华夏出版社,2005年,第1页。
③ 陈卫星、雷吉斯·德布雷:《媒介学:观念与命题——关于媒介学的学术对谈》,《南京社会科学》2015年第4期,第101-106页。

此外,德布雷认为"传承"这一概念也意味着不同的媒介所使用的话语体系及历史传承功能大相径庭。譬如,广播和电视所传播的历史是由专业权威的机构所书写和定义的,这种话语体系往往会更偏向于宏大的家国叙述和神话母题。而移动终端所"传承"的信息则可能由个体自发书写能够在某一特定瞬间出人意料地引发关注,成为热点,近年来颇为流行的非虚构写作、日记体等就是新媒介"传承"的产物,他们都强调个体的感受与价值。"传承"这一概念的提出表明了德布雷试图打破单一结构研究的创举,他拒绝将媒介行为理解为人文－技术或传播－接受的二元对立,而是通过对认识"媒介"的再认识作为突破口来理解技术变迁与意识形态的互构关系。

(二)媒介(médio)与媒介行为

作为德布雷学术体系的关键词,媒介(médio)是"特定技术和社会条件下,象征传递和流通的手段的集合"①。首先,这意味着德布雷体系中的媒介范围远大于报刊、广播、电视等媒体(medias)。在德布雷看来,媒体是传播的渠道或载体,而媒介,如一张贴画、一座大桥等,它们并不具备媒体的渠道功能,即本身不用于信息的传播,但它们有超越时间的散播作用和交际作用。由此,大桥可能成为一个家国情怀的象征物,贴画可以作为一种意识形态规训的手段,这就进入了媒介学观照的范围内。其次,médio 一词在法语中有"中介""中间"之意。德布雷强调:"媒介(médio)这个词的重点是中介行为(médiation),法语中的后缀 ion 表示动作行为)。"② 实际上,在德布雷的众多中译本

---

① 雷吉斯·德布雷:《普通媒介学教程》,陈卫星、王杨译,北京:清华大学出版社,2014年,第4页。
② 雷吉斯·德布雷:《媒介学引论》,刘文玲、陈卫星译,北京:中国传媒大学出版社,2014年,第10页。

中，媒介、媒介行为、中介行为三个词并没被严格地区分，这三者都意在表示传承（transmission）中的中介作用。陈卫星教授指出："德布雷则强调从 Mediateur 出发，我们为便于理解或避免直接等同于哲学，把这个一般翻译为'中介者'的词翻译为'媒介者'，因为事实上要指称的对象也是具体的职业群体，如中世纪修道院的抄写员、近代的新闻从业者等。"[①] 最后，德布雷和麦克卢汉一样持有泛媒介观，但两人在媒介的具体理解上有一定偏差。麦克卢汉将媒介在宏观层面上视为环境，在具体分析中则将任何可以作为环境的物体都视为媒介加以单独阐释，是"medium"（单数的媒介）理论，没有区分载体和内容、渠道和介质。而德布雷的媒介是"操作设备"，但重点不在设备本身如何，而在于它在社会中如何发挥某种特定的功能。

总体而言，我们可以把德布雷体系中的媒介理解为一种使"符号具有途径和效力的工具"[②]，即媒介具有动态的中介作用，A-C 是通过 B 为媒介的，而 B 的技术特征和组织方式（或可理解为 praxis）决定了 A-C 的意义。譬如同样是师生间的互动，在教室中是老师通过口语传授知识，在微信上老师通过文字传授知识，尽管内容（符号）是相同的，但学生所理解的意义则可能大相径庭。在教室，学生通常会通过笔记等形式将教师口头传授的知识转换为文字，以便实现更长时间的保存。而如果是通过微信讲解的知识，学生则可能并不会将其转换为文字，往往是直接理解后再通过作业、论文等知识的具体应用来加以检验。同样的内容，前者可能是学生不多加理解直接复制下来，后者则是经过学生的理解再现出来，呈现的形态可能是完全不同的。所以，德

---

① 陈卫星：《媒介域的方法论意义》，《国际新闻界》2018 年第 2 期，第 8-14 页。
② 雷吉斯·德布雷：《媒介学宣言》，黄春柳译，南京：南京大学出版社，2016 年，第 7 页。

布雷的媒介观强调了媒介的实践过程,正是不同的实践过程决定了符号文本的意义和意识形态。

(三)媒介域(médiasphère)

为了进一步阐明媒介的传承作用,德布雷提出了媒介域(médiasphère)的概念。他认为:"媒介域指一个信息和人的传递和运输环境,包括其相对应的知识加工方法和扩散方法。"[①]由此可见,媒介域是人类社会信息传承的一个宏观范畴,这个范畴涵盖了技术逻辑、符号逻辑和社会组织方式,会产生一个特定的时空组合,即某种社会现实。每天清早起来刷抖音的网民和看报纸的读者很明显是生活在完全不同的媒介域中,尽管他们在现实生活中完全可能生活在同一种社会环境中,但其对所处社会环境的认知却是不同的。德布雷指出:"占统治地位的痕迹保存系统(输入、存储和流通)是一个特定时代、特定社会中媒介域的组织核心。"[②] 据此,他将人类社会历史划分为三个时期,分别是话语圈(logosphère)、图文圈(graphosphère)、视频圈(vidéosphère)。话语圈即以语言为社会主要的交流和传承手段,书写和书籍是属于小部分社群的特权,史诗、戏剧是该阶段的代表性媒介。图文圈即印刷术被大规模应用后,书籍成为传承知识、信息的主要媒介。视频圈以电子技术被广泛用于传承和传播为标志,影像和声音是这一阶段的主要传播符号。

这种划分与沃尔特·翁的原生口语文化时期和次生口语文化时期,麦克卢汉的部落化时期、非部落化时期、重新部落化时期的分类似乎有相似之处。他们都依据媒介技术的发展重新划分了

---

① 雷吉斯·德布雷:《普通媒介学教程》,陈卫星、王杨译,北京:清华大学出版社,2014年,第261页。
② 雷吉斯·德布雷:《普通媒介学教程》,陈卫星、王杨译,北京:清华大学出版社,2014年,第261页。

人类历史的分期,都认为,媒介技术变革会影响社会制度和意识形态。但媒介环境学派认为新媒介技术的出现是对旧技术的补足和替代,隐含着一种媒介历史进步主义观。而德布雷则认为,媒介域具有协同性的特点,即媒介域是重叠交融的,只是一个阶段会以某个媒介域为主导。由于媒介域浸入式的存在,人们往往对此习而不察,我们难以在智能移动终端出现之前去想象这种媒介实践,只有当我们生存在由智能移动终端所主导的媒介域中才能对这种媒介经验展开反思。同时,德布雷指出,媒介域变化的实质是社会权力结构的变化,印刷术使知识权威从教堂转移到了大学,社交媒体使新闻生产权威从专业机构转移到了草根大众。由此,德布雷指出了媒介域和他想要进行的意识形态批判间的关系,即不同媒介域中的中央媒介会制造出不同的知识系统。

三、德布雷及媒介学的学术贡献

德布雷既不完全认同伊尼斯、麦克卢汉的观点,也反对符号学重视文本意义阐释的取向。媒介学给我们抛出的问题是,不要停留在对文本意义的阐释层面,而是转向去思考符号如何成为一种物质力量,而这种物质力量又是如何造就一个共同体的。概而言之,德布雷的媒介学对传播研究有两点贡献是格外值得我们关注的。

第一,媒介学体现了德布雷身为当代法国知识分子所特有的人文关怀。他以媒介学为立足点讨论意识形态的组织问题,思考为何在一个社会时空中普罗大众所相信的观念能够被相信,能成为凝结社会的手段。德布雷反对麦克卢汉"媒介即信息"的观点,提出了"媒介(中介)即讯息"。他区分了信息和讯息的不同,信息是真理,讯息是信仰。比如,"2+3=5"无论是写在石头上还是写在纸上都不影响这个公式的真实和正确性,这种"事实同表达相一致的讯息"并不是信息。① 信息是具有时效性、价值取向和实用主义功能的文本,譬如意识形态、文学、宗教等。这个例子已经充分说明了德布雷的学术抱负,他想要思考的是媒介如何成为一种权力组织社会的中介过程,这种中介过程又如何改变社会。显然,这种思考源自他对政治和革命的密切关注与亲身参与。媒介环境学派认为,媒介技术的特质影响了社会的时空偏向和人类思维、行为模式,德布雷则把这个问题推向更深层次:为什么电视机技术在20世纪初期就已问世,但直到20世纪下半叶才大为流行?这个问题就像马克思·韦伯曾经思考的一样,同样出现资本主义萌芽的欧洲社会和中国社会为何在接下来的一百年却发展为截然不同的两种社会形态?所以,媒介学本质上是从媒介组织的角度对意识形态的发问,以求对现实社会的批判性介入。

第二,德布雷突出了媒介的中介性特征。他强调媒介的动态过程,指出媒介的"技术运载工具"(MO)和"机构运载工具"(OM)两个特点②,突显了人的主体性价值。媒介环境学派更多是在静态层面上讨论媒介如何影响个体的感知、行为及社会时空比例,德布雷认为,媒介是在某种实践过程中才具备了中介作用。譬如,年画可以从一种中国民间艺术形态转变为一种凝聚政治认同的媒介。从"技术运载工具"维度来看,年画是悬挂在家庭空间中的一种民俗画作,画面内容多以民间流传的英雄、神仙、节庆故事为主。新中国成立后推广新年画运动,年画的内容转而以政治人物、工人、农民等为主,如当时著名的年画《中华各民族大团结》描述了少数民族人民和毛主席、周总理共度新年

---

① 雷吉斯·德布雷:《媒介学引论》,刘文玲、陈卫星译,北京:中国传媒大学出版社,2014年,第37页。
② 雷吉斯·德布雷:《媒介学引论》,刘文玲、陈卫星译,北京:中国传媒大学出版社,2014年,第131页。

的景象。这种画面内容的变化不是考察重点,它只是文本符号的变化,重要的是这个变化过程被纳入了一套宣传体系。时任文化部部长的沈雁冰指出:"宣传中国人民解放战争和人民大革命的伟大胜利,宣传中华人民共和国的成立,宣传共同纲领,宣传把革命战争进行到底,宣传工农业生产的恢复与发展。在年画中应当着重表现劳动人民新的、愉快的斗争的生活和他们英勇健康的形象。"① 这就是年画作为机构运载工具的体现,它使"团结"这种抽象的观念成为一个物质实体,并被悬挂于家庭这一私人领域的高空位置,从而具有了崇高的政治内涵。同时,新年画运动是由人组织进行的,如果领导人没有将年画纳入凝聚政治认同的工具范畴,那年画就只能是一种艺术形式。由此可见,媒介学不仅使人们关注媒介的物质性,更关注物质载体所处的实践过程。正是这种独属于人类的实践过程,才使得特定的媒介域得以形成,相关的观念得以成为一种组织社会时空的性力量。

第四节 基特勒:德国媒介技术学

德国于1972年开设媒介研究专业,该专业区别于以业务实践为主旨的新闻、广告专业②,偏向技术哲学。与北美、法国的媒介研究不同,德国的媒介研究受德国阐释学传统的影响较明显,基特勒就是其中最典型的代表之一。他以媒介技术为源头,将人、话语、权力和文化都置于特定的媒介形态下进行考察。作为"数字时代的德里达",当下不少研究都聚集在他的旗帜下来考察人与机器的关系。本节将从以下三个方面来介绍基特勒的媒

---

① 沈雁冰:《关于开展新年画工作的指示》,《人民日报》1949年11月27日,第4版。

② 唐士哲:《导言:分流、汇流、媒介史:基德勒的媒介思想钩沉》,《传播研究与实践》2017年第7卷第2期,第1—3页。

介技术研究:基特勒的媒介研究汲取了哪些理论资源?他的问题意识和主要学术观点为何?学界对其评价如何?如何立足本土化情境进一步推进其研究?

一、基特勒学术生平与思想渊源

弗里德里希·基特勒于1943年出生在德国,此时已到第二次世界大战后期,德国逐渐走向战败局面。基特勒幼年期间曾目睹过英美联合空袭所造成的德累斯顿大火,这种战争创伤使他后来格外关注战争。他在谈及海湾战争时,将计算机视为摧毁敌方有生力量的硬件,而软件则是基于硬件被意识形态所建构出来的一种话语。受到父亲和哥哥的影响,基特勒对德国文学和无线电技术都十分感兴趣,这奠定了他技术批评的思想取向。1963年,基特勒进入德国弗莱堡大学求学并任教,弗莱堡大学当时是德国多元学术思潮的争鸣之地,这种学术氛围使得基特勒能够充分汲取各家思想。1993年,基特勒前往洪堡大学担任首席教授,组建了德国媒介技术研究的核心——亥姆霍茨文化技术研究中心。

基特勒在弗莱堡大学期间深受福柯和拉康思想的影响。他的代表著作《话语网络1800/1900》的标题就源自福柯的"话语"概念,直接表明了他对福柯思想的承继。福柯将话语视为"隶属于同一的形成系统的陈述整体"①,即一个对象、事物在权力作用下基于一套规则系统生成话语,通过话语这个概念可以考察权力如何确定一种知识型。但福柯主要聚焦于印刷品和文字,没有讨论后世的媒介技术发展对话语和知识型的影响。基特勒则将福柯的知识考古学拓展到了以光电技术为核心、以摄影和留声机为

---

① 米歇尔·福柯:《知识考古学》,谢强、马月译,北京:生活·读书·新知三联书店,1998年,第98页。

代表的图像媒介社会，基于福柯的话语理论详细描绘了权力、存储、传递、训练、再生产等诸如此类的话语生产条件机制。同时，基特勒还用谱系学的方法将阐释学纳入媒介研究中，将阐释学作为话语网络这一系统的观察者。他认为，与其说德里达所言的"语言物质性"是现代哲学的幻觉，倒不如说这是一种技术和实践的功能。① 由此可见，基特勒拓宽了福柯的话语概念，他将技术提到了一个主体性的地位。

拉康对基特勒的影响则体现在基特勒后诠释学（post-hermeneutic criticism）的研究路径中。实际上，基特勒并不隶属于我们传统意义上所理解的媒介学者队伍，在以《话语网络 1800/1900》为代表的早期著作中，他更关注对文学文本的分析，《话语网络 1800/1900》中有大量内容着墨于德国歌德时期的文学作品和对《浮士德》的分析。所谓"后诠释学批评"，大卫·威尔伯里的说法，就是用技术迭代去理解文本意义，而非传统阐释学通过对文本阐释去理解意义。从这点来看，基特勒与拉康一致，他们都反对阐释学停留在文本层面的分析。拉康认为，"语言是先于主体而存在的概念"②。主体的产生除受到语言影响外，也包括语言之外的想象、镜像和欲望等无意识，这些正是拉康精神分析所观照的对象。基特勒认为媒介是先于主体存在的概念，媒介的意义是由打字机、留声机、摄像机等媒介技术所决定的。

---

① Kittler, F. A. (1990). *Discourse Networks 1800/1900*, California: Stanford University Press.
② 林思平：《电脑科技媒介与人机关系：基德勒媒介理论中的电脑》，《传播研究实践》2017 年第 2 期，第 33—62 页。

二、基特勒的问题意识与主要观点

(一) 问题意识

通过对基特勒学术渊源的梳理,正如威尔伯里所言,他的问题意识综合萃取自后结构主义的三位巨擘——福柯、拉康及德里达,他将后结构主义作为一种知识考查的工具,从而形成一种后诠释学批评路径。具而言之,他的问题意识分为三步,分别是"外部性预设"(presupposition of exteriority)、"媒介性预设"(presupposition of mediality)、"身体性预设"(presupposition of corporeality)。①

基特勒之所以强调外部性预设是因为阐释学将话语看作一种主体的自反性。针对这种偏向,基特勒将语言外化为一个独立的领域以找寻书写文本、阐释意义的外部条件。在基特勒的理论中,这个外部条件就是媒介技术,媒介作为一个框架使"人"所以为人。"外部性预设"为基特勒的研究提供了理论视角。

通过媒介性预设,基特勒的问题意识之二在于走向媒介(技术)本体论,抑或称为媒介(技术)中心主义。媒介性指的是在特定情况下能够产生出文学文本的条件。换言之,基特勒通过媒介性预设使他从文学文本的研究转向文学媒介化的研究,进而走向媒介研究。他质疑了人在文本中的能动作用,认为技术决定了文本的性质,文本的性质又指向了历史的变化。其实对于这点也不难理解,就像现在通行的"IP"改编一样,同一"IP"的电影、电视剧、小说必然要依据媒介特性做出相应的调整,我们通

---

① Kittler, F. A. (1990). *Discourse Networks 1800/1900*. Stanford University Press. 7—15.

行对此的理解是改编要适应不同受众的期待需求。但基特勒并不认同接受美学的理论,在他看来,改编是由大屏幕、小屏幕和印刷机三种不同的媒介技术锚定的。实际上,在这里我们可以看见基特勒对媒介物质性的寻访,即将媒介本身与身体、意义和存在等问题联系在一起。阐释学认为,阐释是人类的基础,基特勒则认为媒介是人类的基础。由此,媒介性预设确定了基特勒所研究的论域具体为何。

在人文社科领域,基特勒这种非人类的取向很容易招致批判,这也反映在其作品《话语网络 1800/1900》在出版后差点使他失去工作一事上。实际上,基特勒的问题意识之三的身体性预设就折射了他对人性的强调。基特勒指出,身体才是我们的文化中各类技术自我书写的场所,是我们存储、传递的中介手段所运行的枢纽。① 由此,基特勒用身体(corporeality)取代了主体(subject),走向了后人文主义的研究。同时,在主体退场后,媒介的书写模式和权力支配得以浮现。

(二)话语网络

基特勒在《话语网络 1800/1900》中巨细靡遗地考察了十八九世纪德国文学史是如何在阅读、书写的媒介技术支配下发生延续和断裂的,他将话语网络定义为一种允许特定文化选择、存储和处理相关数据的技术和机构网络。② 换言之,话语网络是媒介制度化后话语权力渗透的"毛细血管"。话语网络原文是"Aufschreibsysteme",直译可理解为"铭刻(inscription)系统"。这个词由施雷伯博士发明,指的是用来书写或记忆的系统,

---

① Kittler, F. A. (1990). *Discourse Networks 1800/1900*. Stanford University Press,15.
② Kittler, F. A. (1990). *Discourse Networks 1800/1900*. Stanford University Press,369.

基特勒对这个词的挪用表明了他的技术外部性视角。在英译版中，麦克尔·梅特和克里斯·卡伦将其译为"discourse network"，意在指出他对福柯思想的承接。基特勒同福柯一样，将德国文学史看作是断裂的、不连续的。他用1800年和1900年两个时间节点来对德国历史进行划分，这两个日期标志着权力、技术、象征符号和身体所构成的两个不同的话语网络，正是两个话语网络决定了欧洲过去两百年的社会文化。①

在1800年阶段，母亲承担着教育婴幼儿说话、认字的主要任务。语言不再是上帝神秘的产物，而是一种天性（nature）。基特勒指出，只要母亲一说出口，语言就是有意义的。所以，语言是一种外部性的存在。当读写能力的教育权从权威机构挪到了家庭生活中，不仅破除了"学者共和国"的知识垄断，女权意识也开始逐渐萌芽。"到了1800年，女性突然不再处于家庭父权的从属地位，而是被定义为处于一种与家庭中男性互补的关系中，这种现象主要出现在受过教育的中产阶级内部。"② 19世纪的话语网络属于通识性的语言教育和大规模普及的印刷品。通过书本与字典的广泛应用，个体的读写能力成为他能否社会化的主要因素，声音、图像的记录与存档也有赖于文字的"转译"。在1800年阶段的话语网络中，公私领域的分野意味着女性意识的觉醒，官僚制度和大学逐渐形成，而其核心表现是语言和印刷品。

到了1900年阶段，打字机、留声机和电影所代表的集成电路技术取代书写和印刷品成为话语网络的枢纽。基特勒指出，这种自动媒介技术要求使用标准化、机械化的语言去记录、存储、传播模糊的日常语言、图像和声音。福柯在进行知识考古时只需

---

① Kittler, F. A. (1990). *Discourse Networks 1800/1900*. Stanford University Press, 13.

② Kittler, F. A. (1990). *Discourse Networks 1800/1900*. Stanford University Press, 60.

要进入图书馆的档案中即可获得所需的资料,而 1900 年后的学者们除了查阅文字资料,还需要查阅电影、广播和电视等音频和视频资料,基特勒就直接将平克·弗洛伊德的专辑作为《留声机、电影、打字机》的参考文献。这种媒介技术的变化首先改变了语言。"打字机把书写变成了有限的、排列规则的键盘上进行的选择动作。"① 在 19 世纪的手写时代,书写具有个性表达的特征,就像中国老话常说的"字如其人""见字如面"。而电脑打印出来的文字则将书写者的个性转变为二进制代码,成为同质化阅读的纸质材料。书写行为的自动化也改变了家庭权力关系,20 世纪上半叶,女性走出家庭后的职业身份主要就是秘书和打字员。值得注意的是,打字机仍然没有赋予女性完全的自主性,尽管她们已经成了职业女性,但她们并没有"成为简·奥斯汀"。打字员和秘书的工作并不是表达自己,而是沉默地传达他者的意志。

基特勒沿袭拉康的三界划分理论,认为留声机对应着真实界,电影对应着想象界,打字机对应着拉康的象征界。拉康曾写过:"挚爱的恋人、亲切的友人还有名人在逝去多年以后,还可以一如既往地对我们发表生动的、热烈的讲话;'蜡筒'将我们带回过去那美好的青春年代——我们能听到无数根本无缘见面的先辈的声音,他们的名字在历史的长河中流传到今天。"② 留声机的出现最早得益于音频被广泛用于法庭和战争等非常规场景中,充当着证据和情报角色。因此,基特勒认为留声机的文化意涵就是"真实"。时至今日,播客(Podcast)、有声书等音频仍在媒介消费中占据着可观的比重,是驾车、做家务、看书等多任

---

① 弗里德里希·基特勒:《留声机 电影 打字机》,邢春丽译,上海:复旦大学出版社,2017 年,第 17 页。
② 弗里德里希·基特勒:《留声机 电影 打字机》,邢春丽译,上海:复旦大学出版社,2017 年,第 60 页。

务场景中人们最常使用的一种伴随媒介。电影则依靠想象来表达故事，电影最常见的叙事手法蒙太奇就是把画面进行剪切、粘贴和重组，从而形成一个新的叙事时空。在影片中，画面和声音是主导意义的符号，语言的霸权彻底被消解。

（三）回到古希腊，抑或走向未来

基特勒晚期的研究表面上呈现一种分裂的趋势。一方面，他痴迷于字母、数学和音乐在古希腊文明中的重要作用；另一方面，他又对作为话语的软件进行谱系学考察，提出"软件不存在"（There is no software）来进行数字媒介批判。[1] 实际上，他对古希腊的回顾与对计算机技术的研究是一致的，即聚焦于西方历史"数据处理的基础和传播物质性和变化的世界观之间的反馈"[2]。在基特勒看来，希腊字母和计算机语言是同一种媒介，他们具有自我递归（self-recursive）的功能。所谓自我递归即一个符号系统可以被用于多个文本中，并通过不同文本的应用拓展符号本身的功能。[3] 在计算机的发展进程中，由于自然语言的指代过于模糊，你所言的"红"与他笔下的"red"有可能完全不是一个色彩，机器语言应运而生。然而，为了既保证计算机的高效运转又保证操作的简易化，计算机语言不断迭代，字母和数字形成了一套从机器语言到汇编语言到高级语言再到图形化界面的计算机语言之塔，越是靠外层的语言就越接近人们的日常语言，这就是媒介的自我递归。电脑有了图形化操作界面后，极大降低

---

[1] 车致新：《软件不存在——基特勒论软件的物质性》，《中国图书评论》2019年第5期，第70—76页。

[2] 杰弗里·温斯洛普－杨：《基特勒论媒介》，张昱辰译，北京：中国传媒大学出版社，2019年，第88页。

[3] 杰弗里·温斯洛普－杨：《基特勒论媒介》，张昱辰译，北京：中国传媒大学出版社，2019年，第112页。

了技术的"可及性",普通人也可以很快就习得操作电脑这一技能。而没有图形化界面之前,即使是最简单的电脑操作也须依赖dos系统,而dos系统的运用必须经由专门机构的专项教育才能使用。所以,早期的计算机是一种权威"知识型"的媒介。基特勒指出,计算机语言和希腊字母一样,是一种独立的媒介形式,且这套媒介形式不断分化,计算机分化了多种语言,希腊字母分化成了数学、音乐和文学。"在希腊字母表中,我们的感官是在场的——感谢图灵,它们又一次得以在场。"①

三、评价与未来

首先,基特勒把媒介技术作为理论和经验的源头,提出了人类史即媒介史的观点。正如他在《留声机 电影 打字机》开篇写道:"媒介决定了我们的境况。"② 基特勒认为,性别分化、教育体制、官僚制度和人的主体性都是建立在媒介技术作用之上的。麦克卢汉认为"媒介是人的延伸",而基特勒则恰恰相反,认为人才是媒介的延伸。媒介技术使对象成为一种知识型的存在,人是媒介技术发展中的一个对象,抑或是客体。基特勒的技术中心主义关注了意义之外的媒介,以往的媒介研究往往关注对语言、符号、文本和意识形态等表征的阐释,基特勒则打破了符号垄断意义的霸权,关注不同历史时期的媒介技术是如何处理语言、文字、声音、影像等符号的。然而,也正是因为基特勒这一去人类化的取向招致了不少争议,不少人批判基特勒的理论是技术决定论的产物。的确,基特勒继承了海德尔格的技术观,认为技术先

---

① 杰弗里·温斯洛普—杨:《基特勒论媒介》,张昱辰译,北京:中国传媒大学出版社,2019年,第130页。
② 弗里德里希·基特勒:《留声机 电影 打字机》,邢春丽译,上海:复旦大学出版社,2017年,第1页。

于人而存在。但在《话语网络 1800/1900》和《留声机 电影 打字机》两部著作中,基特勒也指出了技术形式的变化是晚于文学类型、教育制度和官僚体制的变化的。换言之,基特勒认为技术不是一种纯粹的物,而是社会与技术的混合物。当然,就连麦克卢汉都曾被评价为技术决定论者,基特勒的立场更为激进,被贴上"技术决定论"的标签也不足为奇了。

其次,基特勒拓展了整个传播研究可观照对象的范围,媒介不仅只再现文本、传达意义,它也可以操纵时间、消灭空间和改变人类感知。正如麦克卢汉将住宅视为一种媒介,不是因为住宅传达了某种资讯,而是因为它形成了一种人类生存环境的差异,这种差异又引发了社会身份的区隔。符号学、阐释学关注文本所传达的意义,传播学的经验学派则关注文本所实现的效果,基特勒的媒介研究则跳出了文本符号的窠臼。

何以为媒?按照基特勒的观点:"亚里士多德首次把一个普通的希腊前置词(metaxú,即英语的 between),变成了一个哲学的名词或哲学的概念——tòmetaxú,即媒介。在缺席与在场、远与近、存在与灵魂的'中间'(middle),所存在着的不是别的什么,而是一种媒介关系(mediatic relation)。"① 基于去人类中心主义的立场,基特勒的媒介研究属于"媒介即存有"(media as mode of being)研究,认为媒介是人类社会构成的底层要件。由此可见,基特勒认为媒介是一种本体论意义上的存在,它影响着人类社会的生活方式。

在本土化的研究中,基特勒为中国传播学提供了一条思考科技权力、人机伦理关系及诸如"扫一扫""视频滑动"这样新媒介实践的全新维度。在面临人工智能时候,我们总是很容易高估

---

① 弗里德里希·基特勒:《走向媒介本体论》,胡菊兰译,《江西社会科学》2010 年第 4 期,第 249—254 页。

AI的智力，低估人类的能力，以至于总担心有一天机器人会统治人类，正如《黑客帝国》中所描述的那样。实际上，这种恐慌正是源于人本中心的思考。但倘若我们转换角度进入基特勒体系中，我们就不得不承认，当机器具备了自主学习、自行创造符号系统的能力，人与技术的共生实际上是一种常态，只是新媒介突显了这种常态，这正是基特勒给媒介研究留下的馈赠。同时，基特勒也指出，中国的传播学研究不能完全以西方为标准，在重估已经消失的传播现象和媒介行为时既要思考其意义与价值，又要理解其在当下媒介化社会中的复现性。

第十一章
作为媒介的周边产品：物品与文本的双重勾连

通过前文的论述不难发现，当前的媒介研究已然转向了泛媒介领域，动物、交通设施、实体建筑、文创产品等都作为广义上的媒介被纳入讨论。当前，学界既关注虚拟技术意义上的媒介，也研究实物意义上的媒介，既关注媒介及其在传播时的特定功能，也关注实体空间中媒介所建构的近距离体验场景。只要有广义上承载、传播信息的功用，任何人与人、人与物或物与物之间发生关系的中介均可被视为媒介。

周边产品是文化产业链中的重要环节，它不仅是提升 IP 经济价值的重要手段，而且是向下游延伸产业链的关键因素。早在 2015 年，迪士尼主题乐园周边产品营收额就占到了其总营收额的 40%，营收净利润约为 233 亿人民币。[①] 同一年，百度、阿里巴巴、腾讯全年营收净利润也不过 336.64 亿元人民币、243.20 亿人民币、324.1 亿人民币。最新的财报显示，迪士尼主题乐园

---

① 陶力：《百年迪士尼 IP 周边疯狂吸金：规模超 BAT 总收入》，联商网 2016 年 6 月 17 日，参见 http://www.linkshop.com.cn/web/archives/2016/351182.shtml。

2019年第四季度的周边产品营收高达464.7388亿人民币。① 周边产品何以能如此轻松地拉开消费者的钱包？90多岁高龄的米老鼠时至今日为何仍能强力"吸金"？事实上它的运作机理并非简单的经济模型计算或营销策略可以表述，其背后的文化实践意义亦值得关注。

与西方文化产业发展史不同的是，文化产业周边产品与中国的互联网和社交媒体的发展几乎是并行的，折射出互联网时代IP文本与粉丝社群的连接状态。2019年12月，有这样一条微博："火车的轰鸣声再次从九又四分之三站台传来，霍格沃茨大战十年后的魔法世界，会有哪些全新的故事等你去探索？整理好行装，一起在《哈利·波特：魔法觉醒》中，探索奇妙的魔法世界吧！"这条微博下面的评论和转发则是这样呈现的："全世界都在催我们长大，只有你们在守护我的梦和魔法""20年了，我终于收到霍格沃茨给我的通知书了""壮哉我大霍格沃茨"，等等。这个在2000年被引进中国的魔幻IP作品《哈利·波特》，后被改编为电影，陪伴了中国不少"80后""90后"的成长。尽管原作早已完结，但它的生命力并未衰退，且仍在不断推出新的周边产品，受到粉丝的欢迎。

本章采用质化研究的调查路径，借用媒介双重勾连理论，考察周边产品是如何使《哈利·波特》文本嵌入"哈迷"的日常生活。具而言之，本章将研究以下问题：作为物品的周边产品对《哈利·波特》与"哈迷"的连接起到了怎样的作用？它是如何在"哈迷"群众中扩散的？作为文本的周边产品又传达、建构了怎样的文化意义？

---

① 小熊在线：《华特迪士尼公司公布2019财年第四季度及全年财报》，小熊在线网2019年11月8日，参见http://beareyes.com.cn/2/lib/201911/08/20191108007.html.

第一节　媒介与周边产品

一、双重勾连理论

双重勾连理论强调媒介研究既要关注媒介技术层面的内涵，又要关注内容层面的内涵。在传播学领域，有代表性地引进、使用这一理论的是英国媒介研究学者罗杰·西尔弗斯通，他考察了电视物品消费与电视内容消费的双重关系，并指出："电视与家庭发生双重勾连，电视技术的重要性依赖于它作为物品（object）和作为媒介（medium）的挪用特征。作为物品，电视因为其美学和功能属性被购买和整合入家庭，在家庭空间被使用；作为物品，电视既是全国和国际传播网络的组成元素，也是家庭挪用（domestic appropriation）的象征。作为媒介，电视通过节目的结构和内容，同时通过对公共和私人领域的中介化，把家庭成员引入公共世界并共享意义，为私人式家庭文化的形成提供了原材料。"[①] 双重勾连理论和罗杰·西尔弗斯通的研究启示在于，当我们在进行媒介研究时既要考察媒介物质性的传播（即它是如何被消费与使用的），又要考察媒介内容消费中的文化意义。

目前，有颇多学者运用双重勾连理论对媒介使用进行研究，譬如莱斯利·哈顿和罗杰·西尔弗斯通主要讨论了电脑在老年群体中的使用，郭文平则从互联网平台新闻消费的科技物质与文本符号层面进行研究，冯强、马志浩研究了移动网络在农村中的使用情况等，这些研究主要考察狭义层面的媒介使用。近年来传播

---

① Silverstone, R. (1994). *Television and Everyday Life*. Routledge, 83.

学的媒介研究已然转向了更为广泛的媒介领域,动物、交通设施、实体建筑、文创产品等都作为泛在意义上的媒介被讨论,这些讨论既关注虚拟技术意义上的媒介,也关注实物意义上的媒介。因此,对双重勾连理论的应用也应向更广阔的媒介使用方向延伸。

二、媒介与周边产品

从上一章对媒介概念的爬梳来看,媒介是人与人、人与物或物与物之间发生关系的中介,这种关系可略分为两层:第一层是传播信息,第二层是文化－物的混合实践。周边产品指的是某一 IP 衍生出的具象化文创产品,广义上的周边产品不仅指 IP 中人物、情节、道具等经授权后制成的商品,如手办、服装、文具等,也包含了 IP 延伸出的实体体验空间,如主题乐园、主题小镇、主题展览等。在实然情境中,由于版权意识淡漠,不少 IP 的周边产品并没有取得相应的版权。在 20 世纪 90 年代和 21 世纪初期,我国文化产业并不重视周边产品,而是将其定位为"玩具",目标消费者以儿童和青少年为主。随着文化产业发展理念与国际社会的接轨,周边产品已经深入消费者的日常生活中。譬如声名赫赫的"故宫文创"就是以"故宫"这一 IP 为主体,延伸开发出了一系列文具、服装、家具用品、日用品等周边产品。

周边产品也从低龄化定位向青年群体和全龄化的定位发展,并借助社交媒体和网络平台成为一种新型的媒介。第一,周边产品的消费属于休闲性消费,体现了消费者的购买能力和购买倾向,在一定程度上反映了消费者的经济资本。第二,周边产品在时间向度上保持了 IP 与消费者的持续接触,从过去向未来延展。第三,周边产品是个体文本身份的体现,具有区隔性。如热衷于购买《哈利·波特》周边产品的群体被称为"哈迷",消费"漫威"系列周边产品的群体则被视为"漫威粉",不同群体具有不同的兴趣和文化品位;第四,周边产品将分散在线下的个人连接起来,形成了对应的粉丝社群。由此可见,周边产品隐含着虚拟空间的中介(传播)作用和实体社会的中介(传播)作用。它并非一个单纯的消费品,而是既作为物品被消费与使用,又与消费者日常生活持续互动。

本章以《哈利·波特》周边产品的消费为研究对象是基于如下原因:第一,哈利·波特的粉丝以"80后""90后"为主,低龄段的青少年和儿童较少。《哈利·波特》小说在2000年被引进中国,电影于2001年开始上映,作品中的主人公与"80后""90后"当时的年纪相仿。对"哈迷"来讲,《哈利·波特》系列小说和电影更多是他们成长记忆的一部分。其周边产品既是他们回忆往昔的载体,也是他们当下休闲生活的媒介。第二,"哈迷"的成长背景隶属于我国文化产业的大环境之下,这一群体是我国文化产业的主力消费群体,也是其他周边产品的主要消费者。

三、研究路径

本章采用网络民族志的研究方式,主要通过具身观察、半结构化访谈来描绘周边产品的文化实践。第一,粉丝社群是一种弱关系连接的社群,其进入与退出的准则相对松散,大多是以网络社群向线下延伸。这种网络技术所形成的社区原生结构与网络民族志"注重的是文化过程(cultural process)而不是物理空间"的特点有天然的契合性。[①] 第二,研究者作为线上社群的参与

---

① 卜玉梅:《虚拟民族志:田野、方法和伦理》,《社会学研究》2012年第6期,第217—236页。

者,其所在的"田野"是网络民族志开展的重要场所,能够与研究对象保持密切的互动,并参与到参与社群的意义建构之中,避免了人类学中"居高临下地做出道德批判和训诫"的问题。①

本章对《哈利·波特》周边产品的考察主要聚焦于"Hogwarts""金色飞贼""阿瓦达啃大瓜"等"哈迷"微信群,这些微信群的成员以"80后""90后"为主体,他们中既有学生,乃至海外留学生,也有IT、教育、媒体等领域的从业人员。

此项考察主要在2019年9月—2020年2月期间展开,记录了上述微信群中涉及周边产品的各类信息,并有不同结构类型(年龄、职业、收入、性别等)的"哈迷"15人参与了访谈。其中,10人为上述微信群中的成员,另外5人是通过"滚雪球"的抽样法由前面10人介绍给笔者的。

第二节 作为物品消费的周边产品

周边产品是连结《哈利·波特》虚构世界与"哈迷"生活的现实世界的中介(媒介),其有着明显的物质性特征。作为一种"传送器"(transmitter),周边产品是《哈利·波特》文本的"表达形式"。

一、呈现虚拟世界的媒介

周边产品能使虚构世界的概念现实化、微观的细节具象化,能够打破虚构世界与现实世界的"壁垒"。赵毅衡教授认为:"符号依托于一定的物质载体,载体的物质类别成为媒介(中介),

---

① 亨利·詹金斯:《文本盗猎者:电视粉丝与参与式文化》,郑熙青译,北京:北京大学出版社,2016年,第5页。

媒介是储存与传送符号的工具。"① 通过周边产品这一物质载体,《哈利·波特》中的符号成了"哈迷"生活世界中的能指,《哈利·波特》的视觉形象出现在"哈迷"的文具、服饰、玩具、家居用品等日常生活用品中,不少品牌也通过与《哈利·波特》联名的形式来吸引消费者。"哈迷""北燕"说:"我小时候看《哈利·波特》就在想,里面的老魔杖、金色飞贼这些到底会长成什么样子?后来看了电影,对金色飞贼、小精灵这些都知道长什么样子了,但魔杖、隐形斗篷这些小东西在屏幕上也不清楚。所以我专门买了一根与赫敏同款的魔杖放在家里。"

《哈利·波特》是虚构世界的产物,在道勒齐尔看来:"虚构世界是由非现实可能事态组成的集合,虚构世界及其构成物、虚构个体被赋予确定的本体地位,即非现实可能的地位。虚构个体的存在与特性并不依赖于现实原型。"② 虚构世界具有纯粹的精神性与想象性,与现实世界相区隔,但虚构世界中的事物、概念却有可能成为现实世界的事物。周边产品的原生语境是虚构世界,在向现实世界转换的过程中要一定程度上抽离其原生语境,周边产品由此成为从想象物到可用物的媒介。作为一篇长篇著作,尽管经过电影的视觉加工,但是其中一些细节仍难以完全展现。"哈迷""该用户不在服务区"说:"不管是书还是电影,都没有完全呈现霍格沃茨的细节,但是乐高则将霍格沃茨城堡的细节都还原在一个场景里面了。我拼到每个部分的时候,都能想到对应的情节。比如粉红色的办公室,一看就知道是第五部里面乌姆里奇的办公室。"

文本在表意时应选择合适的媒介,周边产品补全、丰富了图

---

① 赵毅衡:《符号学:原理与推演》,南京:南京大学出版社,2011年,第132页。

② Doležel, L.(2010). *Possible Worlds of Fiction and History: The Postmodern Stage*. JHU Press, 20.

书、电影这些媒介在表意时因其自身特点而失落的细节，唤起了"哈迷"对虚构世界的想象。从这个维度来看，周边产品是一种呈现性媒介，它需要"哈迷"与周边产品互动。如果没有了与周边产品的对话与即时使用，周边产品就会立刻被物化，其表意功能也就不复存在。

二、保持"交际性"的媒介

哈利·波特周边产品作为媒介，在共时性上占据了《哈利·波特》与"哈迷"对话的渠道，使《哈利·波特》能不断复现在"哈迷"的日常生活中。依据雅格布森的符指过程六因素分析法，符号文本在表意时并非中性的、平衡的。因此，作为一个已经诞生了十余年的IP，《哈利·波特》必须通过侧重媒介的表意来保持"传承"，不断推出各类新的周边产品与"哈迷"保持联系。"哈迷""阿眠"说："我高中时候读的《哈利·波特与阿兹卡班的囚徒》，当时我一下子对里面的'活点地图'印象特别深刻。只要一提起《哈利·波特》，我第一个就想到'活点地图'。我记不太清具体的内容，我就记得使用'活点地图'时要先敲一下，念一个咒语。"在"阿眠"高三时，"学业紧张，我就没看《哈利·波特与阿兹卡班的囚徒》之后的两部小说，上大学时才看了电影版，而且只看了最后一部大结局的电影版"。于是，《哈利·波特》暂时退出了"阿眠"的文化消费日常，但在2016年的某一天，"我刷微博时候突然看到有一个博主发了华纳出的'活点地图'道具。我一下子就想起了当时上课偷偷看小说的日子。于是我又把《哈利·波特》的小说、电影全部看了一遍，还去买了这个地图。虽然要400块钱，但我工作了，有收入了，也能够支付"。

不少"哈迷"和"阿眠"的经历一样，他们可能会暂时搁置

《哈利·波特》,但《哈利·波特》新的周边产品的推出却总能重新激起他们对《哈利·波特》的兴趣。"阿眠"表示:"小时候我喜欢《哈利·波特》是因为魔法的原因。现在我喜欢《哈利·波特》还是觉得它有魔法,他里面那些故事也挺正能量的,挺有爱的。""哈迷""Pinliya"说:"《哈利·波特》是我永远的爱,我现在特别喜欢赫敏,她这个学霸是我现在学习的榜样。""Pinliya"为此专门买了"时间转换器"的项链,提醒自己在硕士研究生读书期间要认真学习。

从时间维度来看,《哈利·波特》的符号创作者不断推出新的周边产品,2019 年将版权授予潘多拉公司出品联名首饰,2018 年授予 LEGO 公司推出积木,华纳作为官方版权拥有者之一,每年也不断推出新的周边产品。《哈利·波特》在"哈迷"中的"传承"可能会有断裂,但当"哈迷"再次偶然接触到这些周边产品时,不仅会唤起与《哈利·波特》的二度连接,诱发再次消费行为,还会使其结合各自的人生经历阐释出新的意义。对符号创作者而言,周边产品占据着 IP 和消费者连接的渠道。毕竟,像《哈利·波特》这样有着独特创新性和长久生命力的作品在文化产业中并不多见,符号创造者自然希望能够一直保持、延长其生命力,以"物尽其用"。

三、兼具经济性与功能性的媒介消费

周边产品既是消费品,又有一定的实用意义,"哈迷"在购买时会综合衡量其实用性、经济性与收藏性。"这套床品确实有点贵,而且尺寸和国内的床尺寸不太符合,只能给我儿子用了。不过这样也好,毕竟我小时候就特别想有一套这样的床单被套,就跟睡在霍格沃茨一样。现在就让儿子来帮我圆梦吧。""哈迷""Sophia"如此说道。她花了约 2000 元人民币,从 Pottery Barn

的官网上海淘了一套哈利·波特的床品四件套。"淘宝上也有便宜的假货，但我担心那些小厂家的质量不好，毕竟是直接接触我儿子的东西。这个虽然贵，但官方的东西哪有不贵的，这个至少比什么钥匙扣、毛绒玩具那些实用一些。"

对于是否购买一些实用意义不大的周边产品，"哈迷"们态度不一。"魔杖、长袍那些我基本上没怎么买过。尤其是长袍，穿出去跟个'中二病'一样，30岁的老阿姨装不了这个嫩。""哈迷""Sophia"是这么说的。"哈迷""Tina"则认为："魔杖又不贵，代购大概只要400多块，买回来放在书柜里装饰一下挺好的。""SPAO和《哈利·波特》一出联名款我就买了。质量是真的不怎么好，衣服版型也有点奇怪，但便宜啊。环球影城一条围巾400多，联名款却只要100元。""哈迷""肥猫小熊"是这么说的。

根据创新扩散理论，新技术的采纳受到相对优势、兼容性、复杂性、可尝试性和可观察性的影响。[①] 周边产品对大多数"哈迷"来讲，并非什么价格高昂的大件，好几千甚至上万元的周边产品是极少数的。上述五个自变量在"哈迷"中并非等量齐观的。就兼容性而言，《哈利·波特》的周边产品与"哈迷"的观念、惯习是高度兼容的，这是周边产品"吸金"的先验条件。"哈迷"购买周边产品与其自身的其他趣缘并没有冲突，甚至还有相辅相成的作用。"我特别喜欢拼乐高，所以这次一出霍格沃茨城堡，我就立马下单了。为了尽快拿到货，我还加了200块钱呢。"既是"哈迷"又是"乐高粉"的"该用户不在服务区"这么说道。

网络技术为"哈迷"在交流周边产品信息和购买周边产品时

---

① Rogers, E. M. (2010). *Diffusion of Innovations*. Simon and Schuster, 15-16.

提供了极大的便利。淘宝、代购、海淘的发展使得"哈迷"很容易购买到周边产品，不管是官方的还是非官方的，正品的还是非正品的。同时，微信群等的分享行为增强了周边产品的观察性和可尝试性。"我这次去环游影城玩，专门在淘宝买了一件魔法袍。反正只是去穿着玩一次，正品太贵了，代购还要等。淘宝上盗版的还不到 100 块。""我一直在纠结要不要买乐高出的这套霍格沃茨城堡，一看到'该用户不在服务区'晒单的照片就瞬间心动了，最后还是找代购买了。"

总体而言，周边产品的第一重勾连意味着对虚构世界的呈现。尽管周边产品对"哈迷"而言主要体现在其文化意义上，但其消费行为仍在很大程度上受到物品实用性的影响。周边产品作为"哈迷"与文本连接的媒介，能唤醒"哈迷"对文本的记忆，增加曝光率。但是，"哈迷"在消费时对版权的漠视不仅影响到符号创作者的创意，也折射出当前中国文化产业发展中存在的廉价盗版与高价创意现象。

第三节　作为文本消费的周边产品

一、自我身份的标出与合理化的媒介

对周边产品的消费与使用是标明"哈迷"身份的关键符号，也是"哈迷"粉丝社群中的日常互动内容之一。在社会主流人群看来，《哈利·波特》似乎属于儿童文学的范畴，对于其周边产品的金钱投入也有挥霍之嫌。"小迷糊"说："我妈经常说我：'这么大的人了还看这种魔法书，还花那么多钱买手办。'还好我现在经济独立了，要不然她非得唠叨死我。""哈迷"作为标出项必然会面临着非标出项的排斥，但为了维持自我身份，"哈迷"

们也会自觉地维持标出性的形式特征,与主流文化保持一种若即若离的关系。"小迷糊"说:"如果你一个周边产品都没买过,很难说你是《哈利·波特》的铁粉吧。虽然大家经济实力不一样,特别是学生党,肯定没钱买太贵的东西。但哪怕是两支笔放在你面前,一支是《哈利·波特》的,一支就是普通的,'哈迷'肯定会买有《哈利·波特》元素的那一支。"

赵毅衡教授指出:"在文化符号学看来,异样形式提供的风格偏离,就已经是标出性的实质意义。"[①] 因此,"哈迷"一方面会继续保持自己的标出特征,另一方面也会寻求社会认同,合理化自身的存在。"Sophia"说:"我经常会给我儿子讲《哈利·波特》的故事。因为我觉得这也是一个关于爱和勇气的故事,希望我儿子能从魔法世界中理解这些正能量。""小迷糊"说:"每次我在朋友圈、小红书、微博上'晒周边'时候,都特别关注大家的留言、点赞,有时候会发现原来我一些朋友、同学也是'哈迷',大家反而因为这个问题又重新聊起来了,关系还比以前更好了。"

周边产品是"哈迷"标明身份、与主流文化保持一定距离的媒介。周边产品的文本内容也承载着"哈迷"对获得中项认可、跨越亚文化圈层的期望。

二、维系粉丝社群的媒介

粉丝社群通过对周边产品进行信息交流、分享来维系、强化社群关系。微信群"Hogwarts"的群主"安东尼"说:"我作为群主,经常去国外相关网站看看有没有出什么新品,好给大家分

---

① 赵毅衡:《符号学:原理与推演》,南京:南京大学出版社,2011年,第287页。

享一些周边产品的信息。我有时也会找一些代购,和群里的人发起团购,一起拼邮一些周边产品。""安东尼"作为社群的创办者,扮演着意见领袖的角色。他还加入了一些海淘群、拼邮群和买手群,及时向"哈迷"粉丝群分享相关的信息。詹姆斯·凯瑞指出:"传播的'仪式观'指的是在时间上对一个社会的维系;不是指分享信息的行为,而是共同信仰的表征。"① 当然,由周边产品消费所凝聚的社群,指的是围绕《哈利·波特》这类文本所形成的粉丝社群,对周边产品的消费常常被其粉丝戏称为"信仰充值"。

对周边产品的消费甚至构成了粉丝社群的"潜规则"之一,对社群成员形成了一定的社交压力。"潘"说:"群里面大家都在买买买,经常都发这些信息,那再怎么也会买个一两样吧。就像你去逛街一样,很难只看不买吧。而且什么都不买的话,和大家说什么呢?好像觉得自己(作为粉丝)'不正宗'一样。"在这种社群压力下,"哈迷"往往认为自己必须要购买一定的周边产品,否则会与这个社群格格不入。

"哈迷"粉丝社群是一种想象的共同体。安德森指出:"想象的共同体是生产体系和生产关系、传播科技以及人类语言宿命这三个因素之间半偶然的、但又富有爆炸性的相互作用结果。"② 对《哈利·波特》的符号创作者而言,这一想象的共同体为《哈利·波特》文本的延展提供合法性。近两年,《哈利·波特》的符号创作者又推出了新的链文本——电影《神奇动物在哪里》,其票房颇高的原因之一就是因为有"哈迷"这样一个群体愿意为之买单。对"哈迷"而言,周边产品也是粉丝社群中重要的消费

---

① 詹姆斯·W. 凯瑞:《作为文化的传播》,丁未译,北京:华夏出版社。2005年,第 7 页。

② 本尼迪克特·安德森:《想象的共同体》,吴叡人译,上海:上海人民出版社,2005 年,第 51 页。

内容之一，并与"哈迷"个体生命经验发生勾连。"Olivia_Lee"是一位在英国留学的"哈迷"，她说："2017年9月1日那天，我专门穿着格兰芬多的校服去国王十字车站的'九又四分之三车站'打卡。""Olivia_Lee"和其他"哈迷"选择这一天去打卡的原因是哈利·波特等主角正是在这天送孩子在这里坐火车去上学。"Olivia_Lee"当天专门在朋友圈记录了自己的感受："十九年后的今天我站在大洋彼岸看着列车出发，对我来说，那封来自霍格沃茨的信早已收到。"对"哈迷"而言，周边产品不仅是他们所使用的物品，而且也是他们生命历程中的一部分，是生命历程被记忆的方式，以及承载集体记忆的场所。[①]

《哈利·波特》的符号创作者通过周边产品将分散的粉丝个体安置到粉丝社群的集体叙述经纬之中，使原本平淡无奇的某个现实世界中的地点、服装、玩具等获得新的文化意义。个体通过对周边产品的消费被整合进"哈迷"这一社群，对相关周边产品的消费成为成员之间获得认同的重要符号。正如皮尔斯所言："符号把某种事物代替为它所产生或它所改造的那个观念，它是把某物从心灵之外传达到心灵之中的一个载体。"[②]

三、替代性收藏的媒介

作为"物-符号"的二联体，周边产品可以被视为指示性的符号，指代在"哈迷"日常生活中缺席的《哈利·波特》文本，满足"哈迷"的替代性欲望。例如，华纳所授权生产的魔法长袍售价约70美元一件，对于非"哈迷"来讲，这显然是一件溢价

[①] Neiger, M., Meyers, O., Zandberg, E. (Eds.). (2011). *On Media Memory: Collective Memory in A New Media Age*. Springer, 38—45.

[②] 查尔斯·桑德斯·皮尔斯：《皮尔斯：论符号》，赵星植译，成都：四川大学出版社，2014年，第49页。

第十一章 作为媒介的周边产品：物品与文本的双重勾连

过高且不实用的物品，但对于"哈迷"而言，其收藏意义远高于实用价值。"这东西我一次都没穿过，买回来就挂在家里面了。但我一看到这件衣服，就能想起《哈利·波特》里面的各种情节。""lingling711"是这样说的。可见，周边产品意义不只在于它本身，更在于它指示的背后之意。"该用户不在服务区"说："每次乐高出的《哈利·波特》系列我都会买，现在家里都快放不下了。我已经下过好几次决心说不要再买了，要节约钱，但每次一看到出新品就会忍不住买。"这种替代性的收藏行为会刺激"哈迷"一次又一次地消费周边产品，即使明知它们又花钱又占据空间。正如王尔德所言："能给人一种安全感，这甚至是宗教都从未给人的。"① 周边产品是人为制造的欲望，给"哈迷"提供了某种安全感。所以，周边产品的购买行为很容易成为一种重复性的消费，当"哈迷"搜集了第一个玩偶之后，他总是想再搜集第二个玩偶、第三个玩偶，直至集齐一个系列。

对周边产品的收藏与"哈迷"的时间安排和生活习惯相交织。"哈迷""Tina"描述道："我一直想去《哈利·波特》的主题游乐园玩。所以这次年假去日本旅游，我就专门安排了一天去大阪的环球影城。我提前准备了格兰芬多的长袍、帽子、徽章，那天就穿着去打卡。这套'开过光'的装备要好好珍藏。""哈迷""小迷糊"说："这些东西都没什么用，但就是想买回来收藏着。平时可以拿来拍拍照之类的。""哈迷""长颈鹿_Lulu"说："我把魔杖拿回家之后马上就拿出来舞了两下，还让我老公给我拍了照，在照片上P了一个呼神护卫的特效。"从他们的描述中不难发现，周边产品对"哈迷"的意义不止在于获得关于《哈利·波特》本身承载的内涵，还在于通过模仿、游戏这样一

---

① 让·鲍德里亚：《象征交换与死亡》，车槿山译著，南京：译林出版社，2006年，第135—136页。

些戏剧性的行为进入以《哈利·波特》为中心的世界。"哈迷"在休闲娱乐时间也会有意选择与《哈利·波特》相关的内容。也即是说,粉丝通过对周边产品的消费而将喜欢的 IP 文本嵌入生活日程。

四、参与文本众筹生产的媒介

周边产品的生产模式伴有参与式消费实践的特征。周边产品以原作的文本意义为核心,所以一般情况下,非"哈迷"不会消费它。从整个文化产业大类来看,某一文本的周边产品仍属于相对小众的范畴,在这一范畴内,"哈迷"甚至会积极参与周边产品的设计、宣发过程。除了由官方开发的周边产品外,粉丝众筹的模式也是周边产品消费的常见渠道。"哈迷""Tina"是这样讲述的:

> 国外早就出版了关于《哈利·波特》的立体书,我早就想买了。我看 Instagram 上面网友晒的图,细节特别生动,还原了霍格沃茨的场景。但只有英文版的,而且要买还得找代购。书又那么重,光运费就得花掉不少钱,所以我也一直没买,英文版的也看不懂。
> 这次化学工业出版社在摩点网上众筹出版这本立体书(即《哈利·波特立体书:霍格沃茨魔法学校》),我一在朋友圈看到其他人转发,马上就下单了,早点下单它送的赠品要多一些,价格也会便宜一点。我把众筹链接转发到微信群了,还分享到了朋友圈。这本书挺贵的,差不多 300 块,不过我们群里还是挺多人支持的,好多人都订购和分享了,小红书上面我也看到了一些链接。
> 我拿到这本书时候挺开心的,上面有着"全球""限量""唯一编号"之类的字眼,感觉是自己专属的,而且我也在

它生产过程中出了一份力,还挺开心的,拿到(书)的时候也有点特殊的感觉在里面。

透过"Tina"的描述可以看出,介入周边产品的生产过程也是"哈迷"获得粉丝满足感的途径之一。这一行为可以进一步强化文本与粉丝的连接,达成一种消费上的仪式感。

周边产品的第二重勾连体现出从物到符号的转变,它是一种由特定阶层的特定历史事件衍生出的一种文化形式,即 20 世纪中后期以来文创公司所发明的文化形式。周边产品标出了"哈迷"的虚拟社群身份,并成为凝聚社群认同的媒介。从使用与满足的角度来看,"哈迷"对周边产品的消费是通过分享、收藏等行为来释放自己的《哈利·波特》情结,并反向介入周边产品的生产过程,甚至借此收获作为意见领袖的成就感。

第十二章
扫一扫：基于可供性的理解

"扫一扫"作为一项使用成本非常低廉的技术已经全面进入人们的日常生活，任何人只要拥有一台联网且有摄像头的手机，就可以像拍照一样举起手机，通过扫描二维码跳转到互联网的任何一个节点。我们通过"扫一扫"添加微信好友，进入商场、医院、车站等公共场所，交易……作为人机交互与信息跳转的重要辅助手段，"扫一扫"成了当代中国人数字化生活的"惯习"（habitus）之一。然而，我们却甚少思考这个"人－符号文本－机"交互过程中的深层逻辑和技术原理，忽视了"扫一扫"对人们身体姿态和生活世界的影响。诚如德布雷所言："就像一个近视眼的人，只有在他丢失或者打碎眼镜的时候，才会认识到自己戴眼镜。"① 为此，本章将引入可供性概念，梳理"扫一扫"的演变历程，讨论它从产生到广泛运用中的演变脉络，这种演变又如何影响了它与用户间的可供性？当"扫一扫"成为一种常态后，人们通过与之互动而形成了何种媒介实践？"扫一扫"的可供性又如何形塑了人们的身体姿态和对装置的操作方式？

---

① 雷吉斯·德布雷：《媒介学引论》，刘文玲、陈卫星译，北京：中国传媒大学出版社，2014年，第50页。

第一节　理论框架：可供性

可供性（affordance）是当前媒介研究中用于讨论技术与主体二元关系的一个高频概念，最早由吉布森提出，用以弥合结构和能动的二元关系。实际上，自马克思·韦伯以来，西方社会学理论就着重解决结构和能动这对命题，大部分学者要么过于强调结构（如帕森斯）的限制性作用，要么过于重视个体的能动性。20 世纪 60 年代之后，西方社会学理论逐渐破除了这种二元对立认知，转为提倡一种对主体间性的理解。吉布森就是在这样的背景下提出了可供性概念，他认为，可供性不是一种由环境提供的主观或客观、有利或有害、积极或消极的属性，而是有机体感知到环境并采取相应行为以实现目的的间性关系。[1] 吉布森举例说明，不同的环境会给不同的动物提供生存的可能性，平坦的土地适合有四肢或两足的动物行走奔跑，而湖泊海洋则不能为其提供生存支撑。[2] 可供性初步勾勒了一个理解"人－技术"的视角，驳斥了刺激－反应模式。

进入 21 世纪后，Barry Wellman 等人逐步在传播学研究中引入可供性概念，用以讨论媒介技术给人类行为提供的机会或限制，调和了技术决定论和社会建构论的矛盾。他认为，互联网作为一个整合了多媒介的平台，对日常生活产生了一系列影响，且今后还会产生更重要的、不可预期的影响，他将这种影响称为

---

[1] Gibson, J. J. (2014). *The Ecological Approach to Visual Perception: Classic Edition*. Psychology Press, 129−130.

[2] Gibson, J. J. (2014). *The Ecological Approach to Visual Perception: Classic Edition*. Psychology Press, 123.

"social affordance"①。潘忠党将可供性作为一种"衡量和比较不同'新媒体'的整合概念"引入国内,他指出移动媒体的可供性在于"可携带"(portability)、"可获取"(availability)、"可定位"(locatability)和"可兼容"(multimediality)。②然而,在这些阐释中可供性还是作为互联网或移动媒体所提供的一种技术功能被理解,这也是可供性从吉布森的生态心理学理论旅行到传播研究中出现的偏差。在之后的研究中,不少学者都将可供性用于描述某种媒介的特性(如算法的过滤作用),或者是将可供性视为媒介的结果(如社交媒体促使粉丝社团的凝聚)③,即总是不可避免地把某种结果理解为媒介技术所提供的某种功能的具体表现。虽然传播学学者在继承可供性这一概念时仍坚持着拒绝"刺激—反应"模式的立场,但他们却倾向于将可供性理解为技术/物为人提供的支持属性,忽视了感知技术的人在其中的能动性。

然而,这种理解在当下的媒介研究中难免显得张力不足。可供性所要破除的正是把媒介技术理解成为人提供的具有一种结构特征功能的工具的弊端,媒介实践不是技术或人单向作用的结果,而是一种人与技术的动态交互关系。"扫一扫"这种媒介实践显然不能从技术功能或结果的角度来理解,它是典型的人机交互的产物。如果一个二维码只是放在那里而无人"扫描",或者用户使用的仪器无法捕获二维码中存在的信息,那么这个二维码

---

① Wellman, B., Quan-Haase, A., Boase, J., Chen, W., Hampton, K., Díaz, I., Miyata, K. (2003). The Social Affordances of The Internet for Networked Individualism. *Journal of Computer-Mediated Communication*, 8 (3), JCMC834.

② 潘忠党,刘于思:《以何为"新"?"新媒体"话语中的权力陷阱与研究者的理论自省——潘忠党教授访谈录》,《新闻与传播评论》2017年第1期,第2—19页。

③ Evans, S. K., Pearce, K. E., Vitak, J., Treem, J. W. (2017). Explicating affordances: A Conceptual Framework for Understanding Affordances in Communication Research. *Journal of Computer-Mediated Communication*, 22 (1), 35—52.

就是一个"死物",抑或是一张按特定规律在平面上分布的静止的黑白图形,它所记录、存储的数据、符号、信息将无法被读解。换言之,将"扫一扫"置于可供性概念下来理解,不仅是为了强调人与媒介的互动,而且是为了突显技术/物的能动性,这在一定程度上沿袭了基特勒的媒介本体论思想。可供性预设了"扫一扫"具有物质性、互动性和具身性三项属性①,下文将分别就此展开讨论,强调人的具身参与和技术的物质性共同导向了主客体平等的互动,分析"扫一扫"的设计目的和需求回应,探索其可供性的变化,力求理解其在人的跨媒介实践中产生的意义与价值。

第二节 物质性:"扫一扫"的媒介考古

"扫一扫"指用户将手机摄像头等便携设备作为扫描仪来识别包含了特定代码的黑白二维码图形,扫描完成后直接通过移动终端进行相关阅读和信息接收。② 其依赖于一种特殊的"扫描"(Scan)技术,即用户需要使用某种仪器扫描一个由像素格构成的正方形图形,才能获取、传播和理解相应的信息,是"人-码-仪器"三者动态交互的过程。本节将通过媒介考古的方法来分析"扫一扫"的物质性特征,考察"扫一扫"从诞生到被广泛运用回应了何种需求;随着装置的改变,"扫一扫"的物质性又将怎样变化?

---

① 孙凝翔,韩松:《"可供性":译名之辩与范式/概念之变》,《国际新闻界》2020年第9期,第122—141页。
② 姜海,李萌:《手机二维码在网络媒体中的应用及发展前景》,《出版发行研究》2013年第5期,第59—63页。

一、符牌制度:"扫一扫"的古代原型

虽然"扫一扫"是新媒介技术下一种机器和符号的匹配,但这种技术的原型在人类漫长历史上屡见不鲜,中国古代的符牌制度是符号匹配技术的典型代表。在中国古代历史上,符牌就作为一种认证信物被社会统治者征用,司马迁在《史记》中记载"黄帝与诸侯合符釜山"①。经过春秋战国和秦汉的演化,符牌制度在唐代基本得以完善。统治者将一枚符牌分为左右两半,在传达命令或调发军马时由授权者(天子本人或代表天子的官员)与被授权者(下级官员)各持一半进行验证。虽然朝代几经更迭,但符牌制度一直因其特有的凭证功能而作为国家重要政治制度留存下来。"扫一扫"从其原型开始就具有一种合法授权的信物价值,只不过古代符牌的价值来源于皇权。符牌制度也从侧面说明了"扫一扫"的物质性不完全在于符号(码),更在于核验这个动作。因为在古代如果符牌没有经过配对核验,即使是天子亲授也难以调动军队。符牌除了常被用于兵马调度外,另一个主要用途就是驿站管理,即信息的传播、组织与管理。《论衡》记载,汉代将"木传信"或者"传"作为符牌,"十二年冬三月,除关无用传"。这种制度从周代开始逐渐形成,一直沿用到清代,直到北洋政府废除了驿馆制度,作为信息管理的符牌才逐渐消失。符牌制度与"扫一扫"的确有相通之处,它们都需要通过符号和人的互动来进行核验,也都需要一定的机构为其有效性和合法性进行担保,且都是信息传递的组织管理手段。

但是,"扫一扫"与符牌也有诸多不同。首先,符牌核验是

---

① 李晓菲:《历代驿传通讯中符牌的种类与作用》,《兰州学刊》2013年第6期,第32—38页。

一种自上而下的授权方式。将领虽然在核验时有权质疑符牌的真假性,但这种质疑会使核验人自身承担极大的人身风险,天子或者天子的代表人可以通过强制或暴力手段消除这种质疑,从而使持牌者的意志得以施行。其次,符牌的有效性来自君主的个人权威,而"扫一扫"的有效性则是基于数字技术,通过程序语言来仿造一个符号的难度明显高于仿造一个物品。且古人在接受符牌时,需要通过下跪、摆案等仪式行为来表示对君主权威的最高敬意,而"扫一扫"虽然也涉及管理者与被管理者间的互动,但并无附着于它的政治仪式,这折射出从个人权威到技术权威的权力结构变迁过程。再次,虽然符牌制度也被用于信息传播,但它仍是以君主意志为核心,对于大部分古人而言,符牌所传递的信息是"不可见"的,只有统治阶级、士大夫阶层可以阅读。而今天的"扫一扫"则是一种公开化、社会化的信息传播行为。

回溯符牌制度,并不是要将其与"扫一扫"等同,而是意在说明"扫一扫"能在中国推广与它物质性的演化有着密切关联。一方面,我们当然不能一味拔高符牌制度,将其与"扫一扫"的意义和功能混同;另一方面,我们也要承认,这种从古至今的信息访问与权限管理手段一直存在于中国人的文化内核之中,其历史意义不容小觑。诚如彼得斯所言:"今天所谓的'新媒体'只是复活了最基础的旧问题——在复杂社会里人类如何在相互绑定中共同生存——并突显了我们曾遭遇过的最古老的麻烦。"[1]

二、扫描仪的历史

人类历史上第一台扫描仪的发明应该归功于德国工程师尼普

---

[1] 约翰·杜海姆·彼得斯:《奇云:媒介即存有》,邓建国译,上海:复旦大学出版社,2020年,第5页。

科夫，他在 1844 年运用硒光电池发明了一种机械扫描装置。①虽然这个机械扫描装置在今天看来是相当笨重、落后的，在问世 100 多年后就被淘汰，但它为人们提供了一种可转换信息形式的物质网络。1984 年，世界第一台现代意义上的扫描仪问世。它由扫描头、控制电路和机械部件组成，采取逐行扫描的方式，将捕获的数字信号以点阵的形式保存，再使用文件编辑软件将它编辑成标准格式的文本储存在磁盘上。②

从老式的机械扫描仪到现代的光电扫描仪，两者中间出现了 50 年左右的技术断层，这可能与扫描仪的配套硬件——计算机的发展密切相关。尼普科夫所发明的机械扫描装置虽然提供了信息转换的物质网络，但转换后的信息在传播上仍受到很大的掣肘。现代光电扫描仪诞生之际，计算机已经发展到了商用阶段，能够为扫描仪转换信息形式提供新的信息存储、运算和传播的代理机制。

由此可见，扫描仪与计算机两个硬件的结合推动了扫描技术的广泛运用，依靠光电技术和数字处理技术的扫描就形成了特定的信息转换、处理的感知手段，这体现了人类行动者与非人行动者在技术交互过程中的能动性，正是这种能动性使得扫描向"扫一扫"演化。无论是尼普科夫发明的机械扫描仪，还是 1984 年诞生的光电扫描仪，从技术的维度来看，其都提供了一种纸质材料电子化的感知、记忆模式和社会关系③，且这种感知、记忆模式和社会关系一定要有人类行动者的参与才能发生。扫描仪把纸面的文字、图像转变为屏幕上变动的像素和代码，满足了当时人

---

① 潘英：《扫描仪使用与维修》，北京：国防工业出版社，2007 年，第 7 页。
② 潘英：《扫描仪使用与维修》，北京：国防工业出版社，2007 年，第 1—28 页。
③ Parikka, J. (2013). *What Is Media Archaeology?* John Wiley & Sons, p. 68.

们信息分享与传播的需求。扫描技术不仅是"扫一扫"的前奏，而且也是媒介技术递归（recursive innovation）的表现。

三、二维码的演进

"扫一扫"技术除了依赖扫描技术和计算机系统外，关键还在于"码"。二维码的前身是条形码（一维码），它最早由乔·伍德兰德和伯尼·西尔沃于20世纪40年代发明。[①] 20世纪六七十年代后，这项技术被广泛用于超市商品上，以方便收银员快速录入信息，大大减少了收银员的工作量，节约了顾客的排队时间。不过初代的条形码是圆环形状的（如图12-1所示），与我们今天在超市常见的条形码并不一样，收银员需要使用一个巨型的扫描仪才能识别。[②]

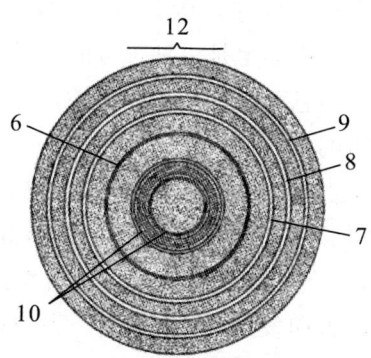

图12-1 初代条形码

[①] 江西省科学技术馆：《二维码原理与发展史》，江西省科学技术馆2020年5月21日，参见http://www.jxstm.com/tabloid_details.aspx?id=2057。
[②] 数字尾巴：《浅谈二维码技术的诞生及发展历程》，搜狐网2018年2月13日，参见https://www.sohu.com/a/222623396-465976。

随着技术的改进，环形码演变成了我们现在所熟知的条形码。但它仍然存在信息存储量小、反应速度慢、需配套专门仪器等缺点，无法像二维码图片那样由手机进行数码扫描。到了80年代，美国、欧洲、日本等地都开始改进这一技术。1994年，日本电装公司正式宣布公开首个二维码（QR Code，Quick Response Code）。相较于一维码，二维码提升了信息响应速度和存储容量，当时仅被用于一些特定的工业制造领域，并没有系统性嵌入整个社会日常生活。

从二维码的发展历史来看，它的文本实体特性实际上是比较弱的，基本可以附着在任何材质、屏幕上。但二维码的符号策略非常复杂，须把信息按照计算机语言编码，一般人难以理解其符号原理。即使是网络上有生成二维码的工具，大部分用户也很难理解二维码的符号化过程。所以，对二维码的阅读过程光靠人眼和人脑是不可能直接完成的，其主要依靠仪器"阅读"。按照基特勒的观点，二维码实际上是一种符号的符号，它利用计算机语言将多模态的复杂信息存储起来进行传播，超越了单纯的符号世界，是一种对本质的记录。

综上所述，从古代的符牌制度到现代的扫描装置，从条形码到二维码，"扫一扫"不能摆脱符号实物与核验动作而独立存在，它是"人－码－机"的三维交互。为了提升交互效率，扫描仪一直朝"轻量化"的方向发展。"扫一扫"为信息的存储、传播与转换提供了一套"话语网络"，这套话语网络以二维码和便携扫描仪为枢纽，以信息化技术和数字化技术为主要特点，提供了记载各类信息的代码，且这些代码可以通过相应的程序语言和人类特定动作被识别、写入和读取，以一种系统性的方式嵌入当下的媒介化社会。"扫一扫"的物质性最终表现为"话语网络"的可供性，而这套话语网络的意义及其为人类社会提供的框架则体现在技术与人的互动中，这也是下一节将要阐释的内容。

第三节　互动性："扫一扫"的媒介实践

当下，二维码不仅见诸各类屏幕中，还存在于如冰箱、汽车、咖啡机等实体物品及各种纸质材料中，而人们见到二维码的第一反应也是拿出手机"扫一扫"。如此，"扫一扫"已经被纳入媒介技术与实体装置交互、物与物交互、人与人交互等多个跨媒介体系中，人、码、机三维缺一不可，这正符合可供性框架下突显媒介/人主客体平等互动的特点。学界将"扫一扫"的媒介实践分为三类，分别是信息解码、链接跳转、真伪验证[①]，相应地，其互动性就体现在信息获取流程简化、权限管理和语境崩溃风险三个方面。

一、信息访问流程简化

在媒介化社会中，"扫一扫"被嵌入新闻资讯、购物支付、医疗健康、金融交易等现代人衣食住行的"物质、步骤、关系的网络或者架构当中"[②]。时间维度上，"扫一扫"简化了用户的访问流程。虽然二维码是一个静止的图形，但它可以依附于不同的界面而存在。譬如无人停车场的缴费就主要依靠"扫一扫"，司机通常先扫描贴在停车场中的二维码，再跳转到微信或支付宝平台完成支付。又比如用户在微博中看到一个培训课程的信息，这个课程在其他平台上播放，那用户可以通过"扫一扫"微博中的二维码快速跳转到其他播放平台。假如没有"扫一扫"，那上述

[①] 姜海、李萌：《手机二维码在网络媒体中的应用及发展前景》，《出版发行研究》2013年第5期，第59—63页。
[②] 白馥兰：《技术、性别、历史——重新审视帝制中国的大转型》，吴秀杰、白岚玲译，南京：江苏人民出版社，2017年，第8页。

操作就可能需要一系列的复杂操作，还要在多个界面或 App 间穿梭，"扫一扫"则简化了这一系列操作步骤，提升了数字技术的接近性和易用性，在一定程度上维护了数字弱势群体的权益，显得更"人性化"。

回溯"扫一扫"最早在国内应用的场景，我们发现它一开始主要是将一些比较重要且内容庞杂的信息浓缩到一个较小的正方形图案里面，便于搭配在其他载体上与相关联的信息"打包"传播。比如产品手册上附着一个二维码，里面存储有产品性能展示的视频，用户只需"扫一扫"就可以查阅。由此可见，"扫一扫"能进入人们各类日常场景中，很大程度上是因为操作简单，减少了人们获取信息的成本。诚如施拉姆公式所反映的那样，同样一条信息，人们会更青睐于付出代价更少的媒介形式，而"扫一扫"的出现正好回应了这个需求。

二、信息访问权限管理

空间维度上，"扫一扫"为人们提供了一种跨空间获取访问权限的路径。诸如电影票、优惠券、个人健康情况等都可以被存储进二维码中，然后通过手机或特定便携仪器访问即可传递到后台。现在不少医院为了方便管理都会给病人配发一个塑料手环，手环上印有二维码。但由于二维码中的信息涉及病患隐私，因此手机扫描是无法获取的（实质上是无法认证并链接到后台的数据库），只有医生和护士等通过特定仪器才能查阅到病人的既往病史、挂号、检查和治疗等信息。在此类互动中，"扫一扫"起到了密钥的作用，它既可以获取公开信息，又可以访问特定的、非公开的信息，与前文所述的符牌制度在功能上有相似之处。

同时，"扫一扫"不仅可以由人发起由机器验证，也可以由机器发起由人验证，这点更加体现了可供性中主客体平等互动的特点。在当下的社交场中最常见的社交话语之一就是"扫一扫，加个微信"，陌生人添加微信往往是其中一方生成二维码（二维码只能由机器生成），再由另一方扫描验证。实际上，这就是人对机器信息的验证。与此类似的还有付款码的兴起，在"扫一扫"被用于电子支付媒介的初期，更多的是由用户扫描商家提供的二维码；而随着"扫一扫"在电子支付中的广泛运用，个人付款码也逐渐兴起。

三、语境崩溃下的"伪证"风险

二维码是由计算机程序语言编码而成的特殊图形，与人们的日常语言和惯用的图形化操作界面在一定程度上是断裂的，存在着"语境崩溃"（context collapse）的风险。① 由于人们不能直接理解二维码中包含的内容，加之二维码又可以随意地被社会性采用，"扫一扫"跳转后的信息真伪就很难辨别。譬如，有些人趁商家不备将自己的收款码覆盖到商家的收款码上，以获得顾客在商家消费时扫码支付的收益。② 实际上，这就是由于"扫一扫"在一定程度上遮蔽了区隔信息的真伪之墙。虽然它在一定程度上是一种有利于人类操作的技术解决方案，但在理论意义上它将编码（书写）的逻辑收束到了技术发明者的手中。正如基特勒所言："我们无法再获知我们所书写之物在干什么，至少在我们编程时无法完全知道。"③

---

① 张杰，马一琨：《语境崩溃：平台可供性还是新社会情境？——概念溯源与理论激发》，《新闻记者》2021年第2期，第27—38页。
② 王腾：《走出个案：信用支付背景下偷换二维码案的教义学重塑》，《甘肃政法学院学报》2020年第4期，第47—60页。
③ 车致新：《软件不存在——基特勒论软件的物质性》，《中国图书评论》2019年第5期，转引自Kittler, F. A.（2014）. *The Truth of the Technological World: Essays on the Genealogy of Presence*. Stanford University Press，221.

"扫一扫"在提供信息访问和权限管理功能的同时还成了一种社会化制度。譬如新冠疫情期间，人们经常需要扫码才能出入各种公众场所，不少单位也实行"凭码进出"制度。于是，有人为了方便，便将二维码截图保存以蒙混过关。为此，不少管理者要求必须"扫一扫"后才可进入。但是，这种措施会增加管理的成本，在医院、车站等人流密集的场所易造成人流拥堵现象，大部分制度的执行者还是选择看一眼二维码即予以放行。这一案例说明，一方面，一个单独的二维码与"扫一扫"的可供性存在很大的差别，缺少了配套的扫描装置后，二维码作为凭证的可靠性将大大降低，反而有可能成为一种"伪证"。另一方面，围绕"扫一扫"形成了一种管理者、执行者与被管理者的技术治理手段和抵抗策略。

概而言之，"扫一扫"搭建了一条跨时空的"人－码－仪器"交互通路，进而成为一种人类交往、社会管理的底层架构，与之相伴的是"扫一扫"从应用软件的附带功能变成了手机硬件的自带功能。在国内刚刚推行二维码服务时，仅有微信、支付宝等头部手机应用提供"扫一扫"服务。随着这种媒介实践的全方位渗透，现在几乎所有应用软件都能"扫一扫"，不少手机在硬件设计时直接增加了这个功能。另外，虽然都是"扫一扫"，但硬件自带与软件（手机应用）附带对用户隐私有着本质区别。由于"扫一扫"要调用手机的摄像功能，应用软件必须要先获得访问手机摄像头的权限，虽然用户可能会出于隐私保护的目的不愿意让太多应用获取手机摄像头使用权限，但在实际运用中如果用户不授权，就无法使用这个软件。由此，这种出现在"扫一扫"中的软件功能调用就导致了一种"隐私悖论"现象的出现。

第四节 具身性:"扫一扫"的身体姿态考察

吉布森在提出可供性这一概念时就曾用身体对环境的感知来指明"技术-人"的互构作用,因此,我们对"扫一扫"的探讨也不能仅停留在精神层面,还需关注身体上的实践。

首先,"扫一扫"是一种基于便携式终端屏幕的具身实践,而这些屏幕本身具有高度的可移动性,使得身体与二维码的距离更近,人们只需要触摸屏幕即可调用"扫一扫"。屏幕本身是一种隔断物,"使某人、某物免于被监视、观察,阻挡某物从一边穿过另一边",由此,屏幕就把身体与二维码背后的复杂运算相区隔①,让人感觉好像是他直接阅读了二维码一样。这种区隔在给人们带来便利的同时,也提出了一种"促逼"的蛮横要求。譬如司机为了缴停车费而不得不在停车场"扫一扫",却无意间关注了一系列微信公众号,这些微信公众号又经常推送一些冗余信息给用户。所以,在我们实践"扫一扫"的同时,"扫一扫"也反过来占据了人的空间,人必须接受基于屏幕的扫描技术和装置对身体的限制,默许这种"被迫关注"。

其次,虽然我们把面对二维码的身体姿态称为"扫",但实际并不是身体真的在"扫"或者"看"二维码,而是便携式终端的摄像头在扫描二维码。一旦二维码扫描成功,人们就会脱离所处的现实时空,暂时进入互联网的某个节点。在这个过程中,二维码作为一种物质的图形定义了新的身体动作与姿态。

再次,尽管都需要使用手机摄像头,但人们在"扫一扫"和手机摄影时的身体姿势有着细微的差别。当人们在使用手机拍摄

---

① Kress,G. (2006). "Screen": Metaphors of Display, Partition, Concealment and defence. *Visual Communication*, 5(2), 199–204.

时，除了要举起手机，有时还需要双指放大屏幕调整焦距，或开启手机自带的手电筒作为闪光灯来补光。这些附加功能的调动需要手机用户根据现场环境自行判断，是一个能动性较高的媒介实践行为。而在"扫一扫"时，这个由用户自主判断的过程基本上由机器智能取代，如果用户离二维码太远或二维码较小，手机一般会自动拉近焦距。在光线较昏暗的场景中，用户在"扫一扫"时，手机通常也会主动提示打开手电筒。这两个步骤基本上略过了用户主动判断的过程，极大简化了用户的操作流程，使得老年人等媒介素养相对较低的群体也能够顺利使用"扫一扫"功能。而这种简化使得"扫一扫"充当了人体的"义眼"和"大脑"，把身体的卷入度降至最小。

参考文献

爱德华·W. 萨义德. 文化与帝国主义［M］. 李琨，译. 北京：生活·读书·新知三联书店，2003.

白春生，李鸿标. 媒介：全球化时代的领航者［M］. 天津：天津社会科学院出版社，2008.

包亚明. 游荡者的权力：消费社会与都市文化研究［M］. 北京：中国人民大学出版社，2010.

蔡尚伟，车南林. 文化产业精要读本［M］. 南京：江苏人民出版社·江苏凤凰美术出版社，2015.

陈昌凤. 未来的智能传播：从"互联网"到"人联网"［J］. 人民论坛·学术前沿，2017（23）：8－14.

陈霖，王冶. 体验"周边"：2.5次元文化实践——以灌篮高手粉丝为例的考察［J］. 当代传播，2019（06）：64－67.

陈薇，王中字. 智媒时代下建设性新闻的价值理性与实践路径［J］. 编辑之友，2020（03）：27－34.

陈雅莉. 国家认同和传播的关系研究［M］. 武汉：华中科技大学出版社，2017.

成素梅. 智能社会的变革与展望［J］. 上海交通大学学报（哲学社会科学版），2020，28（04）：9－13.

大卫·赫斯蒙德夫. 文化产业［M］. 张菲娜，译. 北京：中国人民大学出版社，2016.

丹·席勒. 数字资本主义［M］. 杨立平，译. 南昌：江西人民出版社，2001.

单波，刘学. 全球媒介的跨文化传播幻象［M］. 上海：上海交通大学出版社，2015.

范周，侯雪彤，宋立夫. 新中国成立七十周年文化建设回顾与展望［J］. 山东大学学报（哲学社会科学版），2020（06）：172-184.

冯强，马志浩. 科技物品、符号文本与空间场景的三重勾连：对一个鲁中村庄移动网络实践的民族志研究［J］. 国际新闻界，2019，41（11）：24-45.

复旦大学新闻学院. 新闻传播与中国社会发展，［M］. 上海：复旦大学出版社，2018.

高山冰，汪婧. 智能传播时代社交机器人的兴起、挑战与反思［J］. 现代传播（中国传媒大学学报），2020，42（11）：8-18.

宫承波，田园，张文娟. 从公益传播到建设性传播——谢谢你为湖北拼单之小朱配琦专场直播的突破与启示［J］. 中国广播，2020（05）：9-13.

何苑，张洪忠. 原理、现状与局限：机器写作在传媒业中的应用［J］. 新闻界，2018（03）：21-25.

亨利·詹金斯. 文本盗猎者：电视粉丝与参与式文化［M］. 郑熙青，译. 北京：北京大学出版社，2016.

胡翼青，王焕超. 媒介理论范式的兴起：基于不同学派的比较分析［J］. 现代传播（中国传媒大学学报），2020，42（04）：24-30.

胡翼青. 文化工业理论再认知：本雅明与阿多诺的大众文化之争［J］. 南京社会科学，2014（12）：121-127.

胡正荣，李荃. 抗疫中全媒体效用与抗疫后媒体生态关系重构[J].传媒,2020(15):26-29.

黄华.身体和远程存在:论手机屏幕的具身性[J].现代传播(中国传媒大学学报),2020,42(09):46-51.

黄骏.作为媒介的交通设施:武汉长江大桥的国家符号与城市记忆(1954—2018)[J].新闻界,2019(11):71-79.

金惠敏.文化自信与星丛共同体[J].哲学研究,2017(04):119-129.

靖鸣.颜文字:读图时代的表情符号与文化表征[J].西南民族大学学报(人文社会科学版),2020(11):149-155.

匡文波."美丽"作为隐喻:美妆网红与消费文化的批判性解读[J].人民论坛,2020(19):133-135.

李红艳.乡村传播与农村发展[M].北京:中国农业大学出版社,2007.

李嘉卓.建设性新闻:社会治理的媒体担当[J].新闻与写作,2020(02):4.

李瑞昌.公共危机与政府治理[M].上海:复旦大学出版社,2016.

刘惠玲.话语维度下的赛义德东方主义研究[M].武汉:武汉大学出版社,2018.

刘继南,何辉,等.中国形象:中国国家形象的国际传播现状与对策[M].北京:中国传媒大学出版社,2006.

陆小华.风险感知与协同治理:社会治理中的媒体角色[J].中国广播,2020(08):5-9.

陆扬,王毅.大众文化研究[M].上海:上海三联书店,2001.

米歇尔.图像理论[M].陈永国,胡文征,译.北京:北京大学出版社,2006.

秦勇.意义的生产与消费——文化经济学新论[M].北京:

首都师范大学出版社，2017.

让·波德里亚. 消费社会［M］. 刘成富，全志刚，译. 南京：南京大学出版社，2000.

瑟韦斯，玛丽考. 发展传播学［M］. 张凌，译. 武汉：武汉大学出版社，2014.

宋美杰，陈元朔. 为何截屏：从屏幕摄影到媒介化生活［J］. 福建师范大学学报（哲学社会科学版），2021（01）：123－171.

孙晓忠. 生活在后美国时代：社会思想论坛［M］. 上海：上海书店出版社，2012.

孙信茹，王东林. 玩四驱：网络趣缘群体如何以"物"追忆——对一个迷你四驱车QQ群的民族志考察［J］. 新闻与传播研究，2019，26（01）：24－45.

万光政. 充分发挥主流媒体在推进社会治理中的重要作用［J］. 新闻战线，2020（01）：7－10.

王婧漪. 人工智能带来的社会问题与治理［J］. 社会科学家，2020（12）：131－135.

王宁，生安锋，赵建红. 又见东方——后殖民主义理论与思潮［M］. 重庆：重庆大学出版社，2011.

吴飞. 媒介技术演进脉络的哲学考察［J］. 新闻记者，2018（12）：30－44.

徐波. 跨文化沟通：国家形象的有效传播［M］. 上海：复旦大学出版社，2018.

徐明，李震国. 网络社会动员作用机制与路径选择［J］. 中国行政管理，2016（10）：51－56.

易前良，程婕. 转型中国"共意性运动"中的媒介动员［J］. 当代传播，2014（01）：14－17.

曾君洁. 麦克卢汉与德布雷媒介观之比较［D］. 武汉：华中科技大学，2018.

曾一果. 西方媒介文化理论研究［M］. 北京：学习出版社，2017.

张一兵. 消费意识形态：符码操控中的真实之死——鲍德里亚的消费社会解读［J］. 江汉论坛，2008（09）：23-29.

张昱辰. 走向后人文主义的媒介技术论——弗里德里希·基特勒媒介思想解读［J］. 现代传播（中国传媒大学学报），2014，36（09）：22-25.

章戈浩. 网页隐喻与处理超文本的姿态［J］. 国际新闻界，2020，42（11）：25-38.

赵泓. 新闻媒体国家形象建构研究［M］. 武汉：华中科技大学出版社，2020.

周榕. 中国公共危机传播中的媒介角色研究：以2000—2013年重大公共危机事件为例［M］. 武汉：华中科技大学出版社，2014.

周宪. 视觉文化的转向［M］. 北京：北京大学出版社，2008.

Tim Dant. 物质文化［M］. 龚永慧，译. 台北：书林出版有限公司，2009.

后 记

百余年前，杜威曾说："社会不仅是由于传递、传播而得以持续存在，而且还应该说是在传递、传播之中存在着。"时至今日，这句话仍旧适用于我们的社会生活及其传播图景。本书将传播视作社会存续的环境、制度和容器，从国家发展、社会发展、文化演进和技术变迁四个方面讨论了传播的功能、作用与影响。

本书首先表明了传播有建构国家认同、塑造国家记忆的功能，它不仅是现代化进程的伴生物，而且也是现代化的推手之一。在当今世界，囿于经济实力的差距及信息技术发展水平的不均衡，全球传播的不平等问题仍未得到妥善解决。在社会层面，传播有助于维护社会秩序，凝聚社会共识，整合社会资源，协调社会行动，但也有可能带来新的社会问题。在文化意义层面，工业革命以降，传播解放了大众的文化生产力，媒介成为无形的思想、价值和文化的引领者，促进了文化生产与文化消费的协同发展，对推动社会主义文化繁荣发挥了重要作用。在技术层面，媒介变迁的意义不仅在于其引发的传播形态改变，更在于其引发的社会权力结构和组织方式的变化和个人日常生活意义的改变。

当我们把传播视为客体，它受到了哪些影响？而把传播视为主体，它又能影响什么？本书的四位作者在学习期间因一次偶然的讨论而引发了更多的思索，也就有了这本小书。然而，回答这个问题的难度与挑战也远超我们四人的预期。当我们在整体框架下进行思考时，发现了各自研究上存有许多空白点、疏漏或粗浅之处，但我们还是尽力尝试"填埋"这个深坑。虽然过程中有诸多曲折，最后结果也有许多遗憾，但至少经过这一探索，我们四人对传播的理解又往前进了一步。

本书第一部分由四川大学文学与新闻学院博士研究生白姗姗撰写，第二部分由四川大学文学与新闻学院博士研究生杨东伟撰写，第三部分由四川大学文学与新闻学院博士研究生苏静怡撰写，第四部分由四川大学文学与新闻学院博士研究生、重庆电子工程职业学院教师丁锦箫撰写。白姗姗负责全书的统稿工作。

感谢读者诸君的阅读，也期待各位的批评指正，同时感谢宋颖编辑的支持。